Musikalische Grundausbildung
in der Musikschule

Musikalische Grundausbildung
in der Musikschule

herausgegeben von
Lore Auerbach, Hans Wilhelm Köneke, Wolfgang Stumme

Musikalische Grundausbildung in der Musikschule

Lehrerhandbuch
Teil 1 Didaktik und Methodik

herausgegeben von
Lore Auerbach, Hans Wilhelm Köneke, Wolfgang Stumme

unter Mitarbeit von
**Gisela Dreyer, Barbara Haselbach, Wilhelm Keller,
Annegret Kuwertz, Dieter Lüttge, Rainer Mehlig,
Paul Nitsche, Eva Pretzell, Hermann Regner und Ernst Wieblitz**

SCHOTT

Mainz · London · Madrid · New York · Paris · Tokyo · Toronto

ED 6744

Executive-Schreibsatz:
Büro für Textverarbeitung, Helga Steinberger, Mainz
© 1978 B. Schott's Söhne, Mainz
Printed in England · BSS 44 334

ISBN 3-7957-2621-2

INHALTSVERZEICHNIS

VORWORT

Das Lehrwerk "Musikalische Grundausbildung in der Musikschule" ist
in erster Linie für die Unterrichtspraxis mit Sechs- bis Achtjährigen
in den entsprechenden Kursen der Musikschulen entwickelt worden.
Es ist aber auch im Hinblick auf die Klassen der gleichen Altersstufe
in den Grundschulen verwendbar, um überall dort, wo es darauf
ankommt, Kinder, die am Beginn eines planmäßigen Lehrganges im
Gruppenverband stehen, für die Musik aufzuschließen, ihnen erste
Informationen und ganz besonders grundlegende Handhaben zum
Umgang mit ihr zu vermitteln und sie zum bewußten Hören und zum
eigenen Musizieren anzuregen.

Als fachdidaktisches Kompendium bietet sich das Lehrwerk als Wegweiser an
- für alle Ausbildungsstätten, die im musikpädagogischen Bereich
  Studierende für ihre künftigen Berufsaufgaben vorbereiten,
  besonders also für die Hochschulseminare für Lehrer an Musikschulen,
- für alle Institutionen des Fort- und Weiterbildungsbereichs an
  Musik- und Musikhochschulen,
- für die Lehrerfortbildung an den Akademien der musikalischen und
  musischen Jugendbildung und im Verband deutscher Musikschulen,
- aber auch für die Fachhochschulen und Fachschulen für Sozialpädagogik.

Die Verfasser möchten mit dem Lehrwerk auf der Grundlage des
Lehrplans "Musikalische Grundausbildung" des Verbandes deutscher
Musikschulen ein möglichst offenes Konzept vorlegen. In der neueren
Lernpsychologie werden gegenüber streng durchstrukturierten Lern-
materialien mehr und mehr Bedenken geäußert. Für die Zielgruppe
dieses Werkes sollen deshalb die Lerngegenstände in einer Weise
bereitgestellt werden, daß Lehrer und Lernende die Freiheit haben,
v e r s c h i e d e n e Zugänge zu ihnen und unterschiedliche Aktivitäten,
Aktions- und Sozialformen zu wählen; denn Offenheit und Anpassungs-
fähigkeit von Lerninhalt und Methode an die jeweilige besondere Lern-
situation schaffen die günstigste Basis für die "Möglichkeiten einer
allgemeinen Sensibilisierung", einer Motivierung zum Instrumentalspiel und einer "Selbstverwirklichung in Musik".

Das Lehrwerk
"Musikalische Grundausbildung in der Musikschule"
besteht aus
- dem Lehrerhandbuch mit den beiden eng aufeinander bezogenen
  Teilen 1 und 2
- dem Schülerbuch

- dem Notenheft für den Grundkurs
- dem Tonband mit Klangbeispielen für Vorbereitung und Durchführung
  des Unterrichts

In die Gesamtkonzeption des Themenbereichs sind auch folgende
bereits vor kurzem im gleichen Verlag erschienene Ausgaben einzu-
beziehen:
- Die Musikschule, Band III - Musikalische Grundausbildung -
  Beiträge zur Didaktik, herausgegeben von Lore Auerbach und
  Wolfgang Stumme, 1974 (hierin Abdruck des Lehrplans Musikalische
  Grundausbildung)
- Die Musikschule, Band IV - Unser Kind geht zur Musikschule -
  eine Informationsschrift für Musikschullehrer und Eltern von
  Wolfgang Stumme, 1976

Die Anregung zu diesem Lehrwerk entstand im Arbeitsteam des
ersten berufsbegleitenden Lehrgangs "Musikalische Grundausbildung"
an der Bundesakademie Trossingen in den Jahren 1974/75. Die
nunmehr vorliegende Ausarbeitung besorgten Lehrkräfte vom Orff-
Institut am Mozarteum in Salzburg, von bundesdeutschen Musikhochschulen, von Musikschulen und von Fachschulen für Sozialpädagogik.

Die Autoren sind davon überzeugt, daß im Lehrwerk eine Integration
der oben genannten Vorstellungen erreicht worden ist und daß es
deshalb für die Gestaltung einer fundierten Musikalischen Grundausbildung wesentliche Hilfen zu geben vermag.

Die Herausgeber

ZUR UNTERRICHTSGESTALTUNG

Wolfgang Stumme: Unterrichtshaltung und Unterrichtsgrundsätze

Lore Auerbach: Unterrichtsplanung

Lore Auerbach: Binnendifferenzierung

Hans W. Köneke: Die Vorbereitung einer Unterrichtsstunde

Lore Auerbach: Zum Problem der Hausaufgaben

UNTERRICHTSHALTUNG UND UNTERRICHTSGRUNDSÄTZE

Wer als Lehrer in der MGA tätig ist, kann nur fruchtbar arbeiten,
wenn er neben dem musikalischen Handwerkszeug bestimmte Voraussetzungen und Einsichten mitbringt. Es wird zwar manchem lange
tätigen Praktiker überflüssig erscheinen, hier das ihm Selbstverständliche zu erwähnen. Aber viele Lehrkräfte an Musikschulen haben
wohl ein intensives musikalisches Fachstudium hinter sich, zugleich
jedoch wenig Erfahrungen und Erkenntnisse im unterrichtlichen Umgang mit Kindern in der Gruppe, worunter dann die Unterrichtspraxis
leiden muß. Besonders die lern- und entwicklungspsychologischen
Probleme dieser Altersstufe, die Gruppenpädagogik und die Unterrichtslehre werden, da ein begleitendes Einüben in das Unterrichten
in der Grundausbildung bisher nicht oder nur im geringen Umfang in
der Ausbildung stattfand, vom Studierenden nicht ausreichend verarbeitet und noch nicht für die Grundausbildung "übersetzt". Erst künf-
tige Prüfungsordnungen werden Erfahrungen in der Koordination von
Theorie und Praxis, Unterrichtspraktikum und Mentorenberatung mit
einschließen. Für manche musikalische, aber nichtpädagogische Ausbildungsgänge sind diese Bereiche Neuland, da sie in den Studien-
ordnungen nicht auftauchen. Deshalb sind gerade auch die in der MGA
tätigen Absolventen dieser Ausbildungsgänge eingeladen, ihren Unterricht im Sinne der hier vorgelegten Leitlinien stufengerecht und zeit-
gemäß zu gestalten. Die Erfahrungen der eigenen Schulzeit und der
Fachausbildung im Studium, auch die gelegentlichen Hilfestellungen
älterer Kollegen reichen, so wertvoll sie in vielen Fällen sein können,
als pädagogische Basis für den Unterricht in der MGA nicht
aus.
Je früher unsere Kinder heute mit einer Grundausbildung in Musik
beginnen, um so notwendiger wird es für den Unterrichtenden, die
Erkenntnisse der Entwicklungs- und der pädagogischen Psychologie,
wie auch der Unterrichtslehre und der Unterrichtsverfahren einzubeziehen. Ähnlich verhält es sich mit der Entwicklung eines didaktischen Problembewußtseins und des methodischen Denkens im musikalischen Elementarbereich.
Drei allgemeine Voraussetzungen sind für den Lehrer
in der Grundausbildung gefordert, um deren Erfüllung er sich selbst
sehr intensiv bemühen sollte:
- Er muß über die Welt und Umwelt der Kinder, sowohl über die
  allen gemeinsame und übergreifende als auch über die jeweils individuelle in Elternhaus und Schule, gut informiert sein; er soll
  für Sprache und Ausdrucksvermögen des Kindes, seine Denk- und
  Empfindungsweisen, deren unterschiedliche Vielfalt, für seine
  Phantasie und ihre Hintergründe und Bedeutung Verständnis entwickeln und sich als der sachkundige ältere Partner der Schüler im
  Unterricht verhalten und in allem deren volles Vertrauen gewinnen.

- Ein intensiver Umgang mit den geistig-künstlerischen Gehalten und den strukturellen und formalen Erscheinungen der Musik muß vorhanden sein und ständig weiterentwickelt werden. Ein ausschließliches Sichaufhalten und Sichbewegen im elementaren Raum kann bei Kindern (und Lehrern) Verkümmerungen bewirken, kann die Fernziele in einer Motivation für Musik, auf die hin eine Grundausbildung ja angelegt und begonnen wird, undeutlich oder überhaupt nicht erkennbar werden lassen. Erworbenes Elementarwissen und grundlegende Fertigkeiten können funktionslos und zum Selbstzweck werden, wenn sie nicht im ständigen Bezug zum späteren Musikaufnehmen oder Musikausüben, zu Kunst und Kunstübung stehen.
- Aufgeschlossenheit für alle Verfahren zur lebendigen Übermittlung musikalischer Inhalte und Kenntnisse, für ihre Möglichkeiten und ihre Grenzen, für kreatives Denken und Handeln sollte ihn auszeichnen. Intensive Unterrichtsvorbereitung, flexible Durchführung, selbst- und sachkritische Reflexion im Nachhinein sind auf das engste miteinander verbunden. Sie führen auch am ehesten zur Freude am Unterrichten, zumal Erfolg und Mißerfolg gedeutet werden können.

Daß diese drei Voraussetzungen nicht von vornherein beim Abschluß des Studiums fertig vorhanden und individuell erkannt sein können, versteht sich von selbst. Sie werden eigentlich erst mit zunehmender Sicherheit in der Unterrichtspraxis erfahren, der Lehrer braucht dafür ständig zusätzliches und freiwilliges berufliches Fachinteresse und kollegiale Hilfestellung und Beratung, dazu selbständig-kritisches Durchdenken musikpädagogischer Fachliteratur und die Teilnahme an Fortbildungslehrgängen. "Lebenslänglich zu lernen" ist - wie in unserer Zeit fast überall - eine dringende Forderung auch und gerade an jeden Musikschullehrer.

Die Kinder sind zu Beginn der Musikalischen Grundausbildung sowohl durch die unterschiedlichen Situationen in den Familien wie durch den vorausgegangenen Besuch des Kindergartens und durch Informationen aus dem Fernsehen vorgeprägt. Das erste Grundschuljahr läuft zeitlich parallel zur Musikalischen Grundausbildung oder begann gerade einige Monate oder ein Jahr vorher. Erste Übungen in einem altersgemäßen Sozialverhalten haben bereits stattgefunden oder werden gleichzeitig am anderen Ort geleistet. Daß die hierin erreichten Ergebnisse gelegentlich auch im Widerspruch zur erwünschten Ausgangssituation in der Musikalischen Grundausbildung stehen, zeigt sich besonders dann, wenn der Sozialisierungsprozeß nur äußere Disziplin, widerspruchslose Einordnung und Wohlverhalten ansteuert. Kinder, die so erzogen werden, verlernen es rasch, sich im Singen, Sprechen, Spielen, Entdecken und Gestalten spontan auszudrücken; gerade diese Fähigkeiten aber kommen der inneren Motivation für Musik ebenso wie der Persönlichkeitsentwicklung zugute.

Unterrichtshaltungen des Lehrers, die sich aus einer nur stoffabhängigen Fachlichkeit des "Wissenden" herleiten, verkennen oft die Eigenständigkeit der Kinder in Welt und Umwelt. Der Weg, mit Hilfe der kindlichen Phantasie, der Spontaneität, der natürlichen Neugier und Entdeckerfreude die Sprache der Musik zu erlernen, bleibt nur dann offen, wenn die Kinder vor überzogenen Sach- und Leistungszwängen und vor einseitig kognitiver Beanspruchung bewahrt werden. Grundausbildung muß streßfrei bleiben, sowohl im Hinblick auf die freiwillige Musikzuwendung der Schüler als auch auf die Musik selbst. Der Lehrer in der Musikalischen Grundausbildung empfinde sich dabei nicht als "Lehrperson" ständig im Dienst. Seine Funktionen als Mitspieler, als Mitentdecker, als Partner und als "Lernhelfer" entsprechen am ehesten der hier erforderlichen Unterrichtshaltung.

Dabei ist für den älteren Partner kein "Herabsteigen" auf eine kindliche Ebene nötig, allenfalls das Aufgeben einer um Distanz besorgten, weil falsch verstandenen Lehrerrolle. Denn die von Kindern gesuchte Nähe zum Lehrer entspricht einem natürlichen Wunsch nach Identifikation und "Angenommensein" und kommt der Sache zugute. Der Lehrer erwerbe die Fähigkeiten, die ganze Gruppe anzusprechen und eine einfache bilderreiche Sprache aus der schon erfahrenen Lebenswelt der Kinder anzuwenden. Dabei sollte der heute erweiterte Umfang dieser Umwelt nicht unterschätzt werden. Er liegt durch die Medieninformationen beträchtlich über dem oft vorgestellten Niveau dieses Alters, auch wenn hier das verknüpfende Weiterbedenken von Informationen noch nicht immer gelingt und erst an anderem Ort, oft auch zu späterer Zeit, bewußt vollzogen wird. Man schaffe sich also insgesamt eine tragfähige Ausgangsbasis im Umgang mit seinen Schülern, daß sie die Spiel- und Lernpartnerschaft des Lehrers, sein Bemühen um Gerechtsein-Wollen und Verstehen auch ihres kleinsten Beitrags erkennen können.

Man lege sich nirgendwo auf seine Erzieherautorität fest. Die Überzeugungskraft von Sache und Arbeitsweise, eigene Lebendigkeit und Gewähren von Freiheit im Unterricht, Sicherheit in musikalischen Sachfragen wie im Umgang miteinander sind bessere Autorität. Auf dieser Basis können sich auch Schülerleistungen entwickeln, können erwartet und gefordert werden.

Lockerheit und Entspannung sind der Atmosphäre dienlich, Humor im Unterricht ist noch nie verboten worden. Im Gegenteil: Der Humor ist eine gute Brücke zur Erhaltung der Freude an der Musik, an der auch weniger musikalische Kinder teilhaben können. Ursachen für fehlende Kontakte sollte der Lehrer zuerst bei sich selbst und nicht bei den Kindern suchen.

Für den Unterrichtenden geht es weiter um die Entwicklung eines dynamischen Umgangs mit den Inhalten der Musik und das Finden entsprechender Lehr- und Lernverfahren, um das sichere Entwickeln und Beherrschen elementaren Materials und um bewegliches Reagieren in den verschiedenen Gruppen und Situationen bei seiner Übermittlung.

Als Grundlage für großräumige Unterrichtsplanung und jeweils individuellen Ansatz im Lehrgang ist der Lehrplan "Musikalische Grundausbildung" vorgegeben. Bei aller Offenheit gegenüber den Lernverfahren und den hier angebotenen Wahlmöglichkeiten liegt seine Verbindlichkeit im Erreichen der gesetzten Lernziele. Die inhaltliche Ausfüllung des Lehrplans in eigener progressiver Aufgliederung in Halbjahre ist Aufgabe des Lehrers. Er hat auch die Entscheidungsfreiheit für eines der Wahlangebote in der Musikübung (Singen und Sprechen, Musik und Bewegung, Spielen und Erfinden), von dem aus er den Zugang zur Musik eröffnen will.

Der Lehrplan läßt dem Lehrer mit seinen individuellen Neigungen, erworbenen Kenntnissen und besonderen Fähigkeiten hinreichend Raum für Einzelplanung, sichert aber andererseits für den Unterricht eine gewisse Systematik und Zielgerichtetheit. Im übrigen ist er so angelegt, daß die Kinder zu den geforderten Lernprozessen leicht zu motivieren sind, weil diese Prozesse weitgehend im kindlichen Erfahrungsbereich angesiedelt werden können.

Die eigentliche Unterrichtsvorbereitung gehört zu den unabdingbaren Voraussetzungen für jeden Unterricht, für jeden Lehrer (vgl. S. 25). Sie umschließt ebenso die didaktische Analyse wie den sich daraus ergebenden Unterrichtsentwurf und die Entscheidung für bestimmte und angemessene Methoden. Beide haben sich jeweils neu mit Fragen zu befassen, die den musikalischen Bewußtseinsstand der Schüler in Beziehung zu Struktur, Bedeutung und Erfaßbarkeit des Gegenstandes setzen, die Zeitpunkt und Verfahren des Anbietens bedenken, und wie bei Kindern Erfahrung und Erlebbarkeit des jeweiligen Themas der Musik seiner begrifflichen Abstraktion vorauszugehen haben. Groothoff formuliert: "...es kann im Grunde keine einzige Unterrichtsstunde zulänglich begründet und pädagogisch ertragreich gestaltet werden, ohne daß der Lehrer das in Aussicht genommene Thema auf seine Stellung im Sinnzusammenhang des betreffenden Faches, bzw. des größeren didaktischen Aufgabenbereiches, auf seinen besonderen Bildungssinn, seine innere Struktur, seinen Bezug zur jeweiligen kindlichen bzw. jugendlichen Geisteslage durchdacht hat" (Hans H. Groothoff, "Pädagogik", Fischerlexikon, Frankfurt 1964).

In den Unterrichtshilfen für die Praxis sind weitgehend fixierte Programme mit analytischen Betrachtungen und methodischen Hinweisen gegeben worden. Das darf kein Grund sein, auf eigenes Nachdenken überhaupt zu verzichten. Im Gegenteil: Immer ist durch Reflexion und Diskussion zu üben, wie Unterricht gründlich geplant, wie durchgeführt und wie sach- und selbstkritisch darüber nachgedacht werden muß. Dabei können und sollen auch Modelle und Lehrbücher durchaus unterschiedlicher Konzeption als Anregungen und Unterrichtshilfen vom Lehrer mit herangezogen werden.

Ein für alle Stunden des Jahres fixiertes Fremdprogramm, das in allen seinen Möglichkeiten, Aussagen und Schritten vom Unterrichtenden selbst nicht durchdacht und erfahren, also nicht "zu eigen" gemacht wurde, kann sehr schnell die Qualitäten der Lernmotivation mindern. Der Unterricht bleibt ohne Schwung, wird fade und kann im ungünstigen Fall bei den Kindern sogar eine Antimotivation hervorrufen. Eigenständiges und flexibles methodisches Denken, Planen und Ausführen, sensibles Eingehen auf Kinder und deren eigene Mitarbeit können sich nicht genügend entwickeln, wenn nicht Raum für Varianten und Experimente, für alternative Zweit- und Drittwege gelassen wird. Auch wenn sich ein Entwurf einmal als besonders geglückt erweist, ist keineswegs dafür garantiert, daß er bei wiederholter Realisation der jeweiligen besonderen Unterrichtssituation wirklich angemessen ist. Man schütze sich selbst und seine Schüler vor dem zu häufigen Kopieren eigener Unterrichtskonzepte, man erhalte dem Unterricht die Frische und Originalität des Erstmaligen. Man nehme sich vor, mehrere Wege auszuprobieren und sich dann zu fragen, welche den Schülern und dem Gegenstand am besten gerecht geworden sind.

Dem Unterrichtenden sollte immer bewußt sein, daß die Musik zu den dynamisch angelegten Künsten zählt. Ihr ist mit allen Arten von statisch und mechanistisch angelegten Lehr- und Lernsystemen - von denen noch so viele praktiziert werden - nicht beizukommen. Es sei daran erinnert, daß alle musikpädagogisch gewichtigen Impulse unseres Jahrhunderts im Kern ihrer Absichten das Bemühen um Lernmethoden zeigen, die der Musik als einer dynamischen Kunst in der Zeit angemessen sind (Jaques-Dalcroze, Fritz Jödes Lehrweise, Carl Orff, die Einbeziehung der Improvisation heute).

Als wesentliche Impulse und fortwirkende Anstöße gelten für den Unterricht in der Grundausbildung:

- Schüler müssen viele freie Gelegenheiten zum eigenen Entdecken, zum Musikmachen und Gestalten, zum Improvisieren, also auch zum Erfahren von Musik haben, um daraus zu musikalischen Erkenntnissen und Begriffen, zum Verstehen von Gesetzmäßigkeiten und Freiheiten, von Kunstwerken und zu eigener Musikpraxis zu finden. Erst über diese Summe vielseitiger Erfahrungen wird tragfähiges Wissen und Sicherheit im ästhetischen Urteil erworben.
- Schülern sind angemessene Forderungen zu stellen: Handwerklich-Regelhaftes in der Musik zu lernen, soweit es grundlegender Musikalisierung dient; aber auch eigenen Intuitionen und Reaktionen auf Musik zu vertrauen; kritisch über Musik nachzudenken und über sprachliche Äußerungen das Hören zu differenzieren.
- Die Schüler müssen lernen, Notationssymbole für Musik zu erfinden und umzusetzen, also Klangzeichen und innere Klangvorstellungen miteinander zu verbinden.

Die Grundlegung für einen späteren Instrumentalunterricht wird weniger als spezialisierte Detailvorbereitung für das eine oder andere Instrument angesehen, sondern als intensive musikalische Motivation für Musik überhaupt. Sie läßt Kindern für die Bildung ausgeprägter Wünsche und Entscheidungen Zeit, indem sie eine Basis durch umfassende Musikalisierung anlegt.

Der Unterrichtende, der in der Grundausbildung musikpädagogische und künstlerische Prozesse einleitet, darf dabei nicht übersehen, daß Wissenschaft und Forschung sich in den letzten Jahrzehnten der Musikpädagogik sehr intensiv angenommen haben. Ihre Ergebnisse und die der Musikpsychologie (einschließlich der Begabungs- und Rezeptionsforschung), der jungen Musiktherapie, der Musiksoziologie sind noch nicht sehr zahlreich und von unterschiedlicher Bedeutung für das Unterrichten (vgl. Literaturverzeichnis). Dem aufgeschlossenen und fortbildungswilligen Lehrer bieten sie aber zahlreiche horizonterweiternde Informationen und Denkanregungen. Künstlerische Gestaltungen in der Musik und systematisch angelegte Forschung mögen dem Musiker noch so gegensätzlich in ihren Strukturen erscheinen, in der Musikpädagogik ergeben sich heute nicht zu übersehende sachbedingte Berührungspunkte.

UNTERRICHTSPLANUNG

Der Lehrer, der mit seiner Grundausbildungsklasse den - im allgemeinen - zweijährigen Lehrgang beginnt, steht vor der Aufgabe, den Lehrstoff in Teilabschnitte aufzugliedern. Hierbei stößt er auf Probleme, die diese Aufgabe nicht einfach machen.

Der Lehrplan der MGA unterscheidet sechs Teilgebiete (Singen und Sprechen, elementares Instrumentalspiel, Musik und Bewegung, Musikhören, Instrumenteninformation, Musiklehre). Für jedes dieser Teilgebiete ist dort ein umfangreicher Katalog geforderter Inhalte und möglicher Tätigkeiten aufgestellt. Der Lehrplan sieht die Teilgebiete Singen und Sprechen, elementares Instrumentalspiel, Musik und Bewegung als F e l d e r   d e r   M u s i k ü b u n g, durch die gleichzeitig musikalische Verhaltensweisen eingeübt und Lerninhalte der anderen Teilgebiete erarbeitet werden. Das diese Bereiche bedingende und durchziehende Prinzip des Musikhörens zählt eigentlich auch zu dieser Kategorie. "Jedes der drei Teilgebiete stellt in seiner Lernzielbestimmung einen Maximalplan dar, der für die schwerpunktmäßige Behandlung eines Teilgebietes bedeutsam ist. Es wird jeweils zu entscheiden sein, über welches Teilgebiet allein und in Kombination mit den anderen die in der Einleitung dieses Lehrplanes und im Sachgebiet Musiklehre ausgewiesenen Ziele zu erreichen sind."[1]

Die Entscheidung des Lehrers für ein "Teilgebiet allein" oder "in Kombination mit anderen" ist gleichzeitig die Entscheidung für eine Reduzierung des Anteils der anderen Teilgebiete. Mit dieser Entscheidung übernimmt der Lehrer eine große Verantwortung. Die Be-

gabungs- oder Interessenrichtungen der Kinder in jeder seiner
Gruppen sind unterschiedlich: Das eine Kind bekommt den schnellsten
Kontakt zur Musik über die Bewegung, das andere durch das Singen,
ein drittes wird vielleicht durch das Singen, das ihm weniger liegt,
abgeschreckt, ein viertes, das vielleicht durch Vorerfahrungen be-
wegungsgehemmt ist, verstärkt nur seine Hemmungen und Ängste,
wenn die Bewegung Hauptmedium der Musikübung wird. Aber auch
der Lehrer hat von Ausbildung und Neigung her Bereiche, in denen
er sich sicher fühlt und solche, die ihm weniger liegen. In seinem
Bestreben, alle Kinder zu fördern, keine potentielle Begabungsrich-
tung ohne Anregung zu lassen und keine hemmenden Faktoren unwil-
lentlich zu verstärken, muß er versuchen, ein möglichst ausgewoge-
nes, sich ergänzendes Programm an Tätigkeiten anzubieten, auch
unter Einschluß solcher Angebote, die ihm selber ferner
liegen.
Die Lernziele, die im Lehrplan innerhalb der einzelnen Teilgebiete
aufgelistet werden, sind nur zum Teil operational definiert. "Unter
Lernziel versteht man eine Absicht, die durch die Beschreibung der
erwünschten Veränderungen dem Lernenden mitgeteilt wird - eine
Beschreibung von Eigenschaften, die der Lernende nach erfolgrei-
cher Lernerfahrung erworben hat. Es ist die Beschreibung eines
Katalogs von Verhaltensweisen, die der Lernende äußern können soll.
Paul Whitmore definierte einmal folgendermaßen: "Die Beschreibung
der Ziele eines Lehrprogramms muß meßbare Eigenschaften
nennen, die am Aufbau des Programms abzulesen sind; andernfalls
läßt sich nicht feststellen, ob das Programm den Zielen entspricht
oder nicht. "[2] Operational definiert ist im Lehrplan z. B. das Lernziel: "Wechselwirkung von Gesungenem und Notationssymbolik jeder
Art erkennen". Nicht operational definiert ist das Lernziel: "Musikalische Gestaltelemente melodischer, formaler und in anderer Weise
strukturierender Art erfahren". [3]
Das Vorhandensein auch n i c h t meßbarer, also nicht kontrollier-
barer und nicht objektiv bewertbarer Lernziele ist charakteristisches
Merkmal für die Musik, die nicht nur kognitive oder motorische Elemente sondern auch einen hohen Anteil an affektiven Elementen be-
inhaltet. Der Lehrplan trägt dieser Tatsache in der Lernzielformu-
lierung Rechnung. Dadurch wird dem Lehrer die Überprüfung seines
Unterrichtserfolgs erschwert. Die Erfolgskontrolle mit den verschiedenen positiven Rückmeldungen muß aber die weitere Unterrichtsplanung bestimmen.
Selbst im Bereich "Musiklehre - Zur Notation", in dem die Ziele noch
am konkretesten benannt werden, heißt es z. B. nur: "Notationsformen (Graphiken, traditionelle Notenschrift, Notationsformen Neuer
Musik) finden, erkennen, lesen und anwenden. "[4] Es bleibt aber z. B.
offen, wie groß der zu erarbeitende Tonraum sein soll. Der Lehrer
muß diese wichtige Konkretisierung selbst vornehmen.
Eine weitere Aufgabe des Lehrers besteht darin, die im Lehrplan angegebenen Ziele entsprechend seiner Unterrichtsgestaltung progres-

siv zu ordnen. Diese Ordnung ist zum Teil abhängig von seiner Schwerpunktsetzung. Die progressive Ordnung ermöglicht es ihm dann auch, das so für seine Gruppe entstehende Zweijahrespensum zu untergliedern, beispielsweise Halbjahrespläne aufzustellen. Der Lehrplan MGA des VdM ist also ausgesprochen offen gehalten: Die Lernziele sind größtenteils nicht genau festgelegt, häufig nicht operational definiert und kaum progressiv geordnet.

Diese Offenheit des Lehrplans hat ihren wichtigen pädagogischen Grund: Auswahl der Unterrichtsschwerpunkte, der Unterrichtstätigkeiten und die Progression der Inhalte müssen sich nach der jeweiligen Zusammensetzung der Gruppe richten.

Zu Beginn der Grundausbildung muß der Lehrer dort ansetzen, wo sich die Gruppe fachlich befindet, entsprechend der gruppenpädagogischen Grundregel: "Anfangen, wo die Gruppe steht". Dieser Anfangspunkt ergibt sich aus der Beobachtung der individuellen Standorte der einzelnen Kinder, die bedingt sind durch bisherige Erfahrungsmöglichkeiten, bisherige Förderung, erkennbare Begabung, Ausmaß des emotionalen Bezugs, den das Kind bisher zur Musik herstellen konnte, und anderes mehr. [5] Den kleinsten gemeinsamen Nenner als Ansatzpunkt (damit kein Kind zu Beginn überfordert und abgeschreckt wird) kann der Lehrer erst durch sorgfältige Beobachtungen über einen Zeitraum von mehreren Unterrichtsterminen finden - dabei wird er durch Einfallsreichtum bei der Gestaltung dieses Unterrichts diejenigen Kinder, die auf dem einen oder anderen Teilgebiet schon mehr leisten können, unauffällig stärker fördern müssen, um eine etwaige Unterforderung dieser Kinder, die ebenfalls negative Wirkung haben würde, zu verhindern. (Vgl. auch Seite 21.)

Erst vom jeweiligen gemeinsamen (in den einzelnen Teilgebieten womöglich unterschiedlich hoch anzusetzenden) Ausgangsstand aus können die konkreten Ziele des Unterrichts gesetzt werden. Der Lehrer muß bei ihrer Bestimmung weitere Faktoren, die er durch Beobachtung der Gruppe erfahren kann, berücksichtigen. So ist das Arbeitstempo der Gruppe als Ganzes sowie der einzelnen Kinder von Bedeutung für die Quantität des Stoffes, der bewältigt werden kann. Eine phantasiereiche Gruppe, die viele originelle Ideen einbringt, kann dadurch einzelne Teilbereiche gründlich von verschiedenen Ansätzen her erarbeiten - das ist für den Musikalisierungsprozeß sehr wertvoll und motivierend, geht jedoch notwendig auf Kosten der Quantität des zu erarbeitenden Materials. Fluktuation in der Anwesenheit der Kinder verlangsamt durch die Notwendigkeit vermehrter Wiederholungen das Arbeitstempo. Selbst der Zeitpunkt des wöchentlichen Unterrichts, ob er während der fallenden Leistungskurve des frühen Nachmittags oder zu einer für Lehrer wie Kinder günstigeren Zeit, ob er als Doppelstunde oder zweimal wöchentlich mit je einer Stunde stattfindet, ist für die Einschätzung der möglichen Arbeitsinhalte wichtig.

18

Aus diesen Überlegungen folgt zwingend, daß eine erste Unterrichtsphase von etwa 10 - 12 Wochen dem Lehrer als Beobachtungsphase dienen muß (vgl. auch Beitrag: Langzeitbeobachtung - Leistungsbewertung, S. 191), in der er seine "Diagnose" über die einzelnen Kinder und über die Gruppe als Ganzes erstellen kann. Während er an Aufgaben arbeitet, die Interesse wecken, die Freude am Musizieren bereiten, die viel Raum zu musikalischer Tätigkeit geben, die die Kinder fördern, ohne gleich eine Leistungsmessung zu beinhalten, kann er Vorlieben, Stärken und Schwächen unauffällig testen und erkennen, um sie bei seiner Planung für die Zukunft zu berücksichtigen.

Die Beobachtungen werden dem Lehrer auch zeigen, daß die Kinder ein sehr unterschiedliches Arbeitstempo haben. Ein Unterricht, der ständig alle Kinder zusammenfaßt, trägt diesem Umstand zu wenig Rechnung und überfordert dauernd einige Kinder, während andere gleichzeitig unterfordert werden. Hier gilt es, durch Phasen der Gruppenarbeit zu einer Binnendifferenzierung zu kommen. Dort werden die Kinder, die zusätzlicher Hilfe bedürfen, gefördert, während die anderen Kinder durch motivierende Aufgaben die Freude am Unterricht bewahren können. Die Gruppenarbeit ist oft auch eine Hilfe für die Kinder, die sich aus Angst vor großen Gruppen in der Klasse so zurückhalten, daß weder der Lehrer noch sie selbst ihre Fähigkeiten erkennen. Für die Gruppenarbeit ist die Bereitstellung von geeignetem Arbeitsmaterial und das Einüben entsprechender Arbeitsweisen notwendig (vgl. Lernspiele und Spielformen S. 35ff. und: Zum Problem der Hausaufgaben S. 29ff.).

Das breite Spektrum der Teilbereiche innerhalb der MGA und das Bestreben, allen Kindern mit ihren unterschiedlichen Bedürfnissen gerecht zu werden, können dazu führen, daß der Lehrer an zu vielen Stellen gleichzeitig ansetzt, daß er seinen Unterricht "zerstückelt". Wo immer möglich, sollte er versuchen, die verschiedenen Aspekte und Teilziele, die gerade im Vordergrund stehen, in einer komplexen Aufgabe zusammenzufassen, so daß die Stunde für die Kinder eine Einheit darstellt. Dabei sollte er auch den Mut haben, Teilbereiche, die sich nicht in eine Arbeitseinheit integrieren lassen, bewußt für ein oder zwei Termine auszuklammern, um sie bei späterer Gelegenheit zum Zentrum seines Unterrichts zu machen. Eine derartige asynchrone Behandlung einzelner Bereiche kann nur vorteilhaft sein, sofern durch sorgfältige Unterrichtsplanung gewährleistet wird, daß darüber kein Aspekt auf lange Sicht gesehen zu kurz kommt. Die Gestaltung der einzelnen Unterrichtsstunde muß Rücksicht nehmen auf die lern- und entwicklungspsychologische Situation dieser Altersstufe. [6]

Das pädagogische Ziel der musikalischen Grundausbildung, das Kind innerhalb der Gruppe zum musikalischen Verhalten im weitesten Sinn zu führen, kann nur dann erfüllt werden, wenn der Lehrer in der oben aufgezeigten Weise Inhalte und Formen des Unterrichts auf die einzelnen Kinder und die Gesamtgruppe abstimmt.

Bundeseinheitliche, regionale oder schulverbindliche Lehr- und Stoffverteilungspläne bzw. Programme schließen sich bei dieser Einsicht von selbst aus. Im Gegenteil, die Aufgabe, ein Zweijahrespensum zu entwerfen und zu gliedern, stellt sich für den Lehrer mit jedem Kurs, sogar bei parallel geführten Kursen, neu. Und ein einmal aufgestellter Plan darf nie Dauergeltung beanspruchen - er muß permanent an Hand der Beobachtungen, die der Lehrer während des Unterrichts an den Kindern anstellt, und auf Grund von neuen Erfahrungen und Erkenntnissen, die ihm seine berufliche Arbeit vermittelt, überprüft und abgewandelt werden. Nur eine flexible Planung - dies gilt sowohl für die Gesamtplanung als auch für die Planung einzelner Stunden - stellt weitgehend sicher, daß alle Kinder vom Unterricht profitieren und nicht einzelne einem vermeintlich höheren Sachziel geopfert werden.

Dem Lehrer für die Musikalische Grundausbildung wird also bei der Gestaltung seines Unterrichts ein hohes Maß an Eigenverantwortung abverlangt. Er wird seine Entscheidungen gleichermaßen gegenüber Kindern und Eltern wie auch gegenüber der Musikschule, an der er tätig ist, verantworten müssen. Um das leisten zu können, ist eine ständige Reflexion des eigenen Unterrichts auf dem Hintergrund der aktuellen psychologisch-pädagogischen und der musikpädagogischen Diskussion erforderlich.

Hierfür kann es hilfreich sein, sich einen Kontrollbogen anzulegen, der nach jeder Stunde ausgefüllt wird (es wird immer Mehrfachnennungen geben).

Beispiel:
- Welche Aktions- und Interaktionsformen werden heute verwendet:
    lehrergeführte Tätigkeit der ganzen Gruppe,
    kindgeführte Tätigkeit der ganzen Gruppe,
    Gruppenarbeit mit gleichen Aufgaben,
    Gruppenarbeit mit unterschiedlichen Aufgaben,
    Einzelarbeit?

- Welche Bereiche wurden heute berücksichtigt:
    Singen und Sprechen,
    Elementares Instrumentalspiel,
    Musik und Bewegung,
    Musikhören,
    Instrumenteninformation,
    Musiklehre?

- Wurden neue Inhalte erarbeitet, bereits erworbene Kenntnisse gefestigt, neue Fertigkeiten vermittelt, geübt, angewendet und erweitert?

- Welche Kinder kamen heute eventuell zu wenig zum Zuge?

- Welche Kinder wurden heute eventuell überfordert?

Schon nach wenigen Wochen könnte man bei einer Auswertung etwaige Einseitigkeiten in Stoffbehandlung und Methode erkennen und sich entweder in bewußter pädagogischer Entscheidung zu ihnen bekennen oder versuchen, sie durch komplementäre Inhalte und Wege auszugleichen.

Literatur

1) Lehrplan Musikalische Grundausbildung, in Auerbach/Stumme (Hrsg.): Musikalische Grundausbildung - Beiträge zur Didaktik (Die Musikschule Band III), Mainz 1974, S. 125

2) Mager: Lernziele und programmierter Unterricht, Weinheim 1972, S. 3

3) Lehrplan Musikalische Grundausbildung, a.a.O., S. 126

4) Lehrplan Musikalische Grundausbildung, a.a.O., S. 132

5) Auerbach: Zum Problem von Begabung und Begabtwerden in der Musik, in Auerbach/Stumme (Hrsg.): Musikalische Grundausbildung - Beiträge zur Didaktik (Die Musikschule Band III), Mainz 1974, S. 32ff.

6) Auerbach: Lern- und entwicklungspsychologische Aspekte, in Auerbach/Stumme (Hrsg.): Musikalische Grundausbildung - Beiträge zur Didaktik (Die Musikschule Band III), Mainz 1974, S. 24ff., vor allem S. 29f.

BINNENDIFFERENZIERUNG

Eine unterrichtliche Differenzierung in der Grundausbildung wird sich nicht überall sofort verwirklichen lassen, weil ihr Raummangel oder stoffliche Probleme entgegenstehen. Ausgleich von Begabungs- und Erfahrungsdifferenzen, individuelle Förderung und Erziehung zur Selbständigkeit sind aber Forderungen, denen sich jeder Unterricht in der Gruppe zu stellen hat. Hier werden Organisationsformen aufgezeigt, die zu durchdenken und so weit wie möglich anzuwenden sind.

In der allgemeinen Unterrichtsmethodik spielt die Binnendifferenzierung, die Arbeit mit Untergruppen, heute eine wichtige Rolle.
Die Entwicklungspsychologie hat erkannt, daß Gleichaltrigkeit keineswegs gleiche Interessen, gleiche Arbeitsweise, gleiche Lernfähigkeit oder gar gleichen Wissens- oder Könnensstand bedingt. In einer altersgleichen Gruppe - und dazu muß auch die Klasse in der Musikalischen Grundausbildung gerechnet werden - ist also bei einer gleichzeitigen Ansprache aller Kinder eine individuelle Förderung des einzelnen Kindes nicht möglich, da immer einige Kinder unterfordert, einige andere überfordert werden. Allein hieraus ergibt sich zwingend die Forderung nach der Bildung von Untergruppen mit unterschiedlicher Aufgabenstellung: da die unterschiedlichen Teilbereiche innerhalb der Musikalischen Grundausbildung sehr ver-

schiedene Interessenslagen und Leistungsdispositionen[1] vorausset-
zen, werden sich diese Untergruppen je nach Aufgabe immer wieder
anders zusammensetzen müssen (damit werden auch etwaige dis-
kriminierende Dauereinteilungen in "gute" und "schlechte" Schüler
von vornherein vermieden).

Die Bildung von Teilgruppen soll es ermöglichen, jeden Schüler nach
seinen Fähigkeiten und seinen Bedürfnissen individuell anzusprechen
und zu fördern. Das setzt differenzierte Beobachtung der Schüler durch
den Lehrer voraus: nicht nur müssen Leistungshöhe und Leistungsaus-
fälle jedes einzelnen Schülers in den verschiedenen inhaltlichen Bereichen ständig überblickt werden, der Lehrer muß für seine Unter-
richtsorganisation auch soziale und gruppendynamische Faktoren berücksichtigen. Die meisten Kinder erzielen im intimeren Gefüge
kleinerer Gruppen bessere Lernerfolge als im Klassenverband; und
selbst die in den Musikschulen vorgesehene - und aus vielerlei Gründen oft überschrittene - Klassenhöchststärke von 15 Schülern in der
Musikalischen Grundausbildung ist für eine intensive, jedes Kind individuell fördernde Arbeit noch zu groß.

Der Schulanfänger fühlt sich am sichersten und am wohlsten in einer
kleineren, überschaubaren Gruppe von etwa 6 Kindern. (Man begeg-
net oft Kindern im 2. Schuljahr, die nicht alle Mitschüler mit Namen
kennen - ein Zeichen dafür, daß sie noch gar nicht Beziehungen zu
allen anderen Kindern der Klasse aufgenommen haben.) In diesen
kleineren Gruppen gehen Kinder eher aus sich heraus, werden eher
aktiv, versuchen zurückhaltende Kinder eher, sich gegen ein domi-
nierendes Kind durchzusetzen. Bei der Arbeit mit Untergruppen wird
sich der Lehrer abwechselnd jeder der Teilgruppen widmen: für viele
Kinder dieses Alters ist es wesentlich mehr motivierend, etwa für
10 Minuten in der kleinen Gruppe direkten Kontakt zum Lehrer zu haben, als von ihm 30 Minuten in der anonymeren Gesamtgruppe angesprochen zu werden.

Innerhalb der Musikalischen Grundausbildung gibt es Arbeitsbereiche
wie z. B. die rhythmisch-musikalische Erziehung oder das Singen,
bei denen eine Gruppenstärke unter 12 Kindern geradezu arbeitshem-
mend und unbefriedigend sein kann. In anderen Bereichen aber - z. B.
bei Höraufgaben, bei Übungen zum Notenlernen - könnte die Arbeit mit
der Gesamtgruppe zu vermeidbarem Leerlauf führen. Rein rechne-
risch kann man davon ausgehen, daß bei 15 Kindern in der Gruppe für
jedes Kind auf 1 Minute direkten Bezugs zum Lehrer oder aktiver
Einzelaktion etwa 14 Minuten Wartezeit kommen, während derer andere Kinder "an der Reihe" sind. Nicht immer gelingt es, Aufgabenstellungen zu finden, bei denen die nicht direkt angesprochenen Kinder
über die Identifikation mit den gerade Agierenden intensiv einbezogen
werden können. Diese Wartezeiten sind für das jüngere Schulkind
schwer zu ertragen. Es fühlt sich nicht angesprochen, interpretiert

---

1) Auerbach: Zum Problem von Begabung und Begabtwerden in der Musik in: Auerbach/
   Stumme, Die Musikschule, Band III, Mainz 1974, S. 32ff.

diese Situation unter Umständen fälschlich als ein Abgelehntwerden durch den Lehrer, es langweilt sich, schaltet ab oder treibt aus Langeweile oder aus dem Bedürfnis nach Aufmerksamkeit durch den Lehrer oder die Gruppe Unfug mit den Nachbarn. Viele disziplinschwierige Situationen lassen sich auf derartige Leerlaufreaktionen zurückführen. Das ungünstige Verhältnis zwischen Gelegenheiten zum Selbertun und den Phasen des Zuhörenmüssens vermindert darüber hinaus die Übungsmöglichkeiten für musikalische Tätigkeitsformen. Kleinere Gruppen ermöglichen häufigen Rollenwechsel und ständiges inneres und äußerliches Dabeisein. Einzelne Kinder können mit ihren Stärken gezielt innerhalb der Teilgruppen eingesetzt werden, ebenso gezielt können Schwächen einzelner Kinder in der Teilgruppe aufgearbeitet werden. Der Lehrer kann auch z. B. mit einer Gruppe von Kindern Inhalte vertiefen und üben, während die Kinder, die diese besondere Förderung in diesem Bereich nicht benötigen, entsprechend attraktive Sonderaufgaben erhalten.

Als Beispiel sei angenommen, daß die Gruppe am Erkennen, Notieren und Realisieren von rhythmischen Motiven aus Werten im Verhältnis 1:2 ($\sf J$:$\sf J$) arbeitet. Einige Kinder - das ist die erste Untergruppe - haben hierbei noch große Schwierigkeiten. Der Lehrer will mit diesen Schülern allein und gezielt üben, um sie auf das Niveau der anderen zu bringen.

Diese anderen Kinder dürfen aber während dieser Zeit keinen Leerlauf haben, und auch sie sind nicht alle gleich sicher im Umgang mit den Notenwerten.

So bereitet er für die zweite Untergruppe, in der Kinder sind, die nicht so große Schwierigkeiten haben, die diese Aufgabe aber noch nicht sicher beherrschen, eine Tonbandkassette vor, auf die er verschiedene Motive auf verschiedenen Instrumenten spielt. Dazu gibt er ein abgezogenes Antwortformular, das zu jedem Motiv drei Antwortvorschläge enthält. Die richtige Antwort ist von jedem Kind auf seinem Blatt anzukreuzen. Jedes Motiv wird auf dem Band dreimal gespielt, damit die Kinder es mit jedem Antwortvorschlag erneut vergleichen können.

z. B.
1. Motiv ($\sf J\ J\ J\ J\ J$)   (erklingt vom Band)

$\sf J$	$\sf J$	$\sf J$	$\sf J$	$\sf J$	☐
$\sf J$	$\sf J$	$\sf J$	$\sf J$	$\sf J$	☐
$\sf J$	$\sf J$	$\sf J$	$\sf J$	$\sf J$	☐

5-6 Motive könnten für eine derartige Gruppenarbeit angeboten werden. Die Kinder bedienen das Gerät selbst. Nach Abschluß der Aufgabe lassen sie das Band noch einmal ablaufen und vergleichen ihre Ergebnisse untereinander. Sie können auch die Lösungen vom Lehrer erhalten und ihre Blätter selbst korrigieren und dann mit dem Band vergleichen. Es ist möglich, daß der Lehrer die Arbeitsergebnisse erfährt, nötig ist es nicht.

Die dritte Untergruppe, in der sich die Kinder befinden, die schon sehr sicher sind, könnte mit einem Lottospiel arbeiten. Jedes Kind hat vor sich eine Karte mit verschiedenen rhythmischen Motiven

z. B.

(6 - höchstens 8 sind noch überschaubar - auf jeder Karte sind andere Motive). Die Doppel der einzelnen Motive (einzeln auf Karten gleicher Größe wie die Motivabschnitte) befinden sich in einem Säckchen. Reihum greift ein Kind nach dem anderen hinein, klopft oder singt das Motiv, das dann derjenige erhält, auf dessen Karte es steht. Helfen kann erlaubt sein: es übt, indem die Kinder auch noch die Motive auf den Karten der Nachbarn vergleichen. Man kann aber auch nicht beanspruchte - weil nicht erkannte - Kärtchen in den Sack zurückgeben. Vielleicht werden sie dann beim nächsten Hervorziehen erkannt.

In einer späteren Unterrichtsstunde, wenn wieder Gruppenarbeit eingeschaltet werden soll, können die "Schwachen" der letzten Stunde vielleicht schon mit der Kassettenaufgabe arbeiten, die Kassetten-Hörer der letzten Stunde könnten das Lottospiel versuchen, und der Lehrer könnte mit den "Fortgeschrittenen" eventuell eine neue Kassettenaufgabe für die anderen ausarbeiten - oder etwas ganz anderes tun.

So wären alle drei Untergruppen leistungsangemessen und sinnvoll beschäftigt, ohne daß die einen sich langweilen oder der Klasse vorauseilen und ohne daß die anderen überfordert oder "abgehängt" werden.

Es liegt auf der Hand, daß die Binnendifferenzierung im Musikunterricht wesentlich schwieriger zu organisieren ist als in anderen Fächern, in denen Gruppenarbeit nur das verhältnismäßig leise Gemurmel von Arbeitsgesprächen bringt. Im Musikunterricht kommt der Umgang mit dem musikalischen Material hinzu, und hier wird - scheinbar mit Recht - gegenseitige Störung der Gruppen befürchtet. Dies ist jedoch mehr ein organisatorisches als ein pädagogisches Problem.

Wichtig ist es, daß der Unterrichtsraum die Möglichkeit bietet, mindestens 3 Gruppen zu bilden, die möglichst weit von einander entfernt arbeiten können. Raumteiler oder ersatzweise das Aufstellen

eines Windschutzes oder einer aufgehängten Landkarte können das
Gefühl eines gewissen Abgetrenntseins von den anderen Gruppen vermitteln. Es ist allerdings immer wieder erstaunlich, wie stark Eifer
und Konzentration innerhalb der einzelnen Teilgruppen eine Atmosphäre des Eingesponnenseins schaffen, die gegen Störungen von außen weitgehend immun macht. Nur der Erwachsene fühlt sich irritiert!
Moderne Schulen verfügen über Klassenräume mit angeschlossenen
kleinen Gruppenarbeitsräumen. Wo solche vorhanden sind, sollten sie
stets für die Musikalische Grundausbildung in Anspruch genommen
werden.
Die eigentliche Schwierigkeit für die Binnendifferenzierung besteht in
der Bereitstellung von Arbeitsmaterial für die Gruppenarbeit. Während in anderen Fächern und bei älteren Kindern die Gruppenarbeit
auch zur Erarbeitung neuer Kenntnisse und Fertigkeiten verwendet
werden kann, bleibt die Gruppenarbeit in der Musikalischen Grundausbildung auf Übesituationen beschränkt - diese sind aber besonders
wichtig und besonders häufig anzusetzen. Die Gruppenarbeit kann ein
Höchstmaß an Übegelegenheiten für jedes Kind schaffen.

(Dieser Beitrag wurde teilweise übernommen aus "Die Musikschule" Band III, hier aber
um ein Beispiel erweitert.)

DIE VORBEREITUNG EINER UNTERRICHTSSTUNDE

"Planen heißt nicht festlegen, sondern offenhalten von Möglichkeiten
für die Zukunft." Dieser Ausspruch des Bauhaus-Architekten Walter
Gropius bezog sich natürlich nicht auf das Tätigkeitsfeld des Lehrers.
Dennoch gibt der Satz auch für das spezielle Anliegen der Planung
einer Unterrichtsstunde einen wertvollen Fingerzeig. Gegenüber allzu detaillierter Vorplanung eines Unterrichtsablaufes begegnen wir
einiger Skepsis - mit Recht; denn in jedem Unterrichtsprozeß treten
Fakten auf, die sich einer Vorausberechnung entziehen. Und gerade
die Entfaltung von Schülerinitiativen, auf die es in der MGA ankommt,
weil sie das Motivationsklima der Schülergruppe am günstigsten beeinflußt, würde durch ein starres Festhalten an vorgeplanten Lernschrit-
ten weitgehend verhindert. Andererseits hieße es verantwortungslos
handeln, wenn man sich als Lehrer in allen seinen Unterrichtsstunden
auf Intuition und glückliche Zufälle verlassen wollte. Ernst Meyer ver-
gleicht den guten Unterrichtsentwurf mit der Grundstruktur einer Jazz-
Komposition: " Sie enthält Arrangement und Improvisation. Ein Teil
ist festgelegt, doch es muß Raum und Zeit gelassen werden für Abwei-
chungen und improvisatorische Interaktionen" (Ernst Meyer, Unterrichtsvorbereitung in Beispielen, Bochum 1972, S. 22).

Unterrichtsentwürfe sollten deshalb variabel und elastisch sein. Sogar die schriftliche Vorbereitung sollte lediglich als Entwurf betrachtet werden, der sich in den jeweils vorgefundenen Unterrichtssituationen immer wieder in anderer Weise verwirklichen kann. Die d i d a k t i - s c h e n V o r ü b e r l e g u n g e n orientieren sich zunächst an den Fragen, die sich aus dem "didaktischen Dreieck" ergeben, dem dreipoligen Kräftefeld, in dem sich jeglicher Unterricht vollzieht:

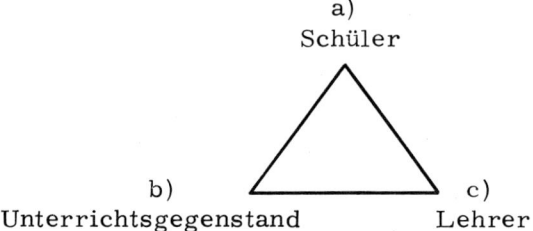

a)
Schüler

b)   c)
Unterrichtsgegenstand   Lehrer

Zu a)
- Welche Voraussetzungen (Entwicklungsstand, Erfahrungen, Kenntnisse, Einsichten) bringt die Schülergruppe für den Stoff mit, der auf Grund des Lehrplans MGA oder des Stoffverteilungsplanes meiner Musikschule "dran" ist?
- Womit kann ich das besondere Interesse der Schüler wecken, sie "motivieren", sie zu Selbsttätigkeit anregen?
- Mit welchen Schwierigkeiten muß ich auf Grund der besonderen Zusammensetzung meiner Gruppe, ihrer sozialen Herkunft, ihrer Ausrüstung, ihrer Vorgeprägtheit durch vorhergegangenen Unterricht nach meinen bisherigen Erfahrungen möglicherweise rechnen?
- Wo eröffnen sich Anlässe, die die Schüler aufgreifen können, um selbständig auch außerhalb des Unterrichtes von den erworbenen Kenntnissen Gebrauch zu machen (durch Musizieren, Musikhören, Instrumentenbau...)?

Zu b)
- Wie kann ich an den vorangegangenen Unterricht am sinnvollsten anschließen?
- In welchem größeren Zusammenhang, an welcher Stelle im Lernbereich, in der Unterrichtseinheit steht das Thema?
- Wie ist es sinnvoll zu gliedern, zu strukturieren?
- Ist es typisch und exemplarisch, so daß es zu Grundeinsichten und Grunderfahrungen führt, die auch in anderem Zusammenhang anwendbar sind?
- Kann ich bei Fortsetzung des Unterrichts darauf aufbauen?

Zu c)
- Welche Aktionsformen des Lehrens wähle ich? (Gemeinsames Singen, Unterrichtsgespräch, Vorführung, mündliche oder schriftli-

che Arbeitsanweisung, Bereitstellung von vorbereitetem Arbeitsmaterial, Lernspiel, ...)
- Wie organisiere ich den Unterricht sozial und räumlich? (Offener
  Halbkreis, Gruppenarbeit an Tischen, Still- und Alleinarbeit,
  Partnerarbeit, Frontalunterricht, ...)
- Gehe ich analytisch oder synthetisch vor? (D. h. beginne ich mit
  einem lebendigen Ganzen, einem geschlossenen Eindruck, der Ge-
  samtgestalt einer Erscheinung? Oder stelle ich die Behandlung
  einzelner Glieder, Teile, Elemente an den Anfang, um sie später
  zu einem Ganzen zu verknüpfen?)
- Wie kann ich den Unterrichtsgegenstand am anschaulichsten darstellen?
- Welche Medien setze ich ein? (Musikinstrumente, Tonband, Schallplatte, Rundfunk, Lernspiele, Tonhöhenstab, Tafelbild, Arbeits-
  buch, Legenoten, ...)

Nach diesen Vorüberlegungen werden L e r n z i e l e   u n d   L e r n i n -
h a l t e festgelegt. Lernziele sind die beabsichtigten Ergebnisse des
Unterrichts. Der Lehrplan formuliert lediglich die Grobziele. Bei den
Intentionen einer bestimmten Unterrichtsstunde handelt es sich um
Feinziele. (Etwa: Die Schüler sollen aus einer Reihe von 6 Hörbeispie-
len, die zweimal hintereinander vom Tonband abgespielt werden, das
Stück nennen können, in welchem die Querflöte spielt.)
Die Ergebnisse einer Grundkursstunde ordnen sich mehreren Lernbe-
reichen unter (Sprechen und Singen, elementares Instrumentalspiel,
Musik und Bewegung, Musikhören, Instrumenteninformation, Musiklehre). Nicht immer wird es möglich und sinnvoll sein, im Laufe der
Zeiteinheit, die der MGA zur Verfügung steht, in allen diesen Bereichen fixierbare Ergebnisse zu erreichen oder die Lernziele allesamt
inhaltlich aufeinander zu beziehen. In der Regel wird der Lehrer
Schwerpunkte setzen, die aber von Stunde zu Stunde wechseln. Daraus
ergibt sich die Notwendigkeit, ständig zu prüfen, ob etwa im Laufe
eines Vierteljahres alle im Lehrplan geforderten Lernbereiche abgedeckt sind, damit auf Dauer keine Defizite entstehen.
Die Feinziele einer Unterrichtsstunde könnten etwa folgendermaßen
formuliert sein:
1. Die Schüler können den Reim "....." in seiner rhythmischen
   Grundstruktur klatschen.
2. Sie können die dazugehörigen Notenwerte ($\quad$ und $\quad$) aufschreiben.
3. Sie können diesen Notenwerten Schlaginstrumente verschiedener
   Klangdauer richtig zuordnen.
4. Sie können zum gesprochenen Reim das Metrum ($\quad$) gehen.
5. Die Schüler können das Lied "....." singen und die Silben nennen,
   die als halbe Noten kenntlich sind.
6. Die Schüler können aus einer Reihe von 6 Hörbeispielen das Stück
   nennen, in welchem die Querflöte spielt (s. o.).
Die Feinziele dieses Beispiels decken zwar alle Lernbereiche der MGA
ab. Ein besonderer Schwerpunkt liegt aber bei der Musiklehre. Die

ersten fünf Lernziele sind unmittelbar aufeinander bezogen. Das letzte bleibt isoliert; in der Folge der Lernschritte wird aber dieser Sonderbereich vermutlich als angenehme Abwechslung empfunden.

Die Lerninhalte (welches Lied, welches Hörbeispiel, welches einzuführende Intervall, welches vorzustellende Instrument, ... ?) sind bereits in die didaktischen Vorüberlegungen mit einbezogen worden. Wenn bisher aber noch Alternativen bestanden oder wenn sich noch ganze Themengruppen zur Behandlung anboten, ergeben sich mit der Präzisierung der Lernziele nunmehr genauere Festlegungen, lassen sich Entscheidungen im Detail fällen.

Die Verlaufsplanung der Stunde sollte dann - zumindest in Form einer Skizze - schriftlich festgehalten werden. Für die eigentliche Durchführung ist es hilfreich, wenn der Entwurf folgende Angaben enthält:

- Numerierung der Lernschritte
- Ungefähre zeitliche Disposition, erwartete Dauer der Lernschritte
- Die den Unterricht dynamisch vorwärtsführenden Impulse (Leitfragen sollten wörtlich skizziert werden)
- Stichworte für geplante Lehrererzählungen
- Andere gangbare Wege, die es gestatten, auf nicht fest einplanbare Schülerreaktionen einzugehen
- Einsatz der verschiedenen Medien (auch Zählwerksnummer beim Tonbandgerät, Trennrille bei der Schallplatte)
- Arbeitsaufgaben und -anweisungen für die Schüler
- Tafelanschriften und -skizzen
- Wechsel der räumlichen Organisation des Unterrichts

Die Verlaufsplanung sollte berücksichtigen, daß Kinder dieser Altersstufe in ihrer Aufmerksamkeit noch keinen langen Spannungsbogen durchzustehen vermögen. Lore Auerbach schreibt dazu: "Die Doppelstunde, die in der MGA die Regel sein soll, muß durch Unterteilung und abwechslungsreiches Alternieren unterschiedlicher Anforderungen lebendig gestaltet werden. Perioden der Ruhe müssen von solchen der Spannung abgelöst werden. Es ergibt sich ein vielschichtiges Wechselspiel:

körperliche Ruhe	-	körperliche Bewegung
Wiederholung	-	Begegnung mit Neuem
Zuhören	-	Selbsttun
Mittun/Folgen	-	Initiativ werden/Führen

(gekürzt, aus: Lern- und entwicklungspsychologische Aspekte in der MGA, in: Die Musikschule, Band III, Mainz 1974).

Im übrigen gehört zu einer effektiven Stundenvorbereitung viel methodische Phantasie. Heinz Lemmermann spricht von "Imagination".

"Man muß sich ganz in die Lage der Klasse (oder Kursgruppe) hineinversetzen; man muß jeden einzelnen 'vor Augen und vor Ohren' haben. Es handelt sich genaugenommen um eine Art fiktiver Identifikation: wie denken die Schüler augenblicklich, wie ist ihr Verhalten, ihre Einstellung, Erfahrung, ihr Bedürfnis? Es lassen sich so Reaktions-Vermutungen anstellen und Lehr-Erfahrungen auswerten." (Heinz Lemmermann: Musikunterricht, Hinweise - Bemerkungen - Erfahrungen - Anregungen, Bad Heilbrunn 1977, S. 158.)

Dem Anfänger sei angeraten, gelegentlich eine ausführliche Unterrichtsvorbereitung schriftlich zu skizzieren und den tatsächlichen Verlauf der Stunde an Hand dieses Entwurfs nachzubereiten - am besten im Arbeitsteam mit mehreren Kollegen des Fachbereichs. Wer in der Lage ist, alle Planungsmomente schriftlich auszuformulieren, ist auch fähig, sich selbst zu korrigieren und damit einen intensiven Lernprozeß zu durchlaufen.

Literatur

Heimann/Otto/Schulz: Unterricht - Analyse und Planung, Hannover 1965

Klafki: Didaktische Analyse als Kern der Unterrichtsvorbereitung, In: Didaktische Analyse, Hannover 1964

Kopp: Didaktik in Leitgedanken, Donauwörth 1974 (4. Auflage)

Lemmermann: Musikunterricht: Hinweise - Bemerkungen - Erfahrungen - Anregungen, Heilbrunn/Obb. 1977

Messer/Schneider/Spiering: Planungsaufgabe Unterricht; Ravensburg 1976 (3. Auflage)

Roth: Pädagogische Psychologie des Lehrens und Lernens, Hannover 1962

Vogel: Artikulation des Unterrichts - Verlaufsstrukturen und didaktische Funktionen, Ravensburg 1975 (4. Auflage)

Tausch: Erziehungspsychologie, Göttingen 1971

ZUM PROBLEM DER HAUSAUFGABEN

Die traditionelle Unterrichtsweise in der Musikerziehung betonte im Klassenunterricht die vom Lehrer angeleitete und geführte Tätigkeit und verlagerte die selbständige Arbeit an bestimmten Aufgaben in den häuslichen Raum, wobei die Selbständigkeit mehr in der Tätigkeit als solcher lag als in der Art, wie Inhalte erarbeitet wurden.

Das Problem der Hausaufgaben beschäftigt Schule und Öffentlichkeit seit Jahren. Die Kinder gelten als überlastet durch Schulbesuch und Hausarbeitspensum. Zusätzliche Angebote aus verschiedensten Bereichen sollen der Anregung und dem Ausgleich gegenüber einseitigen Anforderungen dienen, nicht aber den Leistungsdruck verstärken. So sieht sich heute der Lehrer in der MGA vor die Frage gestellt, ob er für seinen Unterricht Hausaufgaben stellen darf, soll, muß. Hausaufgaben werden gestellt mit dem Ziel, im Unterricht Gelerntes zu üben, zu vertiefen, zu erweitern.

Die heutige Kritik an Hausaufgaben entzündet sich u. a. daran, daß die Eltern oft in die Rolle von Nachhilfelehrern gedrängt werden, sei es, weil die Kinder Arbeiten leisten sollen, die sie in der Schule (aus welchen Gründen auch immer) nicht verstanden haben, sei es, weil sie sich auf die elterliche Hilfe verlassen, ja sie sogar erzwingen wollen, indem sie in der Schule nicht aufpassen. Wenn die Eltern aber Inhalte oder - und das kommt in der allgemeinbildenden Schule heute ständig vor - Methoden aus ihrer eigenen Schulzeit nicht kennen, können sie nicht helfen, tragen sie höchstens zur weiteren Verunsicherung ihrer Kinder bei. Die Schule, also auch die Musikschule, sollte ihre Inhalte so vermitteln, daß die Kinder etwa anfallende häusliche Arbeiten anfertigen können, ohne die Hilfe Dritter zu benötigen.

Die Arbeitsbereiche der MGA geben nicht viel sinnvolle Aufgabenstellungen für die häusliche Arbeit her. Alle kommunikativen Tätigkeiten kann das Kind allein nicht üben, auch das Übertragen von Musik in Notenbild oder Bewegung läßt sich zu Hause wegen des Fehlens der überprüfbaren Hörvorlage kaum durchführen. Aufgaben wie das Schreiben einer Reihe "a" sollten der Vergangenheit angehören, solche wie das Auswählen von 5 Tieren, deren Namen zu rufen und dann im Notenbild der Rufterz aufzuschreiben sind, dürften sich nicht allzu häufig zwanglos ergeben. Instrumentales Üben ist zumindest im Anfang problematisch, weil die Distanz zum eigenen Tun und damit die Möglichkeit zur Selbstkontrolle in diesem Alter noch schwach entwickelt ist, eigentlich innerhalb der MGA erst erworben werden kann. Kontrolle durch die Eltern ist aber mangels Fachwissens oft nicht möglich und psychologisch - wegen der häufig damit verbundenen Trübung des Eltern-Kindverhältnisses - nicht uneingeschränkt wünschenswert. Das Auswendiglernen von Texten ist keine primär musikalische Hausaufgabe.

Hausaufgaben werden in der MGA oft nur gestellt, damit die Eltern sehen, daß in der Musikschule "gearbeitet" wird, und damit die Kinder die Grundausbildung genau so ernst nehmen, wie der Grundschulunterricht genommen wird. Dies aber ist kein sachliches Motiv, sondern dient nur der Festigung eines nicht abgesicherten Selbstverständnisses dieses Unterrichts.

Hausaufgaben sollten nur gestellt werden, wenn sie einen wirklichen Sinn erfüllen. Ein Unterricht ist dann erst gut, wenn er in die übrigen Lebensbereiche der Kinder - also in die Zeit, die zwischen den Unterrichtsstunden liegt - hineinwirkt, wenn er die Kinder innerlich beschäftigt und sie anregt, sich fachspezifisch zu engagieren. Eine Grundausbildung, die sensibilisiert und musikalisiert, wird zwangsläufig dazu führen, daß die Kinder ihre Umwelt mit offenen Sinnen erleben, jede sich bietende Gelegenheit zum Hören und zum Musikalisch-Tätigsein ergreifen. Diese Art der häuslichen Weiterarbeit, die aus eigenem Antrieb und aus eigenem Interesse aufgenommen wird, ist wertvoller als jede formalistische Hausaufgabe. So könnte man die Kinder auffordern, bestimmte Geräusche oder Klänge zu "sammeln" (z. B. sie benennen und über sie berichten, evtl. die Geräusch- oder

Klangerzeuger mitbringen und vorstellen, die Geräusche und Klänge auf Tonband festhalten und mitbringen). Geräusch- und Klangerzeuger können zu Hause (vielleicht unter interessierter Mithilfe von Geschwistern, Freunden und Eltern) erfunden und in den Unterricht gebracht werden (vgl. auch S. 48ff.).

Soweit es möglich ist, ohne in die Erziehungskompetenz der Eltern einzugreifen, könnte man die Kinder zum Hören bestimmter Sendungen in Rundfunk und Fernsehen anregen. (Aufgaben könnten sowohl das Hören konzertanter Musik als auch das Hören auf Untermalungen von Sendungen bis hin zur Werbemusik sein.) Auch das Erfinden und Variieren im Unterricht verwendeter Spielformen kann angeregt werden.

Wenn der Lehrer Anregungen aufgreift, die die Kinder in den Unterricht einbringen, spornt das die anderen Schüler an. Einer meiner Schüler (7 Jahre alt) erklärte einmal: "Ich habe eine Idee!" "Erzähle mal!" "Ja, wissen Sie, wenn wir jetzt ganz viel Zeit hätten, könnten wir ...." Es folgte eine Spielidee. Ich sagte, daß wir die Zeit hätten, und griff die Idee auf. Von diesem Tage an wetteiferten die Kinder, sich musikalische Spielideen auszudenken. Dies taten sie zu Hause. Während der restlichen 5 Monate des Kurses spielten wir nun jede Woche zum Abschluß des Unterrichts ein anderes selbstausgedachtes Spiel - ich erhielt hierdurch manche Anregung für meinen Unterricht. Derartige häusliche Arbeit, die für die Kinder einen wirklichen Sinn hat und Anreiz bietet, die interessant ist und freiwillig geleistet wird, hat hohen Wert.

Generell aber sollte der Unterricht in der Musikalischen Grundausbildung so angelegt sein, daß Phasen selbständiger Arbeit in den Unterricht eingeplant werden und auf Hausaufgaben verzichtet werden kann.

SPIELEN UND ERFINDEN

In diesem Kapitel geht es um einen Lernbereich, in dem die Kinder zum Zeitpunkt des Schuleintritts ihre Selbsterfahrungen nur in sehr unterschiedlichen Graden sammeln konnten. In vielen Fällen reichen diese Erfahrungen als Grundlage für einen zeitgemäßen Musikunterricht nicht aus und müssen nachgeholt werden. Deshalb ist dieses Thema in mehreren Beiträgen ausführlich behandelt worden, die Anregungen und Ansätze für den Unterricht entwickeln, z. T. aber über die unterrichtlichen Möglichkeiten des eigentlichen Grundkurses hinausgehen. Ihr besonderer Sinn liegt darin, daß sie bewußt in das außerschulische Leben der Kinder, in Elternhaus und Familie übergreifen und Verbindungen herstellen wollen.

Lore Auerbach: Lernspiele und Spielformen

Ernst Wieblitz: Schallerzeugung im Anfang

Ernst Wieblitz: Instrumente erfinden - bauen - spielen

Ernst Wieblitz: Improvisation als Prinzip im Unterricht

Wilhelm Keller: Elementares Musiktheater

LERNSPIELE UND SPIELFORMEN

Wenn im Folgenden mit einer Reihe von Vorschlägen
auf Lernspiele hingewiesen wird, sollen und können
sie natürlich nicht nur im Unterricht praktiziert
werden. Es sollen hier auch die Möglichkeiten angesprochen werden, den Unterricht in anderer Form zu
Hause fortzusetzen. Hierzu müssen vorbereitende
Elternabende stattfinden und sollte Leihmaterial
vorhanden sein.

"Im Vorschulalter war die wichtigste Lernform des Kindes das Spiel -
in spielender Tätigkeit machte es seine Erfahrungen, bewältigte es
seine Umwelt unter Inanspruchnahme der Gesamtheit seiner Fähigkeiten und Fertigkeiten. Es lernte im Spiel viel, gerade weil es die volle
Breite der Erfahrungsmöglichkeiten voll ausschöpfen konnte, ohne
durch fremdgestellte Lernspiele und Lernwege eingeengt zu werden.
(Der Begriff "Spiel" darf also nicht als unverbindliche Spielerei verstanden werden.) Diese Art des Zugehens auf die Welt hat es sich als
junges Schulkind erhalten: die spontane Spielfreude ist stärker als der
Wunsch nach zielgerichtetem Lernen"[1].
Spiele können in der MGA eine wichtige Lernhilfe darstellen. Der Begriff des Spiels wird dann allerdings verengt gesehen: es geht nicht
mehr um das zweckfreie Spiel um des Spielens willen, wie es Pöppel
definiert:

"Wenn der Mensch spielt, befindet nichts 'Anderes' außer ihm
selbst über die Gestaltung des Spiels: Zwar kann er immer nur 'mit
etwas' spielen, aber schon die Entscheidung über Inhalt und Aufgabe
des Spiels steht ihm grundsätzlich frei. Wird sie ihm im Sinne einer
Fremdbestimmung abgenommen, geht eine grundlegende Bedingung
des Spiels verloren!"[2]

Spiel wird im Folgenden im Sinne von "didaktischem Spiel" verstanden, bei dem bestimmte Fertigkeiten gezielt geübt werden. Je vielfältiger das Spektrum an Fertigkeiten, die innerhalb einer Spielaufgabe
angesprochen werden, je weniger einseitig also die didaktischen Intentionen des jeweiligen Spiels sind, um so gelöster, um so freudiger
wird der Spielende "spielend" lernen, weil er nicht verbissen auf die
Erlangung einer Spezialfertigkeit konzentriert ist. Vor allem ist es
wichtig, daß die Tätigkeit des Spielens den Spielenden so gefangen
nimmt, daß die Lernaufgabe hinter der Gelöstheit der Spieltätigkeit
so weit wie nur immer möglich unsichtbar bleibt.

"Über je mehr K a n ä l e also eine Information eintrifft, um so
eher wird sie solche Assoziationsmöglichkeiten vorfinden. Je
mehr Assoziationen aber, desto größer auch die sogenannte
M o t i v a t i o n , der Beweggrund, der Antrieb und damit auch die
Aufmerksamkeit zum Lernen.

Gerade dabei hilft uns nun auch die ganze Verpackung, die 'bekannte Begleitinformation', in der eine neue Information ankommt. Es ist leider allgemein viel zu wenig bewußt - und wird

daher auch im Unterricht nicht beachtet -, daß die beim Lernen
gespeicherte Information eben nicht nur aus dem Stoff besteht,
der gelernt wird, sondern auch aus allen dabei mitgespeicherten,
mitschwingenden übrigen Wahrnehmungen.
Ein Lerninhalt ist also immer begleitet von einer Menge anderer
Informationen. Die Gesamtinformation besteht somit auch aus den
Geräuschen, die wir dabei hören, dem Bohnerwachsgeruch des
Raumes, den positiven und negativen Gefühlen, die wir dabei haben, der Sonne, die gerade ins Zimmer scheint, kurz, aus dem
ganzen Milieu."3)

"Weil nun Primär- und Sekundärinformationen nicht einfach voneinander zu trennen sind, verknüpft sich der eigentliche Lerninhalt
durch die während des Lernens vorhandenen Wahrnehmungen und
Gefühle mit einer Vielzahl weiterer Gehirnzellen und Erinnerungs-
felder. Diese Verknüpfung ist d a n n für das Lernen vorteilhaft,
wenn der neue Lerninhalt mit vertrauten, angenehmen Begleitinformationen verbunden ist. Er läßt sich dann weitaus besser im Gehirn verankern und später wiederfinden, als wenn etwa zum fremden Stoff auch noch eine fremde Verpackung käme. Wir empfangen
ja auch einen uns bisher unbekannten Menschen ohne Angst und feindliche Gefühle, wenn er uns von einem guten Freund vorgestellt wird.
Ebenso lassen die v e r t r a u t e n Begleitumstände beim Lernen weit
weniger eine Abwehr, eine Abneigung gegen den unbekannten neuen
Stoff aufkommen. Ja, die vertraute Verpackung vermittelt sogar ein
kleines E r f o l g s e r l e b n i s : das Gefühl des Wiedererkennens. All
dies bedeutet einen deutlichen Trend in Richtung der 'positiven' Hor-
monlage, weit weg vom Streßmechanismus. Durch die Vielfach-Ver-
ankerung schwingen außerdem auch andere Eingangskanäle mit. Wahr-
nehmungsfelder im Gehirn, die von der - vielleicht nur verbal-ab-
strakten - Information selbst gar nicht genutzt wurden, aber nun in-
direkt doch beteiligt sind.
Die Schule aber ist arm an solchen Assoziationshilfen, ja, diese sind
geradezu verpönt, weil sie nach der herkömmlichen Meinung der meisten Pädagogen und Eltern nur ablenken vom 'Eigentlichen'. Und so
kommt es, daß die besprochene Verknüpfung der Lerninformation mit
den Begleitinformationen des Unterrichts nicht nur keinen Vorteil
bringt, sondern sogar das Lernen verhindern kann. Die Schulatmo-
sphäre und die Art, den Lernstoff 'unverpackt' oder sogar durch Abstraktion zusätzlich verfremdet anzubieten, erzeugen vielfach Angst,
Abwehr, feindliche Haltung und damit eine 'negative' Hormonla-
ge.
In vielen Fällen - je nach der persönlichen Struktur und dem Grundmuster - setzt dann wieder der in vielen hunderttausend Jahren ge-
netisch in uns verankerte Streßmechanismus ein, der zwar schlag-
artig die Energiereserven des Körpers mobilisiert, jedoch zu einem
ganz anderen Zweck als zum Lernen. Im Gegenteil. Die Streßreaktion
erfolgt in jedem Fall auf Kosten des Lernens und Denkens."4)

Das Spiel als Arbeitsform ist eine Möglichkeit, Sekundärinformationen in diesem Sinn zu schaffen, die die Primärinformation, die Lerninhalte, begleiten. Die Arbeitsbereiche Singen und Spielen, Elementares Instrumentalspiel sowie Musik und Bewegung innerhalb der MGA bedürfen solcher Verlebendigung weniger, weil sie einerseits bereits Tätigkeiten darstellen, andererseits aus ihren Inhalten heraus ständig Tätigkeiten fordern, die - sofern nicht negative Vorerfahrungen bereits zu Hemmungen führten - vom Kind lustvoll erlebt werden. Die Bereiche der Hörerziehung und der Musiklehre aber bergen die Gefahr der Abstraktheit in sich. Dieser Gefahr erlag der Musikunterricht früherer Generationen fast völlig, und da der selbsterlebte Unterrichtsstil durch unreflektierte Übernahme nur allzuleicht von Generation zu Generation tradiert wird und auch Eltern die oben zitierten Vorbehalte gegen die vermeintliche Ablenkung vom "Eigentlichen" auch heute häufig noch haben, bleibt die Arbeit in diesen Teilgebieten meist abstrakt, wenig motivierend und damit im Verhältnis zum Arbeitseinsatz von Lehrer wie Kindern unergiebig. Im Folgenden werden daher Sinn und Möglichkeiten des Einsatzes von Spielformen und Lernspielen vor allem für die Hörerziehung und die Musiklehre analysiert.

Im Spiel können musikfachliche Fertigkeiten wie z. B. Intervalldifferenzierung, Grundlagenwissen und außermusikalische Fertigkeiten, die aber für musikalische Tätigkeit wichtig sind, wie z. B. Phantasie, Kooperationsbereitschaft, manuell-technische Fertigkeit, Reaktionsfähigkeit, g e ü b t werden, ohne daß die häufige Wiederholung gleicher oder ähnlicher Aufgaben auf Ablehnung durch die Kinder stößt und damit Lernwiderstände aufbaut. Im Spiel können bereits erworbene Fertigkeiten in vielfältiger Weise a n g e w e n d e t und vorsichtig schrittweise e r w e i t e r t werden.

Das Spiel gibt Raum für die Entfaltung von Selbständigkeit und Initiative bei allen Teilnehmern, verlangt aber gleichzeitig die Einordnung in die Spielgesetze. Ein frontaler Unterricht berücksichtigt kaum die zwischenmenschlichen Beziehungen der Schüler untereinander. Das Spiel hingegen nutzt die Gruppensituation, wird in den meisten Fällen durch sie überhaupt erst möglich. Im Spiel entstehende Interaktionen werden für das Kind zu Modellen für das spätere g e m e i n s c h a f t l i c h e M u s i z i e r e n, das für das Gros der Schüler in der MGA sicherlich eher das Ziel der musikalischen Erziehung sein wird als das reine Solistentum.

Das Spiel gibt dem Lehrer aber auch methodische Hilfen an die Hand:
- Teilgruppen können im Spiel Wissen und Fertigkeiten üben und festigen, auch ohne seine Mitwirkung.
- Der Lehrer kann währenddessen mit einzelnen Kindern oder Teilgruppen gesondert arbeiten, ohne daß Leerlauf für diejenigen Kinder entsteht, die dieser Sonderbetreuung nicht bedürfen.
- Beim Einsatz von Spielen für Teilgruppen kann der Lehrer unauffällig eine Niveaudifferenzierung vornehmen, ohne daß einzelne Kinder oder Teilgruppen diskriminiert werden, etwa, weil sie noch den Stoff vertiefen müssen, den die anderen schon beherrschen.

- Leistungsstarke Kinder können als Spielleiter der Untergruppen eingesetzt werden und so ihren Fähigkeiten entsprechend gefordert werden.

An Spiele, die innerhalb der MGA eingesetzt werden, müssen bestimmte Forderungen gestellt werden:

- Sie müssen lebendig und anregend sein, damit sie gern gespielt werden.
- Sie müssen offen und variabel sein, damit nach gleichem Grundmuster vielfältig gespielt werden kann und die Kinder selbst Varianten von Inhalt wie auch Regeln finden können.
- Sie müssen von den Regeln her leicht erlernbar sein. Das überlieferte Kinderspielgut enthält eine Reihe von Spielen, die durchaus musikalische Fähigkeiten im weitesten Sinn üben wie z. B. "Reise nach Jerusalem", "Jakob und Jakobinchen". Viele andere Spiele lassen sich durch geringfügige Veränderungen in "musikalische Spiele" verwandeln [5]. Wenn die Spielregel bekannt ist und nur mit neuen Aufgaben versehen wird, stellt der Lehrer sicher, daß sich die Hauptaufmerksamkeit der Kinder auf den Spielinhalt richtet und nicht durch die Konzentration auf die Spielabfolge absorbiert wird. Darüber hinaus sind Kinder dieser Altersstufe glücklich, wenn sie in vertrauten Formen handeln können. Vertraute Formen geben Sicherheit und Selbstvertrauen (s. auch Zitat 4).
- Sie müssen aus einem partnerschaftlichen Geist erwachsen. Beim gemeinschaftlichen Musizieren gibt es keine Sieger und Besiegte, geht es nicht darum, schneller als die anderen ans Ziel zu gelangen - im Gegenteil: das Ziel ist nur durch die Bemühung um Gemeinsamkeit, durch das Aufeinandereingehen, das Aufeinanderhören zu erreichen. Diese Einstellungen muß ein grundlegender Musikunterricht besonders pflegen. Daher sollten Spiele, in denen Spieler ausscheiden, oder Spiele, bei denen es gilt, die anderen Spieler durch Einsatz der eigenen Überlegenheit zu besiegen, aber auch Spiele, bei denen Zufall und Glück eine Rolle spielen, so selten wie möglich gespielt werden. (Erfahrungsgemäß ist das Kind im Alter der MGA aus seiner entwicklungspsychologischen Situation heraus nicht in der Lage, Frustrationen aus Spielniederlagen positiv zu verarbeiten [6].) An ihre Stelle müssen Spielformen treten, bei denen der Konkurrenzaspekt wegfällt, bei denen partnerschaftliches Verhalten zum Ziel führt, bei denen das Spiel kein Ende durch Sieg eines Einzelnen oder einer Gruppe oder das Ankommen endlich auch der Letzten erfährt, sondern durch Lösung der Aufgabe (s. u.).
- Sie müssen, wo immer möglich, die Selbstkontrolle des Schülers ermöglichen, so daß das Erreichen des Ziels die Bestätigung der Richtigkeit der Lösung darstellt und der Lehrer als Bewerter, als Spender von Lob und Tadel oder als Schiedsrichter entbehrlich wird (s. u. Zuordnungsspiele).

Zur Verdeutlichung dieser Ausführungen folgen einige Beispiele verschiedener Spielformen, die Modellcharakter haben und beliebig variiert werden können.

Spielart	Spielablauf	Hinweis auf einige Lernziele
Geselliges Spiel im Kreis (beliebige Spielerzahl)	**SUCHSPIEL** Während ein Kind den Raum verläßt, verstecken die anderen Kinder einen vorher vereinbarten Gegenstand. Die Gruppe führt das zurückkehrende Kind durch gemeinsames lauteres und leiseres Klatschen (= heiß und kalt) zum Versteck.	- Differenzierung laut-leise, sowohl akustisch als auch manuell-technisch - gemeinsames Handeln führt zur Lösung - "Die Gruppe hilft mir"
Geselliges Spiel im Kreis (beliebige Spielerzahl)	**MEIN RECHTER PLATZ IST LEER** G r u n d f o r m : Stuhlkreis - einen Stuhl mehr, als Mitspieler vorhanden sind. § Der Spieler, zu dessen rechter Seite der leere Stuhl steht, spricht, während er mehrfach auf den Stuhl klopft: "Mein rechter, rechter Platz ist leer, ich wünsche mir den (die) . . . . . . her!" Der gerufene Spieler setzt sich auf den Stuhl. Wiederholung ab §. M u s i k a l i s c h e V a r i a n t e n : - Namen auf Instrument (Rufterz) spielen, statt zu rufen. (Mehrdeutigkeit bei mehreren Namen gleicher Silbenzahl und gleicher Betonung!) - Jedes Kind hat - für alle anderen Spieler sichtbar - an einem Band um den Hals ein Kärtchen mit einem aufgeschriebenen Motiv (tonal und rhythmisch je nach Unterrichtsstand). Als Spielhilfe erhält jedes Kind ein Doppel "seines" Motivs in die Hand. Ein Kind wird durch Singen oder Spielen "seines" Motivs auf den leeren Platz gerufen.	 - sich Namensmelodie vorstellen, spielen, erkennen, - reagieren - darauf achten, daß jeder an die Reihe kommt - Sinnentnahme aus Zeichen - Umsetzen in Klang dazu wie oben
Tischspiel (3-4 Spieler)	**QUARTETTFORMEN** - mit rhythmischen Motiven - mit melodischen Motiven - mit rhythmisch-melodisch kombinierten Motiven (je nach Leistungsstand) - mit zu benennenden Zeichen aus der Musiklehre - mit Abbildungen von Instrumenten u. a. m.	- Sinnentnahme aus Zeichen - ggf. Umsetzen in Klang (instrumental, vokal) - Abstrahieren des Gehörten (Vergleichen Klang mit Schriftbild) - Merkfähigkeit - Kombinationsfähigkeit

Spielart	Spielablauf	Hinweis auf einige Lernziele
Tischspiel (2-4 Spieler)	**MEMORY** Material wie für Quartettspiele	- optisches Aufnehmen und Wiedererkennen von Graphiken, Bildern und Notenbildern
	Quartett- und Memoryspiele erfüllen nicht die o. a. sozialen Forderungen!	
Tischspiel (Spielerzahl je nach Aufgabenstellung)	**BRETTSPIELE** mit zu würfelnden Wegen, auf denen man auf Aufgabenfelder trifft. Die (aus dem Feld bestimmten oder zu ziehenden) Aufgabenkärtchen können je nach Leistungsstand immer neue Aufgabensets sein (Überraschungselement bei schon bekanntem Spiel). Möglichst Aufgaben stellen, die partnerschaftlich gelöst werden müssen.	je nach Aufgabenstellung
Zuordnungsspiel (1-4 Spieler)	**LOTTOSPIELE** Auf einem Brett, das in verschiedene Felder aufgeteilt ist, die Darstellungen entsprechend dem Quartettmaterial enthalten, werden korrespondierende Einzelkarten abgelegt, bis alle Felder bedeckt sind. Die Einzelkarten werden - vom Spielleiter (auch Kind) vorgezeigt oder - vom Spielleiter (auch Kind) akustisch dargestellt oder - die akustische Darstellung der vorher numerierten Karten wird durch Tonträger (Kassette) vorgenommen.	- optisches Aufnehmen und Wiedererkennen, Vergleichen u. ä. - Übertragung von Gehörtem in schriftliche Abstraktion, Vergleichen
	Fehlerselbstkontrolle: nur bei bisher korrekter Zuordnung stimmen die letzte Einzelkarte und das letzte freie Feld überein. Die Möglichkeit, daß sich zweimalige Fehler gegenseitig aufheben, ist gering.	
Zuordnungsspiel (bis 6 Spieler)	**DOMINOSPIEL** Anlage der Doppelkarten mit Inhalten ähnlich wie bei Quartettspielen. - Vorheriges Zuteilen der Karten und Ablegen je nach Möglichkeit (dann Spiel mit Konkurrenzcharakter)	- wie bei Lotto

Spielart	Spielablauf	Hinweis auf einige Lernziele
	- Aufrufen der Karten aus dem großen Pool durch Vorzeigen oder akustische Darstellung (s. Lottospiel) und Anlegen durch den jeweiligen Finder (dann kein Sieger, aber unterschiedliches Zum-Zuge-Kommen der Kinder). Anlegen nur an einem Ende - an beiden Enden - Abzweigungen ebenfalls erlaubt.	
Zuordnungsspiel (Einzeln oder bis zu 5 Spieler)	**GERÄUSCHDOSEN ZUORDNEN** Gleichaussehende Dosen werden paarweise mit dem gleichen Inhalt in der gleichen Menge gefüllt. Sie werden nach dem Schüttelgeräusch zugeordnet (Filmdöschen mit Erbsen, Bohnen, Zukker, Reis, Holzperlen u. ä.). Fehlerselbstkontrolle: nur bei bisher korrekter Zuordnung stimmen die letzten beiden Dosen überein. Die Möglichkeit, daß sich zweimalige Fehler gegenseitig aufheben, ist gering.	- differenziertes Hören - Vergleichen
Ratespiele (beliebig viele Spieler)	Die Kinder hören Schall verschiedener Art, ohne sehen zu können, wie und womit er gemacht wird. - wo war es? - wie entstand es? - womit entstand es? - wurde es von einem oder mehreren Kindern produziert? - bei mehreren: gleichzeitig? nacheinander? von wievielen? (Darstellung live oder auch durch Tonträger - vom Lehrer vorbereitet oder von einer Teilgruppe für die andere im Unterricht erstellt)	- Phantasie beim Ausdenken der Schallereignisse - Phantasie beim Überlegen der Strategie - Konzentration und Aufeinandereingehen bei der Darstellung - Differenziertes Hören beim Raten
Musikalische "Konstruktions-spiele" (bis zu 6 Spieler)	Aus Kärtchen mit Darstellungen wie bei Quartettspielen angegeben (Material nach Leistungsstand) - Kärtchen vorher zugeteilt - gezogen - erwürfelt[+]	+)s. S. 42

	"Bauen" von größeren Einheiten - nach der Sitzfolge - nach eigener Einschätzung der Situation - - nur durch Anlegen - auch durch Vorlegen - auch durch Zwischenlegen	- Regeln aufstellen, erfüllen, verändern - Üben der Vorstellungskraft, der Sinnentnahme aus abstrakter Darstellung
	Zur Zwischenkontrolle Umsetzung in Klang (instrumental, vokal)	- Ertragen der Umdeutung des Bisherigen - Erfahren, wie schwer eine scheinbar winzige Veränderung wiegen kann
	+) (Zwei Würfel, einer mit Angaben der Tonhöhe, der andere mit Angaben der Tondauer beklebt, machen die zwei verschiedenen Dimensionen Zeit und Raum, die in dem einen Notenzeichen dargestellt sind, eindringlich deutlich. Ein Würfel allein definiert noch nicht, welches Notenkärtchen zu nehmen ist, das wird erst im Zusammenwirken beider Würfel bestimmt.)	

Es macht für den Lehrer viel Arbeit, Spiele dieser Art selbst herzustellen, dennoch lohnt sich diese Mühe: die Übungsintensität, die in Kleingruppen wesentlich höher als in der Gesamtklasse sein kann (schon allein durch das häufigere An-die-Reihe-kommen), bringt erhöhte Unterrichtserfolge, u. a. bedingt auch durch die verbesserte Motivation der Kinder. Sorgfältige Herstellung und Verarbeitung (z. B. Bekleben der Kärtchen mit durchsichtiger Folie) sowie übersichtliche Verwahrungsmöglichkeiten gewährleisten eine jahrelange Haltbarkeit, die den Arbeitseinsatz doch rentabel erscheinen lassen.
Auf Elternabenden kann man derartige Spiele gemeinsam herstellen - eventuell sogar entwickeln! - und über der manuellen Arbeit und dem Ausprobieren der Spiele mit den Eltern eine Gesprächsbasis schaffen, die auf dem "offiziellen" Boden eines herkömmlichen Elternabends längst nicht so leicht herzustellen ist.
Im übrigen planen die Herausgeber, derartige Spiele in Verbindung mit einem Spieleverlag herauszubringen. Dem Vorteil der Arbeitsersparnis für den Lehrer und des qualitativ hervorragend verarbeiteten Materials steht dabei der Nachteil gegenüber, daß der direkte Zuschnitt auf die Bedürfnisse der eigenen Arbeit nicht mehr, wie beim selbsthergestellten Spiel, gegeben ist.

Literatur

1) Auerbach: Lern- und entwicklungspsychologische Aspekte in der
                 Musikalischen Grundausbildung, in Auerbach/Stumme (Hrsg.):
                 Musikalische Grundausbildung - Beiträge zur Didaktik
                 (Die Musikschule Band III), Mainz 1974, S. 24

2) Pöppel: Stichwort "Spiel", in Ipfling (Hrsg.): Grundbegriffe der
                 pädagogischen Fachsprache, München 1974, S. 269

3) Vester: Denken, Lernen, Vergessen, Stuttgart 1975, S. 144

4) Vester: a. a. O. , S. 160f.

5) vgl. auch Auerbach: Hören lernen - Musik erleben, Wolfenbüttel 1971

6) vgl. auch Auerbach: s. 1), S. 24ff. , vor allem S. 28

SCHALLERZEUGUNG IM ANFANG

Der Engländer hat es sprachlich leichter, alles Hörbare ist bei ihm
"sound", entsprechend etwa unserem Wort "Klang". Wir müssen uns
für den etwas abstrakt klingenden Begriff "Schall" entscheiden, weil
sonst der große und farbige Bereich "Geräusch" nicht einbezogen ist:
niemand würde das Klappern der Schreibmaschine, das Rauschen des
Regens als Klang bezeichnen. Jedoch schlägt uns die Sprache ein
Schnippchen, denn das Verb "schallen" können wir in diesem Zusammenhang nicht verwenden, es meint etwas ganz anderes. So kommt
dann doch wieder das Wort "klingen" herein: diese sprachliche
Doppelbödigkeit müssen wir leider in Kauf nehmen.
Schallerzeugung meint: einen beliebigen Gegenstand auf eine beliebige
Weise akustisch wahrnehmbar machen. Hat das, so weit gefaßt, noch
mit Musikerziehung zu tun? Und wenn, welchen Sinn hat das in einer
musikalischen Grundausbildung, welche Ziele werden ange-
steuert?
Es ist wörtlich gemeint mit dem "beliebigen Gegenstand": Heizkör-
per, Tür, Fensterscheibe, Stuhl, Schlüsselbund und alle möglichen
Geräte gehören genauso zu den Dingen, die das Kind akustisch untersuchen kann, wie ein Klavier, wie Kontrabaß, Flöte und Orff-Instrumente.
Das Kind bringt bereits einen großen Vorrat an Schallerfahrung mit,
aber der ist zumeist kaum genutzt, noch nicht ins Bewußtsein gehoben.
Die Begegnung mit den scheinbar so bekannten Dingen unserer Umgebung auf einer neuen Ebene, der des Klingens, gibt ihnen eine andere
Wirklichkeit, eine vollere "Gegenständlichkeit": das Zauberwort, das
das "in allen Dingen schlafende Lied" löst und hörbar macht, liegt in
uns, in unseren Sinnen.

Erfahrungs- und Lernziele

Das Kind entwickelt und verfeinert durch das eigene Erkunden aller
möglichen Schallerzeuger seiner Umgebung und durch das Entdecken
ihrer Schallqualitäten als erstes das Unterscheidungsvermögen seines
Hörorgans. (Über die zentrale Bedeutung des Hörens siehe "Die Musikschule" Band III, v. a. S. 13, 19, 63ff. und den Lehrplan für die
MGA, S. 129.)

Das Kind erfährt,
-   daß jeder Gegenstand klingen kann und seinen eigenen Klang hat;
-   daß der Klang von der Art des Materials abhängt - Objekte aus
    Holz, Metall, Papier, Plastik, Glas, Stein klingen verschieden;
-   daß der Klang von Größe, Form und Beschaffenheit des Gegen-
    stands beeinflußt wird - hell oder dunkel, spitz oder stumpf, flach
    oder voll;
-   daß er veränderbar ist - ein Bindfaden mehr oder weniger gespannt,
    eine Stricknadel, ein Lineal, kürzer oder länger gefaßt, geben ver-
    schiedene Tonhöhen;
-   daß der Klang von der Art der Schallerzeugung bestimmt wird - ob
    laut oder leise, ob mit Fingern, Händen, der Faust, ob mit "Schlä-
    geln" [1] aus Holz, Filz, Metall oder Plastik geschlagen, gerieben,
    gewischt, getupft, gekratzt.

Es ist ein weites Feld an Erfahrungsmöglichkeiten, das sich allein
schon aus dem Spiel mit den Dingen und Gegebenheiten des Raumes und
der Umwelt ergibt. Bei entsprechenden Spielformen werden gleichzeitig Raumorientierung und Richtungshören mitgeübt, sprachliche Ausdrucksfähigkeit gefördert und vor allem ein Fundus an Materialkennt-
nis, an Spielgeschick und an sachbezogener Neugier angelegt, der dem
Handhaben und Kennenlernen des gesamten instrumentalen Bereichs
und schließlich einer allgemeinen Musikalisierung zugute kommt.

Objekte und Umweltmaterial

Solche Erkundungszüge sind natürlich auf all den verschiedenen Ma-
terialfeldern (Objekte - Umweltmaterial - Orff-Instrumente - traditionelle Instrumente) zu unternehmen. Der Entdeckerlust der Kinder kann gerade auf dem Gebiet der Umweltobjekte und -materialien
in dem zur Verfügung stehenden Zeitrahmen kaum Genüge getan, noch
kann die Fülle der Möglichkeiten ausgeschöpft werden. Hier ist es notwendig, exemplarisch auszuwählen, eventuell durch paralleles Arbei-

---

[1] Als "Schlägel" wird hier alles bezeichnet, was als Hilfsmittel zur Schallerzeugung
verwendet wird, vom richtigen Kopfschlägel über den Nagel bis zu Kamm und
Drahtbürste sollte sich ein großer Vorrat an solchen Hilfswerkzeugen ansammeln.

ten in Teilgruppen zeitsparend zu einer Fülle von Schallerfahrungen zu kommen.

Das sei am Beispiel des Themas "Papiermusik" verdeutlicht: verschiedenste Sorten und Größen, vom Seidenpapier bis zur Wellpappe, nach ihren Klangfarben untersuchen; aber auch: wieviel verschiedene Geräusche und Spielarten kann man mit e i n e r Zeitung, welche mit e i n e m Butterbrotpapier finden; wie verändert sich das Schallbild, wenn viele das gleiche tun?

Man kann zum Thema "Steinspiele" Klanghelligkeitsreihen aufstellen, geklopft oder gerieben, die sich bei Kies und Sand in verschiedene feine Klicker-, Rassel- und Rieselgeräusche auflösen.

Metall, Kunststoff, Glas, Flüssigkeiten sind weitere Fundgruben an Schallerscheinungen.

Diese Vielfalt wird natürlich nicht nur auditiv, also vom Hören her erfaßt: Form und Größe, Oberflächen- und Materialbeschaffenheit werden auch tastend mit geschlossenen Augen erfahren, verbal beschrieben und in Klang umgesetzt ("Erfindet etwas für 'rauh', 'spitz', 'wabbelig'!").

Ein weiterer Weg, die Materialfülle in einen gliedernden Zusammenhang zu bringen, ist auch, gewisse Schauplätze in "Hörplätze" umzuwandeln: "Küchenkonzert", "Baustelle", "Waldspaziergang" etc.

Wobei hier weniger eine naturalistische Klangerzählung als vielmehr die Sammlung und Gestaltung verschiedener Klang- und Geräuschelemente mit den am betreffenden Schauplatz vorzufindenden Materialien und Objekten gemeint ist.

Bei all dem erwirbt das Kind nebenbei manuelle Erfahrung und Geschicklichkeit, indem es durch mannigfaltige Spielvarianten der Hände und Finger, durch phantasievollen Gebrauch aller möglichen Hilfsmittel zur Schallerzeugung (vgl. S. 56) Vorformen verschiedener instrumentaler Spielarten wie schlagen, schütteln, zupfen etc. gebraucht. Für den Lehrer bedeutet das natürlich ein planvolles Bereitstellen von Anregungen.

Ein besonderes Aufgabenfeld, das naturgemäß sehr stark in Verbindung zum Bewegungsbereich steht, ist das Entdecken der Schallmöglichkeiten des eigenen Körpers.

Einsetzen des Schallmaterials

Selbstverständlich sind solche Sammlungen von Schallmaterial nicht Selbstzweck, sondern stellen Werkstoff bereit, der zu musikalischer Betätigung herausfordern soll und in Beziehung zu allen Bereichen der MGA steht.

- Das mag mit dem O r d n e n nach bestimmten Kriterien beginnen: Reihen bilden vom längsten zum kürzesten, vom hellsten zum dunkelsten Klang, eine Folge verschiedener Klänge an einem Objekt oder Material, aber mit verschiedenen "Schlägeln" etc.

- Das kann ein "Hörspiel" sein: drei oder mehr Teilgruppen sind mit gleichem oder unterschiedlichem Material versehen und erproben möglichst viele und verschiedene Klänge. Gegenseitig spielen sich die Gruppen live oder mit Tonband eine kurze Auswahl vor, die von den Zuhörern nachgespielt, mit Stimme oder Mundgeräusch nachgeahmt oder mit graphischen Zeichen notiert werden soll.
- Das können Rate- und Imitationsspiele sein nach dem Muster "Ich spiele was, was du nicht siehst..." oder "Ich male einen Klang auf deinem Rücken, wie klingt er auf deinem Instrument?"
- Das kann die Gestaltung einer Geschichte oder eines Gedichtes sein, bei der entweder ein gegebener Inhalt mit Klängen illustriert wird oder dessen handelnde Personen jeweils von einem "Schallspieler" verkörpert werden, der mit einem oder mehreren Klangwerkzeugen ausgestattet ist; oder die Geschichte entwickelt sich aus eben gefundenen Klängen.
- Das kann auch die Umsetzung in graphische Zeichen bedeuten, die, entweder als "Dingzeichen" (Darstellung des Gegenstands), als "Aktionszeichen" (Darstellung der Spielweise) oder als "Klangzeichen" (das Hörbare selbst erfährt seine symbolische Entsprechung) die Gestaltung eines Ablaufs entweder festhalten und wiederholbar machen oder eine solche erst anregen soll.
- Das kann zum Hören eines Musikausschnittes führen, bei dem ähnliche Klangmittel verwendet werden (z. B. aus dem Bereich der Geräuschmusik oder der musique concrète) oder dessen Verlaufsstrukturen anhand graphischer Hinweise gerade mit verschiedenen Schallerzeugern gestaltet wurden.
- Das kann auch zu einem Tanz werden, bei dem das Bewegungsmaterial durch die Art der Schallerzeugung gegeben ist; vielleicht ein "Tanz der Knistergeister", bei dem etwas stabilere Papier- und Folienarten den Anreiz geben, vom leisesten Rascheln eines Einzelnen bis zum sturmhaften Rauschen des ganzen Geistervolkes eine hör- und sehbare Tanzgeschichte zu erfinden.

In allen angeführten Beispielgruppen sollte auch die Möglichkeit des umgekehrten Vorgehens genutzt werden: durch die Aufgabenstellung wird im jeweiligen Bereich das Entdecken von Spiel- und Schallformen angeregt.

Orff- und traditionelle Instrumente

Alle sogenannten Orff-Instrumente werden auf gleiche offene Weise zu entdecken und zu erschließen sein. Auf die Spiel- und Klangmöglichkeiten dieser für die elementare Musikerziehung entwickelten Instrumente wird an anderer Stelle eingegangen (vgl. S. 180). Hier begegnen den Kindern vor allem zwei neue Phänomene: die in der Tonhöhe veränderbaren Membranophone, also die Fellinstrumente, und die unser Tonsystem widerspiegelnden Stabspiele, deren austauschbare Stäbe zur Bildung ganz verschiedener Tonreihen und Melodien herausfordern.

Über dieses spezielle Instrumentarium hinaus ist es unerläßlich, von den sogenannten t r a d i t i o n e l l e n I n s t r u m e n t e n soviel, als man erreichen kann, in die Arbeit einzubeziehen. Sicher besteht hier das Problem, an Instrumente zu kommen, mit denen Kinder auch experimentieren dürfen. Denn natürlich dreht es sich in erster Linie nicht darum, die konventionellen Spielarten vorzustellen, sondern gerade auch hier die Neugier der Kinder zu nützen, jedes Instrument als ein eigenes Reich von Klängen und Geräuschen entdecken zu lassen. (Vgl. die entsprechenden Beiträge zum Instrumentalunterricht in "Die Musikschule" Band IV.) Es sollte von jeder Gattung - Tasteninstrumente, Streichinstrumente, Zupfinstrumente und Blasinstrumente - wenigstens ein Vertreter entweder "gastweise" oder besser ständig zur Verfügung stehen. Denn es ist einleuchtend, daß auf diesem Weg der vom Kind selbstgemachten Entdeckungen eine Fülle von Instrumenteninformationen vermittelt und produktiv verarbeitet werden kann, wie es auf verbale oder auch demonstrierende Weise durch den Lehrer nicht in dem Maße möglich ist. Die Verbindung aller Möglichkeiten, einschließlich der des Plattenbeispiels, wäre dann der optimale Weg (vgl. S. 177).

Beim K l a v i e r beginnt die Erkundungsreise mit den Tasten, deren Menge, Reihung und schon optisch erkennbare Gliederung des Tonmaterials; die Erfahrung von weiter und enger Tondistanz, von Tonpunkten, -klecksen, -clustern und -trauben, von Bewegungsmöglichkeiten der Hand (evtl. als Imitation bestimmter Körper- oder Tierbewegungsarten). Aber ebenso gilt es herauszufinden, wie und wo die Töne entstehen, welche anderen Klänge und Geräusche man den Saiten, dem Resonanzboden etc. entlocken kann mit Händen, verschiedenen Schlägelarten und Gegenständen; auch das "Präparieren" der Saiten, und zwar mit unterschiedlichem Material in bestimmten Lagen, kann eine Aufgabenstellung sein (etwa unter dem Titel "Das verhexte Klavier" oder "Abend im Urwald" etc.). Hierbei bietet sich die Verbindung zum Musikhören an, bei dem ein Beispiel zeitgenössischer Klaviermusik anhand des Notenbildes diskutiert und von der Platte oder original vorgespielt wird.

Wenn der Bereich "S t r e i c h i n s t r u m e n t e " mit einem Kontrabaß erschlossen werden kann, wären allein schon im Hinblick auf die Gruppenarbeit die besten Voraussetzungen gegeben, die verschiedenen Möglichkeiten der Klangerzeugung zusammenzutragen und zu gestalten.

Hier ist es vor allem das Phänomen des "strömenden" Klanges (bzw. Tones), also die gestrichene Saite, die zu mannigfachen Experimenten herausfordert: wie langsam, wie gleichmäßig kann man das; wie kann man den Ton verändern; was geschieht, wenn man mit dem Bogen mehr oder weniger aufdrückt, mit dem Holz streicht etc.

Übrigens gehören wenigstens e i n (alter) Bogen und das Collophonium in die Ausstattung eines Schallzeugfundus, denn Becken, Metallophon, eine lange Tapezierschiene, ein Weinglas geben gestrichen ganz besondere Farben. Ebenso sollten verschiedene Flötenarten als Vertreter der Blasinstrumente greifbar sein, sowohl Schnabelflöten (d. h. Blockflöten oder auch nur deren Kopfteile, Lotosflöte, Okarina), als auch Pan- oder Querpfeifenarten. Hier sind es vor allem die Gleitmelodik, erste Versuche mit der Artikulation, das Sprechen, Singen und Blasen in den Flötenkopf u. a., das erfahren wird und als Spieltechnik schon einige Übung verlangt (vgl. S. 50).

Die Systematik in der Abfolge der Materialfelder möchte nicht das Mißverständnis aufkommen lassen, daß nun eines nach dem anderen "abgegrast" werden müsse. Wohl gibt es bestimmte grundlegende Erfahrungen und Kenntnisse, die ein Umgang mit Objekten und Materialien in besonders günstiger Weise vermitteln kann. Aber das Mischen, Verbinden und Einbeziehen aller dieser Möglichkeiten muß, gerade um die gemachten Entdeckungen umsetzen, anwenden, differenzieren und an andere Bedingungen adaptieren zu lernen, von Anfang an Grundsatz des Unterrichtens sein. So ist auch der im Thema angesprochene Zeitraum ("... im Anfang") nicht als Begrenzung etwa auf das erste Halbjahr aufzufassen: diese Arbeit kann sich prinzipiell auf die gesamte Dauer der Musikalischen Grundausbildung erstrecken.

INSTRUMENTE ERFINDEN - BAUEN - SPIELEN

Didaktische Aspekte

Wenn einem Randgebiet der Musikerziehung, das im "Lehrplan Musikalische Grundausbildung" nur mit einer Klammerbemerkung erwähnt wird, in diesem Buch ein eigenes Kapitel gewidmet ist, so hat das vor allem folgende Gründe:
- eine Vielzahl von möglichen Lernzielen, die in Wechselwirkung zu allen Bereichen der Grundausbildung stehen
- die in der praktischen Gestaltung liegende besondere Motivation, welche andere Bereiche verstärken, unter Umständen neu beleben kann
- die Möglichkeit, Kindern Einblick ins "Erdgeschoß" musikalischer Werkstatt zu verschaffen, in dem das Material aller Musik - Geräusch, Klang, Ton - entsteht, und ihnen dieses Material verfügbar und veränderbar zu machen.

Ist in einem anderen Kapitel die Rede vom Finden der allein schon in unserer täglichen Umgebung liegenden Möglichkeiten, Schall zu erzeugen und Musik daraus werden zu lassen, so geht es hier um einen weiteren Schritt, nun selbst Instrumente zu "erfinden": zufällig Entdecktes festzuhalten, zu verbessern, auszubauen, Prinzipielles dabei zu erkennen, zu übertragen und abzuwandeln. Auf diese Weise entsteht vielleicht einmal ein ganz eigenes und "neues" Instrument, dessen Verwandte uns in früheren oder in anderen Kulturen begegnen.

Und so, wie bei primitiven Kulturen auch die Eigenart des verfügbaren Materials vielfach die Eigentümlichkeit des Instrumentes bestimmt, so gibt auch das, was der "Urwald" unseres zivilisatorischen Abfalls uns als Rohstoff anbietet, den daraus gemachten Instrumenten ihr ganz eigenes und typisches Gepräge.

Damit ist schon gesagt, daß es sich hier eher um Nachkommen jener Primitivinstrumente handelt, bei denen weder die uns gewohnten Tonsysteme eine Rolle spielen, noch unsere teuren und perfekten Instrumente Leitbild sind. Es soll vielmehr durch diesen handwerklich-kreativen Prozeß des Selbstbauens eine unmittelbare Beziehung zu einem Musikinstrument hergestellt und zugleich die Einsicht vermittelt werden, wie Instrumente gemacht sind.

Wer sich darauf einläßt, begibt sich allerdings mit seinen Kindern auf teils recht abenteuerliche Entdeckungsreisen und schafft damit für seine übrige Arbeit eine Grundhaltung, aus der heraus es bei aller Zielorientiertheit in erster Linie um das Entdecken von Musik geht.

Neben den allgemeinen Lernzielen bilden die spezielleren ein ganzes Netz von Querverbindungen innerhalb der Musikalischen Grundausbildung:

Für die Instrumenteninformation werden Grundphänomene der Schallerzeugung, -verstärkung und -veränderung praktisch erfahren und einsichtig gemacht: da gibt es Instrumente zum Schlagen, zum Schütteln oder Reiben, zum Zupfen, Streichen oder Blasen. Wie klingt die Rassel verschieden, wenn das Gefäß klein oder groß, rund oder eckig, aus Plastik, Blech, Holz oder Pappe ist, wenn als Füllmaterial Steinchen, Muscheln, Linsen, Nägel oder Reis, wenn viel oder wenig verwendet werden? Spannt man Nylonschnur oder Gummiband stärker oder schwächer, so ergeben sich jeweils andere Tonhöhen; aber deutlich hörbar wird das Zupfen erst, wenn der Faden über ein Kästchen gespannt ist; das Phänomen "Resonanz" wird erfahren und an anderen Hohlkörpern untersucht: was verstärkt noch den Klang? Mit der Stimmgabel wird eine Blechbüchse, eine Nesquickdose u. a. getestet. Bei allen Arten von Blasrohren werden ebenso vielfältige Beobachtungen angestellt, sowohl was die Eigenart des Anblasvorganges als die davon bestimmte Eigentümlichkeit des Klanges betrifft. Die Verbindung von den Primitivformen zu unseren hochentwickelten Instrumenten ergibt sich leicht von selbst, sind erst einmal solch sachkundige Voraussetzungen vorhanden: das Prinzip des Doppelrohrblattes, am Beispiel des Kunststoffhalmes selbst ausprobiert, wird eben nun auch vom Ohr als das Eigentümliche des Oboenklanges identifiziert; das Horn hat im Gartenschlauch mit Plastiktrichter seinen auch für das Ohr unverkennbaren Verwandten.

So sind von hier aus auch für die Hörübung verschiedene spezifische Ansätze möglich: das Erkennen der Instrumentengattungen und -typen wird vorbereitet; durch Bilder und Musikbeispiele, die die Verwandtschaft mit dem selbstgebauten Schallzeug erkennen lassen, wird die Verbindung zu Instrumenten und Stilen anderer, besonders auch

außereuropäischer Kulturen und Epochen hergestellt, der Sinn für
deren Andersartigkeit geweckt; verschieden lange Metallrohre oder
auch eine Anzahl von Hölzern für ein Schnurxylophon in eine Tonhöhen-
reihung zu bringen, verlangt und übt genaues Hören. Bei Instrumenten
mit stimmbarer Tonhöhe, zum Beispiel einer Art Zanza oder einer
"Kinderkoto", lassen sich sogar verschiedene Aufgaben aus dem
Musiklehrebereich sinnvoll, weil im Zusammenhang mit musikalischer Aktion bewältigen: das Aufstellen bestimmter Tonreihen-
Modelle, ob drei-, fünf- oder mehrtönig, ob chordischen oder tonischen
Typs, läßt sich gleich mit melodischer Improvisation verbinden. Dabei
können verschiedene Melodietypen - Schritt- oder Sprungmelodik - ausprobiert werden, geeignete Texte geben dafür die Motivation.
Daß durch das Herstellen eigener Instrumente, die ja schon während
des Bauvorganges zu vielen manuellen Erprobungen anregen, vor allem
auch für das elementare Instrumentalspiel, eine Fülle von
Erfahrungs- und Übungsanreizen gegeben ist, liegt auf der Hand. Mit
einem selbstgebauten Instrument wird ein Kind sich auch zu Hause von
allein beschäftigen.
Denn es bleiben ja die normalerweise für diesen Bereich bereitstehen-
den Orff-Instrumente, bei aller Vielfalt ihrer Möglichkeiten, überwie-
gend beschränkt auf die Techniken des Schlagens. Einen Blechbüchsen-
baß aber kann man zupfen und streichen; am Gartenschlauchhorn, an
der Isolierrohrpfeife kann das Kind sich im richtigen Anblasen versuchen, kann schon differenziertere Erfahrungen machen über Lippen-
stellung und -spannung. Im besten Fall kann sogar eine besonders günstige Disposition für einen bestimmten Instrumententypus früh erkannt
werden.
Was den Bereich Sprechen und Singen betrifft, so ist es hier in
erster Linie alles Blaszeug, das die Atemführung fördert, das Atemvolumen entwickeln hilft; bei dem auch bereits bestimmte Artikulations-
werkzeuge (v. a. Zunge und Lippen) in ihren Möglichkeiten und Funktionen bewußt werden können. Die Stimme zu verfremden, sei es durch
verschieden dimensionierte Rohre, sei es durch einfache Mirliton-
Arten (zum Beispiel Alufolie über das dem Mund gegenüberliegende
Ende einer Papprolle gespannt), kann besonderer Anreiz zu sing- oder
sprechmelodischen Improvisationen sein (Rollenspiel!).
So ergibt sich allein schon bei kurzer Betrachtung, daß von diesem Bereich her manches in Gang gesetzt wird an Aktivität, an Beobachtung
und Phantasie, an Erkennen, Anwenden und "Be-greifen".

Methodische Aspekte

Im folgenden Teil werden einige methodische Gesichtspunkte
erörtert, bei denen es zunächst um die Möglichkeiten des Einstiegs
bzw. der Motivation geht. Denn wenn auch normalerweise die Kinder
rasch begeistert sind, wenn es heißt "wir wollen ein Instrument bauen",
so sind doch gründliche Vorüberlegungen nötig, welche Lernprozesse

auf welchem Weg und in welcher Richtung in Gang gesetzt werden sollen.
Und das kann bereits von der Wahl des Einstiegs abhängen. Die Reihenfolge der hier aufgeführten Möglichkeiten ist keine zwangsläufige, entspricht aber doch einer gewissen Folgerichtigkeit in bezug auf einen Zu-
wachs an Kenntnissen und Fertigkeiten. Aus Raumgründen können in
diesem Rahmen keine näheren Beispiele und Anregungen für das Bauen
einfacher Instrumente selbst gegeben werden.

1. Einstieg vom Material (vgl. S. 45):
Sein Eigenklang wird untersucht, verschiedene Arten der Schallerzeugung erprobt und verglichen, Überlegungen angestellt, wie ein Instrument daraus werden könnte, welches andere Material sich für das
gleiche Instrumentenprinzip auch oder besser eignen könnte (z. B. Rundhölzer, Holzleisten; verschieden große Gefäße aus Blech, Plastik,
Pappe, Holz, Ton; Flaschen, Gläser, Blumentöpfe etc. verschiedener
Größe).

2. Einstieg vom Modell:
a) Ein Objektinstrument dient als Vorbild, es wird untersucht, wie es
   funktioniert, was daran verbessert und weiterentwickelt werden, wie
   man es abwandeln kann (d. h. übertragen des Schallerzeugerprin-
   zips), welches Material dafür in Frage kommt, welche "Zutaten"
   man braucht (z. B. Eierschneider, Rasselkette, Zupf- oder Blas-
   kamm)..

b) Ein vom Lehrer oder von einem Kind hergestelltes Instrument dient
   als Einstieg. Dabei sind die entstehenden Probleme von den Kindern
   durch eigenes Ausprobieren, Beobachten, Hören, Nachahmen selbst
   zu lösen: wie muß man es spielen, wie funktioniert es, wie ist es
   gemacht, welches Material und Werkzeug braucht man dazu (z. B.
   Papprollenkazoo, Waldteufel, Zupfkasten, Becherlaute, Rasseln,
   Trommeln, verschiedene Arten von Blasrohren)?

3. Einstieg von dem Bild oder dem Klang eines Instrumentes:
Hier sollten schon einige Erfahrungen in bezug auf Instrumente, möglichst auch im Selbstbauen vorhanden sein.
a) Die Abbildung eines Instrumentes (Photo oder Zeichnung) steht am
   Anfang der Arbeit. Natürlich wählt man dafür kein besonders
   hochentwickeltes Kunstinstrument, sondern ein Modell, bei dem sowohl Spielweise als auch Machbarkeit sich dem kindlichen Verständnis vom optischen Eindruck her erschließen können.
   Zu den gleichen Fragestellungen wie bei 2b kommt noch die nach
   dem Klang. Vergleiche mit Bekanntem werden angestellt. Ein Ton-
   beispiel sollte später die Vermutungen bestätigen.

b) Der umgekehrte Weg, vom Klang eines Instrumentes auszugehen,
   steckt voller Möglichkeiten an Hörübungen: wodurch entsteht der
   Klang, wie wird das Instrument gespielt, wie wird es aussehen,
   groß oder klein etc.? Alle diese Fragen werden in der Aufgabenstellung zusammengefaßt: "Versuche das Instrument so zu zeichnen,
   daß man es danach bauen könnte!" Die zeichnerischen Entwürfe der
   Kinder müssen dann mit einer guten Abbildung, noch besser mit dem
   Original verglichen werden.

4. Einstieg von der Schallerzeugungsart:
Eine Musik, die beispielsweise zum Thema "Notationen" gehört wurde,
kann Anknüpfungspunkt für bestimmte instrumentale Erfahrungen sein.
So stellt sich bei einer reinen Schlagzeugmusik (z. B. Stockhausens
"Zyklus für einen Schlagzeuger") die Frage, welche Instrumente angeschlagen, welche geschüttelt werden, bei welchen Klänge und Töne,
bei welchen Geräusche entstehen. Hier könnte in kleinen Arbeitsgruppen verschiedenes "Schlagzeug" zu jeder Schallart gebaut werden, das
später zum Mitspielen bei der Schallplattenmusik eingesetzt wird.

Das Spiel auf den Instrumenten

Während des Bauens selbst wird das entstehende Instrument immer
wieder ausprobiert, sein Klang getestet. So sammeln sich Erfahrungen,
wie er entsteht, wie er beeinflußt und verändert werden kann, welche
Spielweisen möglich sind etc. Im gemeinsamen Musizieren muß nun
alles seine Anwendung finden, muß bewußt gemacht und erweitert
werden.
Es wird sich dabei zunächst um Möglichkeiten und Spielformen der Improvisation handeln. Allerdings wird mit dem so gewonnenen und durch
Notation verdeutlichten Material auch planend gestaltet werden; Abläufe werden in gemeinsamer Absprache oder in einer grafischen Partitur
festgelegt.
Von der Art der Instrumente hängt es u. a. ab, ob die Musik mehr
zum freien Klangspiel, ob sie mehr zum Rhythmischen hin tendieren
wird oder auch zum metrisch gebundenen Zusammenspiel. Verschiedene Möglichkeiten, die es zu nutzen gilt, ergeben sich auch durch
die Besetzung mit gleichartigen oder mit verschiedenartigen Instrumenten.
Die Sitzweise ist vorwiegend der Kreis oder die an ihm orientierte
Verteilung von Paaren bzw. Kleingruppen (wobei der Lehrer natürlich zur Gruppe gehört). Zum Musizieren ist die Ablösung solcher
gruppenorientierten Spielformen durch Einzel- oder Partneraufgaben
wichtig.
Um sich über klangliche und spieltechnische Sachverhalte zu verstän-
digen, um Strukturen und Parameterordnungen zu verdeutlichen, benötigen die Schüler grafische Zeichen, also Notationsformen. Erst mit
ihrer Hilfe kann das Material so konkretisiert werden, daß es für eine
planende Gestaltung zur Verfügung steht. Umgekehrt kann eine vom
Lehrer vorgelegte graphische Partitur dazu anregen, geeignete Instrumente und mit ihnen bestimmte Spielweisen zu finden.
Weitere Anregung der Klangphantasie kann durch Sprachformen gegeben werden: Gedichte mit stark klanglichen Assoziationen (z. B.
"Schnurpsenkonzert" aus Michael Ende "Das Schnurpsenbuch", Thie-
nemannverlag), Geschichten, Tierfabeln (v. a. für instrumentale

"Tierstimmen-Dialoge") oder Märchen (besonders anregend sind außereuropäische Märchen).

Hier gibt es die Möglichkeit zu illustrieren, also Situationen, Begebenheiten oder auch bestimmte Dinge und Personen während des Erzählens klanglich auszumalen oder zu dramatisieren. Dabei wird der Handlungsablauf einer Geschichte allein von den "redenden" Instrumenten gestaltet.

Schließlich sei noch die Möglichkeit erwähnt, das gemeinsame Musizieren durch ein Musikbeispiel anzuregen. Gut eignet sich dafür außereuropäische Musik (z. B. aus der Afrika-Serie der UNESCO-Schallplattenreihe oder aus der Beispielsammlung des Tonbandes zu Siegmund Helms "Außereuropäische Musik", Breitkopf u. Härtel - Wiesbaden), frühe europäische Musik sowie solche der Avantgarde (z. B. Kagel "Exotica" und "Der Schall"). Hier gibt es viele Wege, vom Hören, vom Sprechen darüber, vom Erraten und Imitieren der Instrumente zu eigener Gestaltung zu kommen.

Wichtig ist es, solche Gestaltungen immer wieder mit dem Tonbandgerät aufzunehmen, sowohl als einen "Zielpunkt" der gemeinsamen Arbeit, als auch, um solche gemeinsamen Aktionen hören, beurteilen und verbessern zu lernen.

Kontakt mit den Eltern

Der Lehrplan MGA verweist besonders auf die Kontaktnahme zum Elternhaus. Das Bauen von Instrumenten löst, auch gerade außerhalb des Unterrichts, vielerlei Aktivitäten aus: Material auffinden, untersuchen, Pläne für ein Instrument entwerfen und ausführen, das Instrument mit allen möglichen Spielweisen ausprobieren, womöglich auch einen "einmaligen" Namen erfinden. Dies alles motiviert zur aktiven Teilnahme meist beider Elternteile, weckt u. U. schlummernde Bastler- und Erfindertalente und vermag durch den eigenen experimentierenden Umgang mit solchen ungewöhnlichen Schallerzeugern eine Aufgeschlossenheit gegenüber meist ebenso ungewohnten Klangformen zu bewirken. Das bringt auch die Möglichkeit mit sich, die übliche "Vorspielstunde" mit ihrer zwangsläufig rein reproduktiv übenden Vorarbeit umzufunktionieren in eine "Mitspielstunde", in der die Eltern zur Mitgestaltung eines gemeinsamen Vorhabens einbezogen werden.

Auch scheinen günstige Voraussetzungen für eine Intensivierung der häuslichen Beschäftigung mit den Inhalten des Unterrichts gegeben, wenn die Aufgabenstellung die durch das "eigene" Instrument gegebene Motivation ausnützt. So kann man z. B. sich selbst ein "Schlagzeug" zusammenstellen und ein Solo darauf vorbereiten; auf seinem Zupfkasten eine "Melodie" ausdenken oder eine Begleitung zur selbstgefundenen Singmelodie; eine Musik für andere ausdenken und aufschreiben.

Überlegungen für die Praxis

Zur Planung und Vorbereitung von Instrumentenbau im Unterricht der
MGA abschließend noch einige praktische Gesichtspunkte. Natürlich
muß man beim allerersten Beginn eines solchen Vorhabens das Alter
der Kinder, ihre manuelle Geschicklichkeit und ihre handwerklichen
Fertigkeiten bedenken. Diese hängen von entsprechenden Vorerfahrungen ab, die durch Kindergarten oder Vorschule vermittelt wurden.
Einfache Tätigkeiten wie Kleben, Aufmalen und Ausschneiden, Löcher
stechen oder bohren etc. sollten am Anfang stehen, um allmählich sowohl kleine handwerkliche Techniken als auch das nötige Selbstvertrauen zu entwickeln. In jedem Fall ist es unerläßlich, daß der Lehrer
durch eigenes Basteln von Instrumenten selbst Erfahrungen gesammelt
und die Möglichkeiten, die er mit den Kindern angehen will, auf verschiedene Weise selbst erprobt hat. Unbedingt nötig ist eine genaue
Aufstellung der erforderlichen Materialien, Hilfsmittel (Leim, Schnur
und anderes Kleinmaterial) und Werkzeuge, die in ausreichender Zahl
bereitstehen müssen. Das heißt nicht immer, daß jedes Kind einen
"Bausatz" vorgesetzt bekommen muß. Denn gerade das Sich-selbst-
beschaffen-müssen des Baumaterials ist ein wichtiger pädagogischer
Gesichtspunkt. Außerdem ist es günstig, wenn kleine Arbeitsgruppen
gebildet werden, die u. U. sogar "arbeitsteilig" vorgehen können,
jedenfalls aber mit dem entsprechenden Werkzeug gemeinsam auskommen müssen, sich gegenseitig helfen und lernen, zusammen bestimmte Probleme des Bauens wie des Spielens zu erörtern und zu
bewältigen.

IMPROVISATION ALS PRINZIP IM UNTERRICHT

Dieser Aufsatz ist kein Plädoyer für eine Art von Unterricht, der sich
mehr oder weniger planlos allen Zufällen aussetzt. Die Überschrift soll
deutlich machen, daß in einer musikalischen Grundausbildung Improvisation nicht als "Lernfach" mißzuverstehen sei, in dem Kindern beige-
bracht wird, mit rhythmischen und melodischen Formeln umzugehen,
womöglich nur im Rahmen von Pentatonik und Rondo-Mustern.
Hier ist Improvisation gemeint als Prozeß, welcher
-    bei der Entdeckung des instrumentalen und sprachlich-vokalen Ma-
     terials beginnt,
-    dann das Sich-vertraut-machen mit ihm und seinen jeweils eigenen
     Möglichkeiten zum Inhalt hat und schließlich
-    bis hin zu den Formen des Gestaltens, also der Auswahl und dem
     differenzierten Einsatz der entdeckten Mittel führt.
Dabei sollten Phantasie, Neugier, Entdeckerlust, Spieltrieb - kurz al-

les, was die Kreativität des Kindes ausmacht, - als Motor, als Grund-
motivation für das Ingangkommen von L e r n p r o z e s s e n wirksam
werden können.

Allgemeine Lernziele

Ist das Entfalten dieser Kräfte allein schon ein zentrales und überge-
ordnetes Ziel einer allgemeinen musikalischen Erziehung, so schließen
jene Lernprozesse bestimmte V e r h a l t e n s w e i s e n gegenüber Musik ein:
- Offenes, waches Beobachten und differenzierendes Wahrnehmen aller Eindrücke unserer Schallumwelt, also auch aller Erscheinungsformen von Musik - z. B. durch den Umgang mit allen Arten von
  Materialien, Instrumenten, akustischen Medien
- Interessiertes, entdeckendes Herangehen an alles musikalische Material, an Klänge, Töne, Geräusche, ihre verschiedenen und veränderbaren Eigenschaften - z. B. durch die Möglichkeit, für eine bestimmte Problemstellung das Instrument selbst auszuwählen, den
  geeigneten Klang, die passende Spielweise selbst herauszufinden
- Bereitschaft und Fähigkeit, Eigenart und Struktur von Musik zu erkennen, zu beschreiben, wie auch in verschiedenen Formen darauf
  zu reagieren (durch Musikmachen, Bewegung, Malen, Notation) -
  z. B. durch eigenes Gestalten musikalischer Verläufe
- Andere Verhaltensweisen schließlich, wie: sich entscheiden, spontan handeln, kritisch auswählen können, Führung übernehmen wie
  sich führen lassen, sich einem Geschehen einordnen, auf einen oder
  viele Mitspieler achten während eigener Aktion
Dies und manches andere verlangt und übt Improvisation in solch weit
verstandenem Sinn und sei im folgenden an einigen Beispielen verdeutlicht.

Improvisation in den Sachbereichen der Grundausbildung

Man findet im Lehrplan MGA fast zu jedem der dort angeführten Sachgebiete eine ganze Anzahl anregender Hinweise, das Kind das jeweilige
Material auf dem Weg experimentellen und spontanen Tuns entdecken
zu lassen. Dabei erweist sich, daß die Verbindungen der verschiedenen
Bereiche untereinander so eng sind, daß sie immer wieder ineinandergreifen, sich ergänzen, sich bestätigen und fortsetzen. Die Chance einer offenen Unterrichtskonzeption wie dieser ist es, daß sie dabei die
Reaktion der Kinder auffangen kann, die auf diese Weise den Unterrichtsverlauf mitgestalten.
Der B e w e g u n g s b e r e i c h hat hierbei eine zentrale Funktion, denn
alles musikalisch produktive wie rezeptive Geschehen kann durch entsprechende körperliche Erfahrung unmittelbar vorbereitet, vertieft

oder verdeutlicht werden. (Die eigenständige Bedeutung von Bewegungs-erziehung wird damit nicht geschmälert, sondern unterstrichen, vgl. S. 112.)

Das folgende Beispiel geht von einer instrumentalen Problemstellung aus und zeigt zudem, wie die drei Phasen der Improvisation (Entdecken und Erfinden, Verfügbar-machen und Variieren, Auswählen und Gestalten) mit verschiedenen Sozialformen (Gesamte Gruppe, Teilgruppe oder Paar, Einzelner) verbunden werden.

Für die Arbeit auf den Stabspielen sollen möglichst viele verschiedene Spielformen mit den Schlägeln gefunden werden. Da liegt es nahe, zu-erst die Füße ausprobieren zu lassen, was sie alles können. Die Ent-sprechung Schlägel - Fuß ist bildhaft sinnfällig, gehen doch jene auf den Xylophonstäben auch "spazieren" oder springen, hüpfen auf einem "Bein", auf beiden zugleich, hin und her, überkreuz, stampfen etc. Und schon wird aus dieser Materialsammlung eine Geschichte "Wie Leute gehen": jedes Kind überträgt die eigenen Bewegungserfindungen auf sein Instrument; zu Paaren gilt es dann, die Füße des Partners in der richtigen Weise und im Tempo zu begleiten; schließlich kann ein Hörspiel oder ein Bewegungsspiel mit Musik daraus werden. Hier wir-ken als musikalisch strukturierende Elemente zusammen: verschiedene Spielmuster - unterschiedlich in Dynamik, Klang, Tempo, Artikula-tion - zu- und/oder abnehmende Dichte, evtl. plötzliches Stehenblei-ben etc.

Auch die Aussage eines graphischen Klangsymbols wird intensiver er-lebt, wenn körperliche Bewegungserfahrungen als Reaktion auf das Klangereignis vorhergegangen sind. Trockene, spitze Holzblockpunkte, ein mächtiger, langklingender Beckenschlag, das nervöse Gezischel der Rassel - das wird erst mit dem Körper "nachgezeichnet", ehe der Malstift ein Zeichen dafür fixiert.

Auch für die klangliche Gestaltung eines Textes wird die musikalische Vorstellung plastischer durch das körperliche Erlebnis beim Spielen der Rollen - gleichgültig ob es Menschen, Tiere, Bäume oder leblose Dinge sind, die dargestellt werden.

Beim S p r e c h e n entdecken die Kinder die verschiedenen Geräusche, die mit dem Atem zusammenhängen (Gähnen, Räuspern, Schnarchen,...). Die nonverbalen Lautäußerungen, die sogenannten "vorartikulatorischen Geräusche" (Lachen, Seufzen, Stöhnen,...) sind ebenso ausgedehntes Experimentierfeld wie die phonetische Substanz der Sprache selbst. Mit ihnen lassen sich zahllose Geschichten "komponieren".

Beispiel: Die Gruppe hört einen Ausschnitt aus Ligetis "Aventures" oder Berios "Sequenza III". Anschließend bespricht sie das Gehörte und imitiert es, trägt das Material zusammen und erprobt es, gestal-tet schließlich jeweils eine Hörszene in Gruppen (Bildergeschichten können dazu Ideenhilfe geben) und führt sie den anderen vor; vielleicht faßt ein Dirigent am Schluß alle Gesprächsgruppen zusammen; durch Einsatz geben, laut/leise regeln, Pausen zeigen etc. entsteht eine gan-ze "Mundmusik" (vgl. Dieter Schnebels "Maulwerke").

56

Die Improvisation mit v o k a l - m e l o d i s c h e n M i t t e l n kann in folgende Richtungen gehen:

Aus Stimmglissandi verschiedener Tonbewegung und -höhe, Geschwindigkeit und Vokalfärbung, aus Tonpunkten, -clustern und -strichen entstehen Klangbilder, die angeregt sein können durch reale Situationen, durch Phantasiebilder (Hupkonzert, Hafen im Nebel ...) oder durch graphische Zeichen (z. B. ist es reizvoll, eine graphische Partitur, die mit Instrumenten erarbeitet wurde, nun mit der Stimme auszuführen). Zu solchen Stimmversuchen kann auch die Imitation bestimmter Instrumente, wie Lotosflöte oder Blockflötenkopf, führen.

Der andere Weg zur tonal gebundenen oder freien Stufenmelodik geht am einfachsten über die Verwendung von Texten (z. B. wird eine Bilderbuchgeschichte reihum singend erzählt). Hier wird unter Umständen das Beispiel des Lehrers nötig sein, um Kinder von der üblichen Leiermelodik wegzuführen; auch das Anhören kurzer Beispiele aus dem zeitgenössischen Opernschaffen kann freiere melodische Gestaltung anregen.

Gebundene Sprache, also Verse, Reime, Sprüche, sind gleichzeitig rhythmische und formale Modelle, die der vokal-melodischen Erfindung helfen. Dabei kann es von der Improvisation (z. B. Weitersingen einer begonnenen Melodiezeile) zur gemeinsamen Komposition eines Liedes kommen, indem die Möglichkeiten von Auf, Ab oder Stehenbleiben sprung- oder stufenweisem Fortschreiten der Melodie gemäß dem Text besprochen, geplant oder spontan gesungen werden.

Natürlich taucht die Frage auf, was an Improvisation möglich sei, wenn es um das S i n g e n eines "ganz gewöhnlichen" Liedes geht: Text und Melodie stehen ja fest - was gibt es da noch zu erfinden? Abgesehen davon, daß das gemeinsame Er-Finden einer vorher nicht fixierten Begleitung, welche die Eigenart der Melodie und des Textes als Ansatzpunkt nimmt, ja bereits eine kreative Leistung ist, weil sie musikalisches Denken und Klangvorstellungen erfordert (und bilden hilft!), gibt es verschiedene Ebenen, auf denen ein Lied der Ausgang für Gestaltung aus der Improvisation heraus sein kann: sprachlich, wenn der Text klangmalerisch ist (z. B. "Ging ein Weiblein Nüsse schütteln"); als Klangszene, wenn der Inhalt dazu anregt (z. B. "Alle Wetter, was für'n Wetter"); als Bewegungspiel, zu dem wiederum eine eigene Musik erfunden wird (z. B. "Es führt über den Main"). Die Lieder stehen teils im Schülerband, teils im Band II des Lehrerbandes.

Es kann aber auch melodische Improvisation vor der Erarbeitung des Liedes ausgelöst werden, wenn sich z. B. direkte oder indirekte Hinweise auf bestimmte Instrumente finden, die stimmlich imitiert werden können (z. B. "Hab mir geschnitzt ein Weidenpfeiflein", Jagd- oder Posthornlieder): eine einfache Röhre aus Bambus oder Plastik, ein Stück Schlauch sind schon das Instrument, auf dem das Kind mit seiner Stimme "spielt". Kinder sind hinter einer solchen "Maskierung" leichter zum singenden Improvisieren zu veranlassen.

Zur Organisation von Improvisation

"Musik ist von menschlichem Geist organisiertes akustisches Material" (vgl. W. Gieseler: "Komposition im 20. Jahrhundert", Moeck 1975, S. 3) - das ist, so abstrakt es klingen mag, eine wichtige Grunderfahrung, die Kinder im Umgang mit ihr machen können. Daß sie selbst auch "Musik produzieren" können, ist eine selbstverständliche Folgerung daraus. Dafür braucht es aber Organisationsformen. In unserem Zusammenhang sind das die S p i e l r e g e l n , die eine ganze Anzahl positiver, musikalischer wie pädagogischer Aspekte haben:

- Sie entlassen den Lehrer aus der zentralen Rolle des alles schon wissenden und regulierenden Leiters oder "Dirigenten" und machen ihn zum Spielpartner.
- Sie können vom Lehrer wie von den Kindern vorgeschlagen oder gemeinsam entworfen und beschlossen werden - eine besondere Motivation, über ihre Befolgung auch gemeinsam zu wachen.
- Sie ordnen das Zusammenspiel, z. B. durch vereinbarte Spielfolge: reihum (einer nach dem andern; einer kommt zum andern; immer nur drei spielen zusammen; u. a.), kreuz und quer (mit Hilfe optischer oder akustischer Signale), im Wechsel von Soli und Tutti oder von kleinen und größeren Gruppen (z. B. jeweils gleicher Instrumente, Klangtypen, Spielweisen).
- Sie können den zeitlichen, inhaltlichen, formalen Rahmen abstecken, z. B. Anfang/Ende; Tempo, Dynamik; Klang nach Ähnlichkeit oder Kontrast, viel oder wenig, "dick" oder "dünn"; Gliederung in Phasen; Stille entstehen lassen; etc. (so ist beispielsweise die elementare Rondoform eine solche Spielregel).
- Damit geben sie auch die Möglichkeit zu kritischem Vergleichen, z. B. von Vorhaben und Ausführung oder verschiedener Versionen einer gemeinsam entworfenen Partitur (anhand von Tonbandmitschnitt).
- Sie erfordern und üben rasches Reagieren, gutes Beobachten mit Ohren und Augen, Kombinieren.
- Sie begünstigen den häufigen Wechsel der Führungsrolle, so daß auch zurückhaltende und ängstliche Kinder sie gleichsam unbemerkt und beiläufig übernehmen.
- Sie ermöglichen sogar die Rolle eines "Dirigenten".

Spielregeln können also das Gerüst sein, das eine Aktion trägt; aber auch die "Richtschnur", an der man entlanggeht, die jedoch die wechselnden Richtungen eines Prozesses mitmacht. Sie müssen also nicht starr sein, sondern können vielen Veränderungen unterworfen werden. Allerdings sollten sie immer so deutlich, einfach und überschaubar als möglich sein, damit der Spielverlauf selbst nicht durch verbale Anweisungen unterbrochen werden muß.
Die Frage, wie eine Spielregel beschaffen sein solle, muß auf zweifache Art beantwortet werden.

Der eine Weg setzt die Spielregel v o r a u s und nützt sie als eine in den Grundzügen feste, im Detail variable Form. In solchen Spielen kennen sich die Kinder schon aus, und es macht ihnen immer wieder Spaß, sie zu spielen. Die Inhalte tragen dann eher den Charakter von Übungen - allerdings im weitesten Sinn - und sind austauschbar.

Am Beispiel "Sich-auf-ein-Tempo-einstellen": Spielform ist ein Reaktions- und Ratespiel, etwa mit dem Namen "Wer ist der Chef?" Ein Kind soll herausfinden, welches der von der übrigen Gruppe vorher bestimmte Spielführer ist. Dieser spielt auf seinem Instrument in wechselndem Tempo. Alle anderen Kinder sind mit dem gleichen Instrument ausgerüstet und spielen nun in gleicher Weise mit. Sie übernehmen jede Tempoveränderung des Spielführers so rasch als möglich - allerdings ohne durch auffälliges Hinschauen zu verraten, wer der Anführer ist. Dieses Spiel läßt sich im Zusammenhang mit Dynamik, mit Einhalten von Pausen, unterschiedlichen Spielweisen oder -motiven, Tonhöhe etc. wie auch mit Bewegungsaufgaben spielen.

Ein anderes Beispiel, wie einfache und bekannte Spielformen "musikalisiert" werden können: ein Kind sucht einen von der Gruppe versteckten Gegenstand; diese reagiert auf Annäherung oder Entfernung des Suchenden, aber statt "heiß" oder "kalt" zu rufen, spielen alle bei Annäherung an den Gegenstand ein Crescendo, bei Entfernung von ihm ein Decrescendo. Oder alle spielen im ersten Falle ein verabredetes Motiv, einen Ton, ein Metrum - im letzteren alle durcheinander.

Bei dem anderen Weg bildet sich die Spielregel aus den Besonderheiten des Spielmaterials (a) oder der Spielidee (b), ist also gewissermaßen der Kompositionsplan, der sich entsprechend dem Kennenlernen des Materials entwickelt.

Beispiel (a): Zwei Gruppen sind gebildet, eine hat langklingende Instrumente, die andere kurzklingende. Nach wechselweisem Ausprobieren (Klangdauer, -höhe, -veränderung, -mischung...) nun die Frage, wie beide zusammengehen können: nehmen sie aufeinander Rücksicht, gibt es Streit, verdrängen die einen Klänge die anderen, wer wen, wie endet es?....

Beispiel (b): Zum Thema "Klänge verändern sich" soll das Hören eines Ausschnittes aus Honeggers "Pacific 231" vorbereitet werden. Das Bild einer Dampflok wirft die Frage auf, was alles zu beobachten ist, wenn so eine gewaltige Lokomotive anfährt, was sich bewegt, was man sieht, was man hört...., welche Geräusche man benutzen könnte, um gemeinsam eine Dampflokmusik zu machen.

Nachdem sich die Kinder in kleinen Gruppen die Instrumente für ihren Aufgabenbereich (dumpf, hart, scharf, zischend...) gesucht und auch schon allmähliches Schnellerwerden versucht haben, wird gemeinsam ein Ablaufplan entwickelt und ausprobiert; das erste Ergebnis wird vielleicht schon mit dem Hörbeispiel konfrontiert, wodurch neue Beobachtungen, Vorschläge, Verbesserungen das eigene Stück verändern.

Weiterführende Literatur

Auerbach:	Hören lernen - Musik erleben, Wolfenbüttel 1972
Fuchs (Hrsg.):	Karlsruher Versuche für den Musikunterricht, Stuttgart 1974
Günther/Gundlach (Hrsg.):	Musikunterricht auf der Grundstufe, Frankfurt 1974
Keetman:	Elementaria, Stuttgart 1970
Keller:	Ludi musici Band 2: Schallspiele, Boppard/Rhein 1972
ders.:	Einführung in "Musik für Kinder", Mainz 1954
Langhans/Lau:	Spielfibel für Schlagwerk, Zürich 1959
Meyer-Denkmann:	Klangexperimente und Gestaltungsversuche im Kindesalter, Wien 1970
Paynter/Aston:	Klang und Ausdruck, Wien 1972
Schafer:	Wenn Worte klingen, Wien 1972
ders.:	Schule des Hörens, Wien 1972
ders.:	Die Schallwelt, in der wir leben, Wien 1971
Stumme (Hrsg.):	Über Improvisation, Mainz 1973

ELEMENTARES MUSIKTHEATER

Die Spielanregungen Wilhelm Kellers erschienen im Rahmen des Abschnittes "Spielen und Erfinden" als so wichtig, daß sie hier angeboten werden, obgleich eine praktische Anwendung im Unterricht der MGA nicht immer möglich sein wird. In manchen Fällen werden die Anregungen aber für besondere Anlässe sehr wertvoll sein: z. B. Zusammenfassung von Lernergebnissen in den verschiedenen musikalischen Tätigkeitsbereichen am Ende von Lernabschnitten; Vorbereitung von Darstellungen der Gruppe bei Elternabenden, Schuljahrs- oder Kursabschlußfeiern.

Grundsätzliches

Musik als eigene Kunstgattung - auch "absolute" oder "autonome" Musik genannt - ist eine kulturgeschichtliche Spätform, hat aber zu keiner Zeit die mit Sprach-, Tanz- und Schauspielkunst verbundene Musik verdrängt, geschweige denn abgelöst. Auch in der Musik der Gegenwart spielt das Musiktheater keine Nebenrolle; und wenn der Musik des 20. Jahrhunderts ein Einbruch in das übermächtige klassisch-romantische Repertoire gelang, so vor allem im Bereich des Musik- und Tanztheaters. Dies ist ein Zeichen für die unverminderte, ja erhöhte Bedeutung der Musik als Element des szenischen Spiels. Aber nicht nur diese Tatsache ist der Grund, für eine stärkere Einbeziehung von Elementarformen des szenischen Spiels in die Musikalische Grundausbildung einzutreten, sondern auch die aus eigenen Lehrversuchen mit Kindergruppen aller Altersstufen, Begabungs- und Behinderungsgrade gewonnene Einsicht, daß es kaum eine stärkere und dauerhaftere Motivierung zu musikalisch-tänzerischer Aktivität gibt als eine Rolle oder andere Aufgabe im Rahmen szenischer Spiellieder und Spiele. Alles, was in der Elementaren Musik- und Tanzerziehung an produktiven und reproduktiven Aufgaben zu stellen ist, kann hier angewendet und durch die Faszination des Theaterspielens verstärkt werden.

Nun gibt es verschiedene Arten der Beziehung zwischen Musik und Theater, im künstlerischen wie im elementar-pädagogischen Bereich. Es seien zuerst solche genannt, die hier nicht behandelt werden - womit keineswegs ihre pädagogische Bedeutung und Verwertbarkeit bestritten sei: Kinder- und Schulopern, in denen die Musik, genauer: die musikalische Aussage eines Komponisten, dominiert und eine möglichst notengetreue Reproduktion verlangt; Sprechstücke, in denen die Musik illustrierend oder als Handlungselement eingebaut ist; Ballette oder Tanzspiele, in denen die Musik tänzerisch interpretiert wird oder eine pantomimisch dargestellte Handlung begleitet. In den genannten Formen beherrscht jeweils ein Element: die Musik (Oper), die Sprache (Sprechstück) oder der Tanz (Ballett) das Spiel. Gegenstand des vorliegenden Beitrags aber soll eine Form des elementaren Musiktheaters sein, in der Musik, Wort (Sprache), Bewegung und Tanz grundsätzlich gleichwertig, aber nicht immer gleich beteiligt, ineinanderwirken.

Dieses szenische Spiel soll hier vornehmlich als produktive Aufgabe verstanden und behandelt werden, das heißt: als improvisierte oder von Lehrer und Schülern gemeinsam aufgebaute sprachlich-musikalisch-tänzerische Inszenierung eines gegebenen oder auch selbsterfundenen Textes oder Stoffes.

Die didaktisch-methodischen Probleme der Textimprovisation und -erfindung sind hier ausgeklammert; wir werden uns jedoch mit Fragen der Bearbeitung von Texten und Stoffen, die nicht schon als Libretti für diese Spiele entworfen wurden oder dafür geeignet sind und nur als Erzählungen oder Bilderbücher vorliegen, zu befassen haben. Im übrigen werden musikalische und bewegungsgestalterische Probleme der Textinterpretation im szenischen Spiel im Vordergrund dieses Beitrages stehen.

Zunächst ist festzustellen, was Elementares Musiktheater vom herkömmlichen Theater und Theaterspiel unterscheidet:

1. Es ist kein Bühnentheater, geteilt in Guckkasten und Zuschauerraum, das die Illusion einer wirklichen Situation erzeugen soll.
2. Es ist auch kein "Laientheater", in dem professionellen Künstlern nachgeeifert wird.
3. Das szenische Spiel ist eine von Menschen aller Altersstufen, Begabungs- und Behinderungsgrade ohne Spezialausbildung erfüllbare Form musikalisch-sprachlich-tänzerischer Interaktion, in der

jeder Mitwirkende eine seinem individuellen Ausdrucks- und Gestaltungsvermögen angemessene Aufgabe (Rolle) bekommt. Dies wird ermöglicht durch ein Konzept, das nicht an die Spielgruppe herangetragen, sondern für sie und aus ihr heraus geschaffen wird. Aus dieser Definition ergibt sich als erste Grundbedingung seiner Verwirklichung: kein Mitglied der Gruppe wird vom Spiel ausgeschlossen, für jeden ist also eine Rolle oder Aufgabe zu suchen oder zu schaffen, die er erfüllen kann und will. Das schließt gelegentlich unvermeidliche Verzichtleistungen nicht aus, wenn in einem Spiel kleinere Rollen übernommen werden müssen oder eine besonders begehrte Hauptrolle zu besetzen ist. Durch mehrfache Besetzung und Wechsel bei Wiederholungen oder durch andere Aufgabenverteilung beim nächsten Spiel können notwendige Verzichtleistungen durch die Aussicht auf eine gewichtigere Aufgabe leicht ausgeglichen werden. Es ist aber Aufgabe des Spielleiters, alle Spieler davon zu überzeugen, daß auch scheinbar kleinere Rollen unersetzlich und für das ganze Spiel bedeutsam sind und gerade wegen ihres Episodencharakters vom Spieler eine besondere Konzentration verlangen, wiegt doch bei einem nur kurz dauernden Auftritt jedes Detail der Rollengestaltung schwerer als bei einem länger dauernden, in dem es mehr Korrekturmöglichkeiten gibt.

4. Gespielt wird grundsätzlich aus dem (sichtbaren) Kreis oder - bei Vorführungen - aus dem Halbkreis aller Mitwirkenden nach innen, so daß jeder Mitspieler sowohl vor als auch nach seinem Auftritt im Kreis der Spieler und damit im Spiel bleibt. Dadurch wird der Spielcharakter betont und bleibt Spielern wie Zuschauern voll bewußt. Die Bretter bedeuten hier also nicht die Welt, sondern sie s i n d eine Welt, nämlich die des Spiels als eines Gleichnisses der Welt.

Auch Maskierung und Maskenwechsel werden sichtbar vollzogen, abgesehen von Überraschungseffekten, die notwendig zu einer Spielhandlung gehören, oder im Fall eines völligen Kostümwechsels, der in dieser Form nicht zumutbar wäre. Es gibt auch keinen Orchestergraben: die Instrumentalisten gehören zum Kreis der Spieler und sind diesem zugeordnet.

5. Der Improvisation und produktiven Mitwirkung aller Mitspieler an der musikalisch-tänzerischen Interpretation der Textvorlage wird so viel Raum als möglich gelassen; Monologe und Dialoge sind immer von den Spielern selbst spontan zu vertonen, also singend zu improvisieren. Nur chorisch zu besetzende Textpartien bedürfen einer Vereinbarung in bezug auf ihre musikalische Darstellung bzw. Endfassung; denn auch chorische Rezitative und Lieder sollten von der Spielgruppe selbst produziert werden, entweder in Zusammenarbeit oder von einzelnen, wobei gegenseitige Kritik, Hilfe und Korrektur die Ergebnisse bestätigen, ergänzen oder verbessern können.

Zur Text- und Stoffwahl

Für die Wahl eines Textes oder Stoffes sind folgende Kriterien maßgebend:
1. Eignung des Inhalts im Hinblick auf Altersstufe und Vorbildung der
   Spieler,
2. Eignung des Inhalts für eine musikalisch-sprachlich-tänzerische
   Interpretation im Sinne dieser Spielform,
3. Vorhandensein oder Ergänzungsmöglichkeit eines der Gruppenstärke
   und ihrer Leistungsfähigkeit entsprechenden Rollenangebots.

Zur musikalischen Textinterpretation

Texte können
1. rhythmisch gesprochen,
2. unbegleitet rezitiert (ohne oder mit Intonations- und Interpunktions-
   schlägen ("Secco"-Rezitativ)),
3. rezitativisch gesungen ("Arioso"), ohne oder mit musikalischer
   Begleitung ("recitativo accompagnato"),
4. als Lied oder Kanon gesungen werden (solistisch oder chorisch,
   mit oder ohne Instrumentalbegleitung).
Reine (nicht rhythmisierte) Sprechstellen sollten äußerst sparsam und
nur an formalen Nahtstellen eingeschaltet werden, da bei ihrer Interpretation die Gefahr eines Manierismus in der Sprech- und Ausdrucksweise durch Nachahmung professioneller Schauspieler, ferner die
eines Stilbruchs durch Störung des zum Spiel gehörenden Gleichge-
wichts der Elemente zugunsten der Sprachkomponente besteht. Die
peinliche Gedichtaufsagerei von Kindern (Muttertag) oder die einge-
drillte Pseudodramatik gesprochener Schauspieldialoge sollte uns
vor solchen Praktiken warnen. Eine musikalische Textinterpretation
ermöglicht eine Distanzierung, Stilisierung und somit Anpassung der
Darstellung an die individuellen und alterstypischen Ausdrucksfähig-
keiten und -möglichkeiten der Spieler.

Musikstil und Instrumentarium

Szenische Spiele lassen sich auf jeder musikalischen Stilebene, auf
jedem musikalischen Leistungsstand der Mitspieler und mit allen
Arten von Instrumenten verwirklichen.
1. Im Bereich arhythmischer und amelischer Schallspiele kann nur
   die Symbolwirkung der Schallfarbe eingesetzt werden. Die Textinterpretation beschränkt sich auf das "singende Reden", in dem
   die natürliche Sprachrhythmik übernommen wird. Die musikalische
   Charakterisierung der Figuren und Situationen erfolgt durch ein-
   leitende, ausleitende oder grundierende Instrumentalfarben, die
   noch ohne rhythmisch-metrische Bindung eingesetzt werden [1].

Geräusche, Klänge oder Töne verschiedener Helligkeits- und Laut-
stärkengrade sind auf ihre Eignung zur Symbolisierung der Inhalte
zu befragen und auszuprobieren.

2. Im Bereich elementar-modaler Melodik, Rhythmik und Metrik
   können je nach Stand der musikalischen Grundausbildung und mit
   Hilfe von Stabspielen bestimmte tonale Materialordnungen (z. B.
   halbtonfreie Pentatonik, Tetra- und Pentachordik verschiedener
   Modalität, Heptatonik herkömmlicher oder neugebildeter Form und
   freie Skalen- und Reihenbildungen) eingesetzt werden in Verbindung
   mit entsprechender Rhythmik und Metrik. Hier wird die musikalische Symbolik um die Dimensionen Melodik, Rhythmik und Akkor-
   dik (Harmonik) erweitert. Konnte z. B. ein Klangmotiv im reinen
   Schallfarbenbereich nur durch dunkle Farben, absteigende Schleif-
   (Portamento-) oder Glissandofiguren etc. symbolisiert werden,
   stehen jetzt auch Intervalle und Akkorde zur Verfügung: Absteigende
   Kleinsekunden (altes Klagemotiv), Tri-, Tetra- oder Pentachorde
   (Drei-, Vier- oder Fünftonschrittfolgen in verschiedenen Aus-
   schnitten der diatonischen Skalen), chromatische Figuren und Zwei-
   und Mehrklangbildungen mit Moll- oder Dissonanzcharakter etc.,
   also eine ganze Fülle von Möglichkeiten können mit Hilfe von Stabspielen (Klangbausteinen), Zupfinstrumenten (leere Saiten, auf eine
   benötigte Figur eingestimmt) und Panflöten auch von instrumental
   nicht Vorgebildeten verwirklicht werden. Auf solche Weise sind
   alle Zustände und Gefühle wie "Freude" (Fanfarenmotive, lebhafte
   Figuren, helle Klänge), "Angst" (hohe Tremoli, Dissonanzen),
   "Zorn" (heftige Schlagfolgen, harte Dissonanzen), "Ruhe" (Liege-
   töne, dunklere Farben) musikalisch symbolisierbar. Dabei ist nicht
   an geschlossene musikalische Formen zu denken, sondern an Figuren, Ornamente, die durch Wiederholung (Ostinato) jenes Formen-
   element ergeben, das sich mit den sprachlichen und tänzerischen
   Elementen zur Charakterisierung einer Szene kombinieren läßt.

3. Im Bereich der kadenzierenden Tonalität und anderer musikalischer Stile bleiben alle Symbole den Gesetzen dieser Stile zu- und
   eingeordnet. Auch solche Stile können elementarisiert werden, so
   daß sie von Kindern zu verwerten sind. Ihre Handhabung setzt aber
   voraus, daß der Lehrer mit den Kindern entsprechende Vorübungen
   durchgeführt hat.

Zur tänzerischen Textinterpretation

Wie bei der oben dargestellten musikalischen Interpretation und Symbolisierung kommt es auch bei der rhythmisch gebundenen, also tänzerischen Bewegungsgestaltung - wir rechnen auch Gesten und Gebärden dazu - darauf an, charakteristische und charakterisierende
Gebärden und Schritt-, Lauf-, Hüpf- und andere Bewegungsfiguren
durch Wiederholung zu einem Formelement des szenischen Spiels zu

stilisieren. Auch hier ist nicht die bloße Nachahmung einer individuellen Gestik und Bewegungsform anzustreben, sondern eine den
kindlichen Fähigkeiten angepaßte Ausformung typischer Gebärden und
Bewegungsfiguren. Zusammen mit den musikalischen Symbolen ergibt sich dann die Gesamtwirkung einer dreidimensionalen Charakterisierung durch Musik, Wort und Tanz.

Beispiel zur Anwendung

In der gebotenen Konzentration auf Grundsätzliches sei am Beispiel
einer geeigneten Textvorlage die Anwendung der oben dargestellten
Spielregeln angedeutet. Eine einfache Bilderbuchgeschichte, die sich
zu einer Verwandlung in ein Spiel eignet, ist "Gute Reise, bunter
Hahn" von Eric Carle [2]. Inhalt: Ein Hahn geht los, die Welt zu sehn.
Unterwegs trifft er nacheinander 2 Katzen, 3 Frösche, 4 Schildkröten
und 5 Fische. Alle schließen sich nach einem kurzen Wortwechsel der
geplanten Weltreise an. Als aber die Nacht anbricht und kein Quartier
und keine Verpflegung da sind - der Hahn hatte nicht an solche Dinge
gedacht - kehren zuerst die Fische, dann die Schildkröten, Frösche
Katzen und am Ende auch der Hahn nach Hause zurück. Der Hahn
träumt dann daheim den schönsten Traum seines Lebens, den Traum
von einer Reise um die Welt.
Diese einfache Geschichte enthält alles, was wir für ein Spiel brauchen:
- Musikalisch: Möglichkeiten einer Zuordnung charakteristischer
  Klangfarben, rhythmischer und melodischer Motive zu den verschiedenen Tieren
- Sprachlich: Kurze Dialoge zwischen dem Hahn, den anderen Tieren,
  bei der Einladung zum Mitkommen und bei der Verabschiedung vor
  dem Umkehren
- Tänzerisch: Die Bewegungsarten der verschiedenen Tiere
Jedes Spiel bedarf einer Einstimmung und Einleitung. Es gibt verschiedene Möglichkeiten, sie zu gestalten, von einfachen Becken- oder
Gongschlägen bis zum ausgeformten Vorspiel. Vorspiele werden am
besten mit Hilfe eines rhythmisierten Textes (der dann verschwiegen
wird) gestaltet. Eine bewährte Methode ist die Verwendung des Titels
oder eines dem Text der Geschichte entnommenen Mottos. Unser Titel
"Gute Reise, bunter Hahn" könnte z. B. wie folgt rhythmisiert und in
eine viertaktige Form gebracht werden:

(Gu- te   Rei- se, gu- te   Rei- se, gu- te   Rei- se, bun- ter Hahn!)

Ein dreimaliges Durchspielen ergibt dann schon eine geschlossene
dreigegliederte Form, die für ein Vorspiel ausreicht.
Das rhythmisch-metrische Modell läßt sich nun musikalisch ausge-
stalten
a) durch Verklanglichung mit kleinem Schlagwerk, wobei beim zwei-

ten und dritten Durchgang jeweils eine Steigerung durch Vermehrung oder Aufhellung des Klanges (z. B. 1. Trommel, 2. Holzblocktrommel dazu, 3. Triangel oder Fingercymbel dazu) zu erzielen wäre;

b) durch Melodisierung mit Stabspielen oder Blockflöten (in beschränktem Tonraum solistisch zu improvisieren oder gemeinsam zu "komponieren");

c) akkordlich durch Aufbau eines Dur- oder Molldreiklangs oder eines anderen Akkordes aus dem der Gruppe schon vertrauten Repertoire an Mehrklangbildungen und schließlich auch

d) durch melodischen und akkordlichen Aufbau (Kombination von b und c).

Eine weitere Möglichkeit, das Spiel einzuleiten, böte die Vorstellung der Hauptfigur durch drei Rufmotive ("Kikeriki"), ausgeführt mit einer Lotosflöte (Zugkolbenflöte) oder einem Blockflötenkopfstück.

Die Geschichte beginnt mit einer erzählenden Textpartie im Märchenton: "Es war einmal ein schöner bunter Hahn...."

Erzählende oder berichtende Abschnitte können nun solistisch oder chorisch, in freier oder festgelegter Intonation, mit oder ohne intonierende und interpunktierende Instrumentalschläge rezitiert werden, wobei der sprachliche Duktus Rhythmus und Tempo bestimmt. Auftreten und Losgehen des Hahnes stellt die erste tänzerische Aufgabe: er stolziert im Hahnenschritt mit ruckartigen Kopf- und aufgeregten Flügelbewegungen der Hände im Kreis herum, begleitet durch ein Flötenkikeriki. Bewegungsfigur wie Flötenmotiv werden durch Wiederholungen der charakteristischen Merkmale - Varianten sind zulässig - zum formbildenden Ostinato. Die zwei Katzen treten auf: schnurrend (tiefe Tremoli; natürlich können die Darsteller der Katzen auch mit der Stimme oder einem Instrument selbst schnurren, so wie auch der Hahn das Kikeriki selbst stimmlich oder blasend darstellen könnte) und gelegentlich miauend (stimmlich oder/und mit der Lotosflöte, auch Blockflötenkopfstück, ausgeführt) in schleichender Katzengangart sich bewegend. Die zur Begegnung des Hahns mit den Katzen gehörige Textstelle: "Er war noch nicht lange gewandert, da traf er zwei Katzen..." kann gestrichen werden, da durch die Inszenierung die Situation ausreichend verdeutlicht wird und keines berichtenden Hinweises bedarf. Die direkte Rede jedoch bleibt erhalten. Die ihr vorangehende Begründung: "Und weil er nicht gerne allein ging, sagte er:" kann in eine Aussage des Hahns verwandelt werden. Hahn: "Ich gehe nicht gerne allein, kommt doch mit mir in die weite Welt" (von "kommt doch..." an entspricht der Text wieder der Vorlage). Auch das nun folgende "Der Vorschlag gefiel den Katzen. Gern! schnurrten sie und gingen mit" ist zu verwandeln in: "Der Vorschlag gefällt uns. Gern!" Das Mitgehen ist dann wieder zu spielen. Die direkte Rede der Tiere sollte in der Tiersprache ausgeführt werden: der Hahn wird also seine Aufforderung im krähenden Ton, die Katzen werden ihre Antwort schnurrend ("gerrrrrrrn") und miauend vortragen. Der gemeinsame Weitermarsch mit dem Hahn an der Spitze kann nun durch eine aus beiden Tierlauten gebildete Motivfolge instrumental begleitet werden:

Nun treten, d. h. springen die drei Frösche in typischer Froschhocke auf. Bei der Begegnung mit Hahn und Katzen bleiben alle stehen bzw. hocken. Der Dialog kann ähnlich verlaufen wie der erste. Das "Warum nicht?" der Frösche (Antwort auf die Aufforderung des Hahns, auch mitzukommen) läßt sich wieder gut in die Froschsprache übertragen, etwa in ein

> "Qua qua quarum denn nicht?"

Dann kommen die Schildkröten kriechend und schnaufend (Rasselbegleitung) und schließlich die Fische: diese können, wenn der Boden es zuläßt, auf dem Bauch rutschend daherkommen oder selbstgemalte und ausgeschnittene Kartonbilder von Fischen umhängen und mit Schwimmbewegungen der Hände (Flossen) deren Bewegungsart stilisieren. Ihr Interesse bekunden sie mit Flüsterstimme, begleitet von Wassermusik (Gleitwirbel oder Glissandi auf Stabspielen etc.). Die Marschmusik erweitert sich um Motive der hinzukommenden Tiere (Kastagnettenmotive für die Frösche, Rassel für die Schildkröten, Glissandi für die Fische, taktmäßig eingegliedert). Die Sonne geht unter: das Dunkelwerden läßt sich durch allmähliches Abdunkeln der Begleitklänge und ein Diminuendo musikalisch symbolisieren. Der Mond steigt auf: Glasharfenklang (Reiben von Gläserrändern mit nassen Fingern), Glockenspiel, Triangel und Fingercymbel können ihn zart begleiten. Nun beginnen die Tiere zu jammern:

> "Wo ist unser Futter?" (Katzen)
> "Wo können wir schlafen?" (Frösche)
> "Es ist kalt" (Schildkröten)
> "Wir haben Angst" (Fische)

Diese Klagen können zuerst hintereinander, dann durcheinander (in einem freien Kanon) und schließlich gleichzeitig (die Anzahl der Wiederholungen ist zu verabreden) angestimmt und gesteigert werden (auch durch wachsende Lautstärke oder/und steigende Tonhöhe).
Die Ratlosigkeit des Hahns ist durch resignierende, achselzuckende Flügelbewegungen auszudrücken oder kann auch durch Rezitieren des erzählenden Textes ("Der Hahn wußte nicht, was er seinen Freunden sagen sollte...") verdeutlicht werden. "Da beschlossen die Fische, umzukehren..." ist aber besser wieder in direkte Rede zu verwandeln: "Wir kehren um, gute Reise!" und das Davonschwimmen ist sowohl bewegungsmäßig als auch musikalisch (Diminuendo!) darzustellen. Entsprechend ist der Rückzug der anderen Tiergruppen zu inszenieren.

Der alleingelassene Hahn fragt den Mond, was er tun solle (direkte Rede!). Dieser aber schweigt und verschwindet (Diminuendo und Verlöschen des Mondklanges). Der Hahn geht nach Hause und pickt seine Körner (Holzblocktrommel) und schläft ein (Schlafmusik). Sein Traum von einer Reise um die Welt kann durch Vorbeitragen selbstgemalter Bilder aus allen Erdteilen, begleitet von dazu passenden musikalischen Motivketten (Gongs und helle Klänge zu "China", Xylophon und Trommel zu "Afrika" etc.), sicht- und hörbar gemacht werden. Selbstverständlich gehört eine Andeutung von Masken und Kostümen für die Tiere, eine auf einem Stab befestigte Mondscheibe, die man durch Heben und Senken auf- und untergehen lassen kann, zur Ausstattung des szenischen Spiels, doch sollte man zuerst alle Gestalten durch charakterisierende Gebärden und Gangarten darstellen lernen, bevor die optische Verdeutlichung dazukommt.

Dieses Beispiel mag für andere Texte und Inhalte stehen, die in ähnlicher Weise in ein Spiel zu verwandeln sind. Ähnlich geeignet dazu wie das besprochene Bilderbuch ist z. B. Maurice Sendaks "Wo die wilden Kerle wohnen"[3], eine Traumgeschichte mit besonders viel Gelegenheit zu tänzerischen Szenen. Eine Reihe alter und neuer Geschichten, Märchen und Libretti ("Strubelimutz", "Die Bremer Stadtmusikanten", "Die Auferweckung des Lazarus", "Jesus am Ölberg", "Die Geschichte vom Wecker im Walde", "Gold in der Kehle", "Ferdinand der Stier", "Fünf Lehrstücke") sind an anderem Ort [4] ausführlich behandelt. Schließlich liegen als auskomponierte Modelle "Das Weihnachtsspiel" [5], "Rumpelstilzchen" [6] und die Tanzkantate "Die Tiere machen Karneval" [7] vor. Das sollte als Starthilfe genügen.

Literatur und Quellen

1) Keller: LUDI MUSICI 2, Schallspiele, Fidula-Verlag Boppard, o. J.

2) Carle: Gute Reise, bunter Hahn!, Stalling-Verlag, Oldenburg 1972

3) Sendak: Wo die wilden Kerle wohnen, Diogenes-Verlag, Zürich 1967

4) Keller: LUDI MUSICI 4, Minispectacula, Fidula 1975

5) In Wilhelm Keller: LUDI MUSICI 1 (auch als Sonderdruck), Das Weihnachtsspiel, Fidula 1970

6) Keller: Rumpelstilzchen, Modell eines Musikalischen Märchenspiels, Fidula o. J.

7) Keller: Die Tiere machen Karneval, Szenische Tanzkantate (Text: J. Guggenmos), Mosaik 137, Fidula o. J.

Zum Grundsätzlichen

Roscher/Thomas: Elementares Musiktheater, Versuche improvisatorischer Entfaltung, in: Orff-Institut, Jahrbuch III, Schott, Mainz 1969;

Wolfgang Roscher,   Ästhetische Erziehung - Improvisation - Musiktheater, unter Mitarbeit von   Schrödel-Verlag, Hannover 1970
Claus Thomas u. a.:

SPRECHEN UND SINGEN

Der Unterrichtserfolg eines Lehrers hängt wesentlich
von seinem Sprechen und seinem Singen ab. In Aus- und
Fortbildung besteht aber bis heute ein deutliches Defizit
an Sprech- und Spracherziehung. Deswegen wird in der
MGA oft die Pflege der Kinderstimme vernachlässigt.
Die folgenden Aufsätze wollen dazu beitragen, daß diesem
Bereich eine erhöhte Aufmerksamkeit gewidmet wird.

Wolfgang Stumme: Zum Singen in der Grundausbildung

Paul Nitsche: Die Stimme des Unterrichtenden

Paul Nitsche: Der Umgang mit der Kinderstimme

Gisela Dreyer/
Eva Pretzell: Das Sprechverhalten des Unterrichtenden

Eva Pretzell: Sprech- und Spracherziehung der Sechs-
bis Achtjährigen

ZUM SINGEN IN DER GRUNDAUSBILDUNG

Es ist ganz offensichtlich eine neue Hinwendung zum Singen erkennbar.
Diese Beobachtung erstreckt sich auf alle Altersstufen, vom Singen der
Kinder, das in jungen Familien und in den zahlreichen Singklassen der
Musik- und Singschulen, in Kinderchören wieder mehr Raum findet, bis
hin zum Chorgesang mit künstlerischen Ansprüchen in Laienchören.
Man findet das nichtorganisierte gesellige Singen in unterschiedlichsten
Kreisen wie auch in Funk und Fernsehen oder den gelegentlichen oder
regelmäßigen örtlichen "offenen Singstunden".
Im Lehrplan der Musikalischen Grundausbildung ist das Singen ein inhaltlich wesentlicher Teil der dreifach gegliederten Musikübung (Singen und Sprechen, elementares Instrumentalspiel, Musik und Bewegung): es ist also nur e i n e r der Wege, auf dem Kinder musikalische
Ersterfahrungen sammeln können. Einsicht ist notwendig, daß nicht
alle Kinder sich in gleicher Weise für das Singen öffnen und Freude
daran haben. Wenn auch der größere Teil von vornherein aufgeschlos-
sen ist oder sich bald dafür gewinnen läßt, gibt es andere, bei denen
Barrieren (Verklemmungen, Ungeübtheit, oft bedingt durch ständig
tönende Medien im Elternhaus, durch Negativerfahrungen mit Vorsingen und Singen im Vorschulalter u. a.) vorhanden sind und nur sehr
langsam und mit vorsichtigen Schritten abgebaut werden können. Nicht
ohne Grund ist daher das weite Feld der Musikpraxis in der Grundausbildung "mehrkanalig" angelegt, so daß - neben dem Singen - möglichst a l l e Wahrnehmungsfunktionen und Verhaltensweisen "ins Spiel"
gebracht werden.

Zum freien Singen

Gerade im Vokalbereich braucht es in einer Musikalischen Grundausbildung, die ein individuelles und tragfähiges Verhältnis zur Musik begründen will, von Anfang an Freiheit für Erfindung und Gestaltung,
für kindliche Eigenaussage und ein Sich-ausdrücken-Können mit der
Stimme. Dabei sollte man sich im Anfang des Singens am allerwenig-
sten nur auf Imitation festlegen, auf das Nur-Nachsingen, auf Lied-
studieren, auf Wiedergabe notierter und komponierter Musik. Freies
u n d nachahmendes Singen sind in ihren Funktionen beim Kind von
gleichem Rang.
Gewiß werden beim guten Vorbild des Lehrers durch vokale Nachahmung Qualitäten angelegt, vor allem ganzheitliche und schnelle Aufnahme, Tongedächtnis, sichere Intonation, Atemführung, Ausdruck
- alles wesentlich für die elementare Bildung des Gehörs. Deswegen
wird man Vor- und Nachsingen auch für weitergehende Ziele nicht ent-
behren können. Aber die ergänzenden und nicht weniger notwendigen
musikalischen Qualitäten der freien vokalen Aussage, des eigenen Aus-

drucks in selbstgefundenen Gestaltungen, des Einbringens von Ideen und ihr Umsetzen in partnerschaftlichen improvisatorischen Gruppenprozessen können in einer dynamischen Musikerziehung nicht entbehrt werden. Sie sind bisher auch beim Lehrer weniger üblich und geübt, brauchen daher in Ausbildung und Unterricht eigene Versuche, Mut zum Risiko, Reflexion von Erfahrungen, viel Selbstkritik und Selbstvertrauen und für alles zusammen genügend Zeit ohne äußere Zwänge.

Für Lehrer ist daher eine intensivere Beschäftigung mit Theorie und Praxis der Improvisation notwendig, ihre vokalen Möglichkeiten sind erst zu entwickeln. Entsprechende didaktische Beiträge finden sich in der Schrift "Über Improvisation" (Wolfgang Stumme [Herausgeber], Mainz 1972), Beispiele zur Praxis und Methodik des Erfindungsbereichs im Literaturverzeichnis (s. S. 227). Theoretische Information allein reicht in diesem Bereich nicht aus, sie schafft bestenfalls Einsichten. Selber frei sein oder frei werden ist Voraussetzung, erst eigene praktische Übungen im Erfinden (in Kursen und Arbeitswochen) ermöglichen eigene Erfahrungen im neuen Bereich musikalischer Freiheit. Sie helfen Angst und Hemmungen überwinden und führen zum Erwerb kreativer und kritischer Fähigkeiten. Der erforderliche e i g e n e W e g - unter Einbeziehung aller wesentlichen und übertragbaren Anregungen aus Literatur und der Praxis improvisationserfahrener Fachkollegen - muß dann selbst gefunden sein, ehe er im Unterricht mit Kindern beschritten wird. Ein Lehrbuch wie das vorliegende kann - in seiner notwendigen Konzentration - hier nur ein Wegweiser sein.

Erste Erfahrungen beim Gebrauch der Stimme

Ansätze zur eigenen Stimmerfahrung der Kinder und zum freien Gestalten im Vokalbereich in der Grundausbildung können sein:
- Freies und begleitendes Vor-sich-hin-singen der Gruppe zum Gehen im Raum
- Melodien finden über leichtem und nicht metrisiertem Händeklatschen (der stimulierende Bewegungsimpuls zählt, nicht die Lautstärke). Hier werden der motorische Antrieb und die im Anfang "schützende Gruppe" Mut zur individuellen Freiheit machen
- freier Wechselgesang auf einem Ton oder melodisch ausgeweitet zwischen Lehrer und Gruppe, Lehrer und einzelnen Schülern und Schülern untereinander in der Umgangssprache zu Themen aus der Umwelt, aus der Natur und vom Wetter, über besondere Geschehnisse und Erlebnisse, damit Lehrer und Schüler frei werden für Gebrauch und Ausdrucksmittel der eigenen Stimme
- kurze Reime (Sprichwort, erfundener Vers zum Tages- oder Gruppengeschehen, Abzählreim), die überschaubar ("überhörbar") sind, melodisch-rhythmisch durch sprachliche und/oder musikalische Spannungs- und Gestaltungselemente geformt und behaltbar

- singendes Erzählen von Kurzgeschichten, Märchen und Gedichten in nacherzählender eigener Prosa
- Singen formal und melodisch-rhythmisch einprägsamer einstimmiger Rufe und Lieder nach eigenen oder gegebenen Texten ohne besondere rhythmische und Intervallschwierigkeiten

Allen Ansätzen (die sowohl gleichzeitig wie nacheinander denkbar sind) ist gemeinsam, daß sie aus dem noch freien und "unreglementierten Kindersingsang" unter Erhalt seines spontanen Grundcharakters störungsfrei in die noch unbekannten Bereiche des vokalen Gleichklangs, der sauberen Intonation, der bewußten Bildung von Stimme und Singen hinüberführen wollen. Das Singen sollte - wie auch die übrigen musikpraktischen Bereiche - im Anfang n i c h t mit dem Erlernen der Notenschrift gekoppelt sein. Es würde sonst als gefühlsgebunden erlebtes Singen zu wenig zu seinem Recht kommen, weil es dem langsameren methodischen Stufengang des Notenlernens in seiner Spontaneität weit voraus ist und auf dieser Altersstufe zuerst emotional gegründet sein will: Freude am Singen zu erhalten oder zu gewinnen, ist erste Aufgabe und fernes Ziel zugleich. Tongedächtnis und Intonationssicherheit zu erwerben, Klangschönheit der Stimme zu entwickeln und zu empfinden, sie vom Atem her mit Hilfe von Ansatz, Resonanz und Artikulation zu stützen und zu bilden, sind auf dieser Grundlage weiterführende Aufgaben. Daß die Stimme jeweils einem sich entwickelnden Individuum als ureigener Besitz gehört, wird allen Sprech- und Stimmerziehern bewußt sein. Sie werden deshalb bemüht sein, die Stimme immer schonend zu behandeln und ihr stets freie und individuelle Entfaltung zu ermöglichen. (Wie S t i m m q u a l i t ä t e n i m U n t e r r i c h t schrittweise musikalisch-technisch erworben werden können, hat Paul Nitsche in seinen Beiträgen dieses Buches und in seinen Schriften dargestellt; vgl. S. 82.)

Bilden von Tonvorstellungen über das Singen

Aus den oben beschriebenen Ansätzen zum Singen (die natürlich auch noch auf vielfältig andere Weise zu finden sind), ergeben sich bald Erweiterungen in dem vorläufig unbegrenzten und noch nicht mit Orientierungsmarken versehenen Tonraum. Mit Hilfe von melodischen Motiven, Erfindungen, Liedern und Stimmübungen wird der Tonraum ausgefüllt und durch das Erfahren von bestimmten und zugleich unterschiedlich großen Intervallen gleichsam ausgemessen. Kein großer Gewinn liegt im Umgang mit einzelnen Tönen, wie sie oft in additiver Weise nur gelernt statt erfahren werden.
E r f a h r u n g e n i m T o n r a u m können am sinnvollsten an Spannungen zwischen mindestens zwei oder mehreren Tönen gemacht werden. Sie stehen zueinander in Beziehung, lassen zunächst unterschiedliche Entfernungen, schließlich präzise Intervalle erkennen und in Übungen (= Tonraumspielen) auch wiedererkennen.

Die Funktion des Hörens im akustischen Raum kann im realen Raum sichtbare Unterstützung erfahren. Es gibt dazu einige Hilfen:

a) durch melodienachzeichnende Luftnotenschrift im Raum,
b) durch unterschiedliche Höhenangaben in der Senkrechten, die der Lehrer mit einer flachen Hand oder mit beiden Händen durch Bewegung in verschiedenen Höhen vor dem Körper deutlich macht (der Körper selbst ist dann die senkrechte Koordinate),
c) durch Führungsbewegungen einer waagerechten Hand am Tonhöhenstab (wie auf S. 126 näher beschrieben),
d) durch die Anwendung der Curvenschen Handzeichen in Verbindung mit den Solmisationssilben (Tonika-Do).

Allen vier Führungshilfen ist gemeinsam, daß sie im Prinzip sehr einfach, unkompliziert in der Anwendung sind und jederzeit zur Verfügung stehen. Sie wirken sich dann positiv für die Hörvorstellung aus, wenn sie leicht, fast beiläufig "von der Hand gehen". Sie müssen vom Unterrichtenden inwendig so vorgestellt und vorausgehört, manuell-gestisch so beherrscht sein, daß sie ähnlich intensives und richtiges Hören bei Kindern hervorrufen. Schlimm wäre es, wenn hierbei neue Schranken durch unklare (weil ungeübte, ungeschickte und daher nicht zu entschlüsselnde) Zeichengebung errichtet würden; wenn die Lehrkraft nur mühsam buchstabiert, kann sie den Kindern die musikalische Innenspannung nicht deutlich machen und wird sie bald langweilen.

Gemeinsam ist weiter, daß diese Hilfen dem Bewegungsprinzip der Musik in der Zeit bewegungsdynamisch in der Gestik angemessen sind und noch nicht statisch-schriftlich fixiert werden. Alle Führungshilfen sind bei ständiger Übung und progressiver musikalischer Entwicklung nur für eine kürzere Zeit im Anfangsunterricht notwendig. Sie machen sich überflüssig, wenn das Gehör sich eine feste Orientierung im Tonraum erworben und Spannungsgesetze erfahren hat. Dann ist es Zeit, sie optisch durch die Fixierung in der Notenschrift zu ergänzen und später ganz zu ersetzen.

Wie bereits erwähnt, setzen diese Hilfen deutliche Hörvorstellungen des Lehrers voraus. Manches Hindernis für ihre Anwendung in Ausbildung und Unterricht liegt im Mangel an präzisen Hörvorstellungen und am fehlenden Üben der gestischen Bewegung.

Man wird sich um so mehr um regelmäßige und systematische Anwendung von gestischen Hilfen beim Singen und Gehörbilden bemühen, wenn man darum weiß, daß Hören und Stimmbandspannung auch dann noch korrespondieren, wenn kein Sington zu hören, nur das Symbol sichtbar wird. Bewußte Stimmübungen und differenziertes Hören stützen sich wechselseitig.

Alle Führungshilfen haben bei der Bildung von Tonvorstellungen eine wichtige Funktion. Sie ergänzen das Vorsingen des Lehrers; denn beim Nachsingen werden vor allem Atemführung, Stimmklang, Ausdruck, Körperspannung vom Lehrer übernommen, während hier waches und intervallbewußtes Hören und abstraktes Tonvorstellen gefordert und bewirkt werden. Würden in der MGA ausschließlich Vor- und Nachsingen praktiziert, wäre eine weiterführende Hörerziehung gerade dort unzulässig reduziert, wo sie eine entscheidende und bewußte Qualität entwickeln muß.

Natürlich sind Vor- und Nachsingen beim geselligen, umgangsmäßigen und spontanen Singen jeder Art brauchbare und situationsgerechte Verfahren. An dieser Stelle muß ausdrücklich auch auf die Erhaltung des Spontancharakters des Singens hingewiesen werden, wenn es nicht im ausschließlichen Konzept von Stimmbildung, Hörerziehung oder Notenlernen seine vitale Bedeutung ganz verlieren soll. Eben weil die menschliche Stimme sich nicht als instrumentales Klangwerkzeug beliebiger Art von ihrem Träger ablösen läßt, ist sie durch den individuellen Ausdruck ein wirksames Medium mit psychischen und kommunikativen Möglichkeiten.

Die Liedauswahl

Sie steht unter verschiedenen Vorzeichen, die untereinander abzuwägen sind. (Vgl. hierzu: Lore Auerbach "Überlegungen zur Liedauswahl" in: Musikalische Grundausbildung, Beiträge zur Didaktik, Mainz 1974.)

F u n k t i o n a l können Lieder in Tänze, Erzählungen und längere Spiele einbezogen, in Liedkantaten mit Instrumenten zu einer größeren Einheit zusammengefaßt, in mehrstrophiger Gestalt selbst Träger für übergreifende musikalische Form werden.

Vom Text aus wird den Kindern auch vieles Unbrauchbare angeboten. So gibt es Texte von unbedeutender und gar läppischer Formelhaftigkeit (die nicht nur Kennzeichen des Eintagsschlagers ist), aus Volkstumsüberlieferung, deren hintergründiger Sinn oft reduziert und nicht mehr deutbar ist, und behaftet mit Indoktrinationstendenzen aller Art, deren manipulierender Charakter nicht in die Singwelt des Kindes gehört, wie z. B. Verkehrserziehung, Wohlverhalten und Fleiß.

Am ehesten werden brauchbare Texte gebunden sein an den Ablauf des Jahres und Tages, an Mensch, Pflanze und Tier, an Balladeskes und Phantastisches aus aller Welt, an Humor, Scherz und Wortspiele, an Traumerleben, an festliche Anlässe, soweit sie von allgemeiner oder Gruppenbedeutung sind, an Spiele, an das Leben in anderen Völkern und anderen Erdteilen. Neben dem Vordergründigen müssen aber die besinnlichen und zarteren Töne, das Nach-innen-Singen, das Hintergründige ebenso einbezogen werden, denn ohne sie sind eine umfassende Welterfahrung für Kinder und ihre Sensibilisierung nicht möglich. Traditionelles und neu Entstehendes sind im Lied von gleichem Rang, wenn sprachliche und musikalische Qualität gegeben sind.

M e l o d i s c h gilt die Vielfalt der musikalischen Gestaltung. Durch Medieneinflüsse überwunden und für die 6-8jährigen kaum mehr zu-

treffend ist - bis auf wenige Ausnahmen in überlieferten Spielen und
Tänzen - das Volkskinderlied, wie es Jöde noch vor fünfzig Jahren in
"Ringel-Rangel-Rosen" für Schule, Haus und Kindergarten sammelte
und herausgab. Selbst im Vorschulbereich ist nur noch eingeschränkt
anwendbar, was für Kinder in der MGA im oft stereotypen Dreiton-
raum mit pentatonischem Duktus oder in eingegrenzter Quintraumme-
lodik auf die Dauer Unterforderung bedeuten würde.

Die Qualitäten der Lieder für Bildung und Entwicklung der Kinderstimme werden ausführlich von Paul Nitsche (vgl. S. 82) dargestellt.

Bei der Liedauswahl ist außerdem zu bedenken, daß in den letzten
Jahrzehnten biologisch eine erhebliche Verschiebung der Wachstums-
phasen stattgefunden hat. Akzeleration wird nicht immer als Verän-
derungsprozeß erkannt, der im körperlichen wie im psychischen Bereich seine Auswirkungen hat, der zudem n i c h t   n u r die Pubertät
und Vorpubertät, sondern alle vorausgehenden Entwicklungsstufen,
auch die 6-8jährigen schon betrifft. Im Zuge der "Entwicklungsbe-
schleunigung" müssen daher die Liedformen und Inhalte differenzier-
ter und ausgeformter sein, Textaussagen und Melodien mit den ge-
wachsenen Stimm- und Erlebnismöglichkeiten der Kinder übereinstimmen.

D i e   L i e d e r des Schülerbandes spiegeln die veränderten Situationen
in der psychischen Entwicklung wider. Sie bringen musikalisch und
formal vielgestaltige Liedtypen, darunter Rondo- und Kettenlieder,
Kanons, Lieder mit dynamischen Spannungen, rhythmischem Gleich-
maß und rhythmischen Kontrasten, mit unterschiedlichen, auch ungewöhnlichen Taktarten und Periodenlängen, mit Schritt- und Sprungmelodik, in Dur und Moll, im pentatonischen Bereich, in verschiedenen Modi; Lieder zum Tanzen, Begleiten, Weiterdichten und Lieder
als Brücke zur Kunst.

Alle Liedvorschläge sind ein A n g e b o t. In vielen Liedsammlungen
für die hier angesprochene Altersstufe finden sich weitere geeignete
Lieder, die hier nicht aufgenommen werden konnten (vgl. S. 227).
Manches im Augenblick zündende, aber bald wieder erloschene Lied
wird dem gegebenen Augenblick überlassen. Man ergänze also, er-
setze nach eigener Entscheidung und lasse auch Lieder von Kindern
selbst vorschlagen.

Zur Liedgestaltung

Abgesehen von den Anlässen für spontanes Singen wird man der Gestaltung von Liedern (einstimmig, mehrstimmig, von Instrumenten begleitet) und Liedkantaten die notwendige Zeit für musikalische, ja künstlerische Ausarbeitung einräumen. Das klingt sehr anspruchsvoll für
eine Grundausbildung, ist aber in der Arbeitsweise nur das gleiche Leit-
motiv, wie es auch in der späteren künstlerischen Gestaltung wirksam

wird. Die Anforderungen in dieser intensiven Arbeit - das gilt für alle Bereiche der musikalischen Grundausbildung - steigern sich dann für Lehrer und Schüler durch diesen längeren Prozeß erheblich. Denn der Lehrer muß über mehrfache Übzeiten und Wochen hinaus "unter Spannung" stehen, bis Kinder das fertige Ergebnis und den Sinn der Mühen empfinden und erkennen können. Dazu gehören alle Wege musikalischer, methodischer und psychischer Erziehungskunst, das Erkennen von notwendiger Anspannung und Entspannung im Arbeitsgang, Wechsel der Thematik, das Ansprechen unterschiedlicher psychischer, geistiger, körperlicher und sensorischer Funktionen bei Kindern, das Einfügen von Pausen im rechten Augenblick, das Ruhenlassen-Können für eine Zeit und das Wieder-Aufgreifen. Und sicher gehört dazu beim Lehrer sowohl das Bewußtsein als auch der Wille, das Ziel zu einem bestimmten Zeitpunkt zu erreichen, wie auch die entgegengesetzte Einsicht, daß eigener Wille und fester Plan in einer gegebenen Situation nichts bewirken können.

Das Auswendigsingen

Im Englischen wird es durch "by heart", wörtlich "vom Herzen aus", jedenfalls ein "Inwendigsingen", besser ausgedrückt; es gehört zu den regelmäßig anzuwendenden Verfahren und trägt seinen Sinn in sich. Ausbildung des Tongedächtnisses aufgrund des Hörens geht hier dem Bewußtwerden von Tonbeziehungen und Melodiegestalten für längere Zeit voraus. Graphische Symbole bieten sich frühzeitig zur Stützung des Aufnehmens und Behaltens an, als zusammenfassende Zeichen für Strukturen und Bewegungstendenzen, als Vorauszeichen v o r der Notenschrift. Da beim Auswendiglernen jeweils nur mit Teilen, nicht sofort mit dem Ganzen gearbeitet werden kann, geht es hier um mehrere Überlegungen bei der Vorausplanung und in der Unterrichtspraxis:
- In der musikalischen Gestalt des Liedes werden Zäsuren angeboten
- sie stehen nicht immer in Übereinstimmung mit der textlichen Gliederung
- Zäsuren werden außerdem vom Atemvolumen und der Atemführung der Singenden bestimmt (vgl. S. 79)
Man bedenke während des Lernvorgangs, daß keine übebedingten Akzente, Pausen und Spannungsverluste fixiert werden, die in der Schlußgestalt wieder mühsam aufgehoben werden müssen. Flexibilität ist auch geboten im Hinblick auf unterschiedliche Textgliederungen in den Strophen. Insgesamt: technisches Üben und musikalisches Gestalten lassen sich von Anfang an kaum trennen. Die helfende Gestik des Lehrers, beispielhaftes Vorsingen und gelegentlich ein hinweisendes Wort zur Sache helfen mechanisches "Rekapitulieren" vermeiden. Ein motivierendes Singen verbietet jede Art von Drill. Instrumente, führende und begleitende, bringen neue Klangfarben und Wechsel in die methodischen Teilschritte beim Erlernen eines Liedes.

Das Singen nach Noten

Es beginnt innerhalb der Grundausbildung erst lehrgangsmäßig, wenn alle dazu notwendigen V o r a u s s e t z u n g e n vorliegen:
- Beweglichkeit und Sicherheit im freien Umgang mit Stimme und offenem Sprach- und Klangmaterial
- Vorhandensein erster Ansätze zum erzählenden und gestaltenden Singen
- Bildung fester Tonvorstellungen und des Tongedächtnisses mit Hilfe von raumorientierten und bewegungsgebundenen Führungshilfen
- Fähigkeit, Lieder auswendig zu singen (dabei Hören- und Kennenlernen reichhaltigen melodischen und rhythmischen Materials)

Nunmehr kann aufgrund der erworbenen Hörfähigkeit die abstrakte Notenschrift aus den graphischen Zeichen für Strukturen heraus differenziert und in "neuen Symbolen" der traditionellen Notenschrift gelernt werden (vgl. S. 171). Sie wird jetzt schneller gelernt, weil im Unterricht an vorausgegangene Hörvorstellungen angeknüpft und weil sie in bereits erfahrene Zusammenhänge gestellt werden kann und nicht der sinnlosen Addition von einzelnen Tönen überlassen wird. Der komplexe und schwierige Vorgang, im frühen Alter Hören und Schreiben zu verbinden, wird in ein Nacheinander aufgelöst, in dem - der Musik entsprechend - das Hören den Vorrang hat.

Der Weg führt auf diese Weise konsequent vom Klang zum Zeichen. Der Umkehrvorgang, Noten wieder in Klang umzusetzen, nach Noten zu singen, wird dann bald parallel laufen, um die Wechselwirkung Hören - Notieren und Vorstellen - Wiedergabe zur Verstärkung ihrer Funktionen zu nutzen.

Zur M e h r s t i m m i g k e i t führe man erst, wenn ausreichend Sicherheit im Tongedächtnis und in der Intonation erworben ist. Ohne sie kann das zu frühe mehrstimmige Singen leicht dann verkrampft werden, wenn gerade Lockerheit angestrebt wird. Die Ansätze können liegen
- im Singen zweistimmiger Kanons durch Lehrer(in) und Schüler oder durch die Schüler allein
- in der freien zweiten Stimme des Lehrers zum Lied
- in gehaltenen Tönen, Akkorden, Clustern der Gruppe zum strophischen Wechselgesang durch Einzelstimmen
- in einer nach dem Gehör durch Kinder zu findenden parallelen oder einer auskomponierten zweiten Stimme

Man wird Zweistimmigkeit vorwiegend im Zentralbereich der Kinderstimme anlegen. Die Dreistimmigkeit sollte man - mit einigen Ausnahmen - den Gruppen überlassen, die sich ausschließlich dem Singen widmen, den Singklassen und Kinderchören. Aber Instrumente aller Art sollten die Zweistimmigkeit erweitern, wenn nicht durch tonliche und technische Mängel des Spiels die Qualität des Singens gemindert wird.

Medien- und Umwelteinflüsse

Dem Hören von Trivialmusik aus dem Lautsprecher sind die Kinder
längere Zeitspannen ausgesetzt, als dem eigenen Singen gewidmet
werden kann. Die Einflüsse der Medien sind so erheblich, daß es das
Singen in der Grundausbildung besonders schwer hat, sich daneben
stil- und geschmackbildend auszuwirken.
Unter diesen Umständen kann sich ein musikalisches Wertbewußtsein
nur entwickeln, wenn Lieder und Hörbeispiele bewußt kritisch ausgewählt sind, wenn sie rhythmisch und melodisch reizvoll und originell
sind, wenn sie so farbig vielgestaltig, so humorig pfiffig, so hinter-
gründig tiefschichtig, so spielverbunden unterhaltend gestaltet sind,
daß sich die Kinder dafür begeistern können und damit für die Sache
gewonnen werden. Dabei kann freies und experimentelles Gestalten
mit vokalem Material, eine "Sing- und Liederwerkstatt für Kinder",
besondere Eigenbedeutung gewinnen. Schließlich können Stil und Aus-
strahlung des Unterrichts so musiknah-faszinierend und atmosphäre-
bildend, methodisch so flexibel, so partnerschaftlich im Umgang miteinander angelegt sein, daß sie sich motivierend auswirken. Verbale
Attacken gegen Kitsch, Schlager, Schund, gegen die Medien sind
kräfteraubend und unergiebig. Gute Arbeit und intensives Musizieren
im Unterricht sind wirksamer. Auf eigene sichere Entscheidungen
der Kinder im ästhetischen Bereich muß ohnehin mit Geduld gewartet
werden.

DIE STIMME DES UNTERRICHTENDEN

Die Stimme des Unterrichtenden hat in allen Unterrichtsfächern und
-stufen zunächst die Bedeutung eines Kommunikations-Mediums. Dieser breite, zeitlich oft sehr ausgedehnte, häufig durch mancherlei
räumlich-akustische Schwierigkeiten behinderte Tätigkeitsbereich
schließt wesentliche Momente der Motivation ein: Stimmklang und
Stimm-Eigenheiten können Abwehr wecken, sie können - unabhängig
vom Gesagten - zum willigen Hören geneigt machen. Im Musikunterricht ist die Stimme des Lehrenden darüber hinaus immer tönendes
Vorbild, außerdem im Anfangsstadium der Grundausbildung natür-
lichstes und wirksamstes Medium bei der Darstellung und Vermittlung
musikalischer Vorgänge, beim Singen, beim Spiel.
Die einwandfreie Bewältigung dieser Aufgaben, unter Vermeidung der
Gefahr eigener Stimmschädigung und schädigender Einwirkung auf die
Schüler, stellt besondere Anforderungen an die Stimme des Unterrichtenden, die ohne gründliche Sprech- und Singausbildung nur in wenigen, besonders glücklich gelagerten Fällen erfüllt werden. Die steigende Zahl stimmgeschädigter Lehrer ist beträchtlich, der frühere

Normfall eines ungestörten Stimmwachstums bei den Jugendlichen beginnt selten zu werden.

Was sollte beachtet werden, was kann geschehen, um die Stimme des Unterrichtenden gesund, voll wirksam und in ihrer Eigenschaft als Modell vollkommen zu erhalten?

Es versteht sich, daß Atem-, Stimm- und Sprechstörungen aller Art nicht bagatellisiert, sondern gründlich behoben werden müssen, ehe die Stimme den Anstrengungen des Lehrberufs ausgesetzt wird. Die normale "Stimme des täglichen Gebrauchs" ist den Anforderungen eines Berufs mit Sprech- und Sing-Aufgaben nur bedingt gewachsen. Die Einstellung auf die geforderte Leistung bei Sprechen und Singen beginnt mit der Atmung.

Der Sprech- und Singatem

Das Sprechen und Singen "auf der Ausatmung", wie es umgangsmäßig weithin üblich ist, erweist sich als ungenügendes Fundament, wenn von der Stimme besondere Leistungen hinsichtlich Ausdauer, Lautstärke, Deutlichkeit und vielleicht sogar noch besonderen Wohllauts verlangt werden. Jeder Sänger weiß, und auch jeder Sprecher sollte wissen, daß die aufgezählten Eigenschaften der Stimme nur erreichbar sind durch eine Umstellung der biologisch bedingten zweiphasigen Atmung zur dreiphasigen. Zwischen Ein- und Ausatmung wird die sogenannte "Arbeitsphase" eingeschoben, der Zustand, den der ausgebildete Sänger als "Atemstütze" bezeichnet und empfindet. Die Atemumstellung, die vom Laien zunächst als "unnatürlich" empfunden wird, sollte nicht ohne Anleitung erlernt werden. Sie übt und entwickelt sich fast "von selbst" durch beherrschtes Singen auf der Basis einer guten Zwerchfell-Atmung. Große Melodiebögen mit genau geplanten Atem-Zäsuren in Verbindung mit einer klangvollen piano- bis mezzoforte-Dynamik sind nützliche und hilfreiche Übungsgänge für die Erhaltung und Entwicklung einer leistungsfähigen "Arbeits-Atmung".

Sorgfältige und kraftvolle Artikulation

Jeder mit dem Mittel der Stimme hervorgebrachte Ton trägt das Gewand eines Sprachlautes. Die Formung der Sprachlaute geschieht wesentlich in der Mundhöhle. Die Vokalfarbe ergibt sich aus Veränderungen des Mundhöhlen-Resonators, die Konsonanten entstehen durch das von Lippen, Zähnen, Zunge, Gaumen bewerkstelligte Einschieben von Hindernissen in den vokalisch tönenden Luftstrom. Neben der Genauigkeit der Vokaleinstellungen ist die Standfestigkeit der Hindernisse bei der Konsonantenbildung zunächst entscheidend für die Verständlichkeit des Gesprochenen und Gesungenen. (Richard Strauss sagt im

Vorwort zum "Intermezzo": "Für den Sänger gibt es gegen ein poly-
phones und indiskretes Orchester nur eine Stoßwaffe: Die Konsonanten".) Für den Unterrichtenden gilt das im gleichen Maß: In akustisch
extremen Situationen wie auch im Lautstärkepegel des Normalbetriebs
entscheide er sich nicht für Lautstärke, die - zumal bei ungeschulter
Atmung - gefährlich werden kann, sondern für die Stoßkraft der präzisen und kraftvollen Artikulation.
Neben dem beträchtlichen Vorteil des Deutlich- und Verständlichwer-
dens erweist sich eine kräftig angesetzte Artikulation zudem als tief-
greifende Hilfe bei der Entwicklung des "Arbeitsatems" (s. o.). Solide
aufgebaute und festgehaltene "Konsonanten-Hindernisse" fordern und
fördern die Zwerchfelltätigkeit - besonders spürbar bei B/P, D/T,
Zungen-R und allen Zischlauten - und entlasten die Kehlkopfmusku-
latur.
In einer Zeit bemerkenswerter Sprachverschluderung sollte man daran
denken, daß eine gut artikulierte Sprache neben dem Ergebnis der Verständlichkeit unmerklich disziplinierend wirkt und zur Schonung sowie
zur Gesunderhaltung der Stimme einen wesentlichen Beitrag leisten
kann.

Die Stimme des Unterrichtenden als Modell

Für den Schüler im Anfangsunterricht ist die Stimme des Lehrers ein
wesentliches, wenn nicht d a s wesentlichste Instrument zur Vermittlung melodischer Vorgänge. Sie ist allen anderen Klangquellen vorzuziehen, da sie ein belebtes und beseeltes Instrument ist. Der oben erwähnte Gesichtspunkt der Motivation erscheint hier noch einmal als
unmittelbare Singanregung. Die urtümliche Imitations-Methode übt und
schärft nicht nur - richtig angewendet - die Hörfähigkeit der Kinder,
sie bringt auch die kindliche Imitationsfähigkeit als eine der stärksten
pädagogischen Hilfen ins Spiel. Gerade diese Fähigkeit zu exakter
Nachahmung, die allerdings auch das fehlerhafte Vorbild übernimmt,
stellt die Stimme des Lehrers vor besondere Probleme. Die Stimme
des Kindes hat eine völlig eigen geartete Klanggestalt: sie ist - in ge-
sundem Zustand - hell, schlank und ausdrucksneutral. Der Unterrichtende muß sich dieses Klangideals bewußt sein, um kein verfäl-
schendes oder gar zerstörendes Vorbild zu geben und um als Vorbild
akzeptiert zu werden. Das gelingt Lehrerinnen mit leichten Sopran-
stimmen am besten. Altistinnen müssen stimmliche Schlankheit anstreben. Männerstimmen sollten sich - entgegen ihrer Gewohnheit -
um starke Dominanz des Kopfregisters bemühen, das erleichtert den
Kindern auch die Notwendigkeit des Oktavierens, an die sie sich übrigens meist schnell gewöhnen. Besonders problematisch ist die Umstellung für ausgebildete Stimmen, die ihr Stimmvolumen und ihr sän-
gerisches "espressivo" stark zurücknehmen müssen - was der Stimme
meist gut tut.

Für das Intaktbleiben der vorwiegend von der Kopfstimme bestimmten Registersituation der Kinderstimme ist es dringend nötig, alles Gesungene in den von der Kopfstimme beherrschten Tonraum (f' - f'' mit Ausschlagmöglichkeit nach oben und unten) einzuordnen - gerade die Stimme des vor- oder mitsingenden Lehrers muß sich dieser Forderung fügen. Tiefe Männerstimmen können sich durch atem-gestütztes Falsettieren (Technik des Kontra-Tenors!) gelegentlich helfen. Man intoniere Lieder nicht in der für die e i g e n e Stimme bequemen Tonlage - sie wäre in fast allen Fällen zu tief - man wähle die Tonart einzig nach den für die Erhaltung der kindlichen Stimmstruktur maßgeblichen Grundsätzen [1].

Kinder haben ein eingeborenes Wissen um die ursprüngliche Einheit von "Singen und Sagen". Frederick Husler [2] nennt die Sprache den "Laut des Intellekts", das Singen den "Laut der Seele". Es ist verständlich, daß in den frühen Jahren der Kindheit das "singende Sagen" dominiert, so wie dies auch in frühen Kulturen der Fall war. Das bedeutet eine Verpflichtung für den Lehrer, dem diese frühen Jahre anvertraut sind. Er sollte - weit über das Liedersingen hinaus - ein "singender Lehrer", seine Stimme in dieser frühen Lernepoche vorab eine Singstimme sein. Wenn sie Kindern "schön" klingt - wenn sie intakt, schlicht, beseelt, dem kindlichen Stimmklang gemäß ist - lösen sich manche pädagogischen Probleme von selbst, von der Hörbis zur Stimmschulung.

DER UMGANG MIT DER KINDERSTIMME

Die Musikalische Grundausbildung wendet sich an die Sechs- bis Achtjährigen, an Kinder also, deren Stimmen unter dem Begriff "Kinderstimme" zusammengefaßt werden. Entgegen den übrigen Stimmgattungsbezeichnungen (Sopran, Alt, Tenor, Baß) umreißt der Begriff "Kinderstimme" keine fest bestimmbare Größe, er umfaßt vielmehr alle Wachstumsabschnitte der kindlichen Stimme bis zur vollzogenen Mutation. Die Kinderstimme ist nach Klangfarbe und Umfang in einem sich langsam vollziehenden stetigen Wandel begriffen, wobei die Knabenstimme in den Vor-Mutationsjahren mehr die Veränderungen des Umfangs, die Mädchenstimme vorwiegend den Klangfarbenwandel erkennen läßt. Nach neueren Forschungen (Karl Hartlieb: Der Um-

---

1) Näheres hierzu in des Verfassers "Pflege der Kinder- und Jugendstimme", Mainz 1952, S. 7 ff.
2) Husler: Das vollkommene Instrument, Stuttgart 1970, S. 16.

fang der Jugendstimme, 1957, Folia phoniatrica 9, S. 225) eignet den Kinderstimmen aller Altersstufen ein gemeinsamer Rahmen-Umfang von mindestens zwei Oktaven zwischen g und g''. Innerhalb dieses Rahmen-Umfangs verschiebt sich der mühelos verfügbare und somit bevorzugte eigentliche Umfang nach unten, was sich besonders in der Zeit der Vormutation - u. U. schon vom 10. Lebensjahr an - bei der Knabenstimme bemerkbar macht.

Es ist notwendig, diesen Tonraumverschiebungen bei der Tonartwahl des zu Singenden Rechnung zu tragen, um schädigende Anstrengungen in mühsam erreichbaren Tonräumen zu vermeiden und dem Singenden das Gefühl der Mühelosigkeit zu erhalten.

Die mancherlei Schwierigkeiten, die sich im Klassen- oder Gruppenverband aus der Verschiedenartigkeit der Wachstums- und Veränderungsphasen ergeben, liegen glücklicherweise außerhalb der Altersstufe, die von der Musikalischen Grundausbildung angesprochen wird. Die Stimme der Sechs- bis Achtjährigen stellt - wenn man so sagen will - den ganz reinen Typ der Kinderstimme dar.

Der Stimmumfang

Als bevorzugte und besonders klangvolle Lage darf der Tonraum zwischen f' und f'' angesprochen werden. Zwar ist den meisten Stimmen mindestens eine Quint unter f' verfügbar, viele werden auch eine Quint über f'' erreichen. Im zentralen Raum zwischen f' und f'' aber entfaltet sich die der Kinderstimme eigene, vom Kopfregister beherrschte Registerverschmelzung mühelos und mit klanglich hervorragendem Ergebnis.

Die Bewahrung der Stimmen in diesem Raum, der durchaus von Fall zu Fall durch einen Schritt oder Sprung in den tieferen oder höheren Raum erweitert werden kann, stellt eine unvergleichliche Absicherung gegen Registerstörungen jeglicher Art dar und bietet den Stimmen ein Höchstmaß der ihnen innewohnenden Entfaltungsmöglichkeiten. (Es sei hier noch einmal auf die schon erwähnte Verpflichtung des Lehrers hingewiesen, sich diesem Tonraum stimmlich einzufügen.) Von der stimmlichen Situation her gesehen bietet die angesprochene Altersstufe Voraussetzungen, die nie wieder in solcher Vollkommenheit zu finden sind und deshalb zugunsten der Singfähigkeit und Singlust voll genutzt werden sollten. Es kann in diesen Jahren ein sicheres Fundament für Gesundheit und Leistungsfähigkeit einer Stimme gelegt werden, es können sogar die Vorbedigungen für ein vom Gesang begleitetes Leben - als Solist oder Chorsänger - sich erfüllen.

Wir wissen heute, wie eng das Tondenken, die Tonvorstellung, das sogenannte "innere Hören" mit der Entstehung eines gesungenen Tons verbunden ist, und wir sollten auch die Konsequenz zur Kenntnis nehmen, daß bewußtes, denkendes Singen zu den besten und liebenswürdigsten Methoden der Hörerziehung zählt.

Das Singverhalten

Es darf angenommen werden, daß die Mehrzahl der Sechs- bis Achtjährigen eine starke und echte Singbereitschaft mitbringt. Das von
frühesten Kindertagen an empfundene Vergnügen, durch das Medium
des eigenen Körpers Töne und Melodien zu erzeugen, wird in dieser
Altersstufe nur in seltenen Fällen durch eine der später so häufigen
Hemmungen blockiert sein. Zweifellos werden sich merkbare Unterschiede hinsichtlich der Bereitschaft und der Geschicklichkeit feststellen lassen. Wer in der frühen Kindheit mit der Mutter oder mit Geschwistern gesungen hat, setzt hier nur Bekanntes und Vertrautes
fort, während der Neuling bisher Unbekanntes mit mehr oder weniger
Geschick erlernen muß. Da der Weg in dieser Altersstufe vorwiegend
über die Imitation geht - als Mittler dient neben der Lehrerstimme
auch die als Vorbild geeignete Stimme eines singbegabten und erfahrenen Kindes - sollte das Singverhalten stets aus der Einstellung des
gespannten Lauschens erwachsen. Das bringt als Nebenprodukte eine
sinnvolle Hörerziehung und eine organisch gewachsene Disziplinie-
rung. (In einer Zeit, da das Zuhören schwer fällt, dürfte die konsequente Beachtung dieses Verfahrens geradezu therapeutische Bedeutung haben.)
Das akustische Gesamtbild einer singenden Kindergruppe wird am Beginn stets von einer unbeabsichtigten Vielstimmigkeit geprägt sein.
Der notwendige, sich allmählich vollziehende Einstimmungs- und Ord-
nungsprozeß ist nur durch das Mittel des intensiven Lauschens zu bewältigen. Neben der Schulung des Hörvermögens und des Tondenkens
ergibt sich dabei ein Sozialisierungsprozeß, dessen Ergebnisse weit
über das rein Musikalische hinausreichen. Die Betreuung der Brummer, deren meist begeisterte, wenn auch akustisch störende Tätigkeit man auf keinen Fall unterbinden soll, liefert gerade in dieser
Hinsicht lohnende Ansatzpunkte durch Einrichtung der "Brummer-Pa-
tenschaften": Je zwei besonders gute und sichere Sänger erhalten den
Auftrag, einem Brummer zu helfen. Da das "Brummen" meist aus
mangelhafter Ton-Denkfähigkeit oder aber aufgrund von Registerstörungen (das Brustregister dominiert zu stark) entsteht, ist bei der
Mehrzahl der Betroffenen mit absehbarer Besserung, wenn nicht Be-
hebung des Zustandes zu rechnen.
In jeder Gruppe finden sich einige Kinder, die der Tätigkeit des Singens zunächst mit Skepsis, wenn nicht mit Mißtrauen begegnen. Sie
"tun nicht mit" und warten ab. Man sollte sie gewähren lassen und im
geeigneten Augenblick ermutigen, etwa durch Einbeziehung in eine
Sonderaufgabe in der Kleingruppe. Die Ursache der Zurückhaltung ist
meist psychisch bedingt - ein Phänomen, das später während der Pubertät in verstärktem Maß spürbar wird. Bei Behinderungen, die aus
Störungen im Stimmorgan resultieren, sollte man einen Stimmarzt
konsultieren. Stimmschäden, die auch bei Kindern nicht selten auftreten, sind ernst zu nehmen. Sie sind vor der Mutation meist leicht
zu beheben.

Stimmbildung in der Grundausbildung

Stimmbildungsarbeit mit Kindern geht ihren eigenen Weg, abseits von
dem, den der gesangsbeflissene Erwachsene üblicherweise beschrei-
tet. Das Kind, vor allem im frühen Alter, übt die Funktionen seines
Körpers im Spiel. Dieses Recht sollte man auch der Stimmfunktions-
übung einräumen, um so mehr, da das Spiel des "Musikmachens" mit
dem Instrument Stimme den Neigungen des Kindes besonders entgegen-
zukommen scheint. Diese Singbereitschaft reicht von den improvisierten Lall-Rezitationen des Kleinkindes bis zum Singen der Vormutati-
onszeit. Da sich in der Stimmübung Physisches und Psychisches in
idealer Weise begegnen und ergänzen, scheint es besonders wichtig,
diesem Teilgebiet des allgemeinen Bildungsganges Aufmerksamkeit zu
schenken.
Wird Stimmbildung mit Kindern als "Funktionsspiel" gesehen, dann ergibt sich der Übungsstoff aus allem, was die menschliche Stimme an
Klängen, Tönen und Geräuschen erzeugen kann, ohne daß dadurch das
naturgebundene und naturgegebene Funktionieren des komplizierten
Systems der Stimmuskulatur gefährdet wird. (Allerdings ist dies mit
der Einschränkung gesagt, daß exaltierter Pop"gesang" und mancherlei avantgardistische Stimm-Experimente nicht immer der Gesunderhaltung der jungen Stimmen dienen.)
Die Spanne des als Übungsstoff Geeigneten reicht vom Ruf über das Geräusch und den vokalisierten Ton bis zum textierten Liedgesang. Jeder
Jodelruf, jede Liedzeile kann, sinnvoll eingesetzt, zur Stimm-Übung
werden. Das Kind übt "musizierend" seine Stimme, ohne vom Übungs-
zweck zu wissen, den der Lehrende kennt und gezielt verfolgt.
Man darf annehmen, daß die Kinderstimmen in der von der MGA angesprochenen Altersphase im allgemeinen zwar unentwickelt, aber weitgehend intakt sind. Unter dieser Voraussetzung kann man die Einwir-
kungsmöglichkeiten und -notwendigkeiten stimmlicher Ausbildung in
3 Komplexen zusammenfassen:
a) Das Erlernen der Phonations-Atmung,
b) die Verfügbarmachung und Verschmelzung aller Registermöglich-
   keiten der Stimme mit dem Endziel des "Einregisters",
c) die Lautbildung unter besonderer Berücksichtigung ihrer Einwir-
   kungsmöglichkeiten auf den Stimmton.

a) Das Erlernen der Phonations-Atmung

Der stimmlich völlig "Ungebildete" pflegt mit den beiden natürlichen
Atmungsphasen - Einatmung und Ausatmung - auch die Tätigkeiten
des Singens und Sprechens zu versuchen: Er atmet ein und benutzt die
abfließende Atmungsluft zur Tonerzeugung. Das Ergebnis ist klanglich
unbefriedigend, bei starker Stimmbeanspruchung (Singen oder Sprechen
in großen Räumen, gegen lautstarke musikalische Begleitung oder Lärm-
kulissen ohne Mikrophon) treten auf die Dauer Schädigungen des Stimm-

organs auf. So wie bestimmte Sportarten den gezielten und gekonnten
Einsatz bestimmter Muskelgruppen, deren Leistungsfähigkeit trainier-
bar ist, erfordern, erfolgt auch geschultes Singen und Sprechen durch
den Einsatz einer zweckdienlich weiterentwickelten Atmung. Da es
sich dabei wirklich nur um eine besondere Ausformung und Erweiterung des natürlichen Atemvorgangs handelt, ist diese sogenannte "Phonations-Atmung" von jedem mit gesunder Stimme und Atemmuskulatur
Begabten zu erlernen.
Die eingeatmete Luft - eigentlich nur mit der Sauerstoffzufuhr beauf-
tragt - liefert dem Sänger und Sprecher
- das klingende Material des gesungenen Tons bzw. des gesprochenen
  Lautes,
- die Kraft, die für Dynamik und Ausdruck erforderlich ist,
- die Spannung, die den Körper als klangbildenden und -verstärkenden
  Resonanzraum aufbaut und erhält, bis der Ton verklungen ist.
Die Phonation (Tongebung) erfolgt nach vollzogener Einatmung, von
deren Intensität zunächst schon das Gelingen der oben genannten
Dienste abhängt.
Es ist begreiflich, daß der im natürlichen Verlauf des Atmungsvorgan-
ges nun eintretende Zustand der Ausatmung, der weiterhin ein Zustand
der Entspannung ist, kein Fundament für eine gesunde und leistungs-
kräftige Tongebung sein kann. Er muß also hinausgeschoben bzw. "ge-
bremst" werden zugunsten einer Beibehaltung der Einatmungs-Situation. Der Sänger nennt diesen Zustand "Stütze".
Die Schaffung dieses "Stütz-Vorgangs" ist wesentliche Vorbedingung für
das Gelingen einer einwandfreien Phonations-Atmung und damit für den
tragfähigen, ausdrucksstarken und mühelosen Gesangs- oder Sprech-
ton. Geduldige Gewöhnung und häufige Übung ist bei der Arbeit mit
Kindern der sicherste Weg zur Erreichung dieses Ziels. Dabei kann
auch das "optische Vorbild" des Lehrers hilfreich sein.
Zur Vertiefung des Einatmungs- und zur Schaffung des Stützvorgangs
ist grundsätzlich folgendes zu beobachten:
1. Die tiefe Einatmung soll stets aus einer Voll-Ausatmung erwachsen,
nach deren Vollzug u. U. sogar eine Stillhaltepause eingeschaltet werden kann. Sie verstärkt den "Lufthunger", der allein den Menschen
zwingt, den von der Natur vollkommen angelegten Einatmungsmechanis-
mus wirksam werden zu lassen. Luft soll nicht "geholt" werden, sie
muß "kommen". Damit verbieten sich alle gut gemeinten Lehrer-Auf-
forderungen in dieser Richtung ("Nun holt mal tief Luft!"). Sie führen
in den meisten Fällen nur zur flachen Schlüsselbein-Atmung und stö-
ren den natürlichen und richtigen Einatmungsvorgang mit dominieren-
der Aktivität des Zwerchfells und der Zwischenrippenmuskulatur emp-
findlich.
2. Die angestrebte Beibehaltung der Einatmungs-Situation bzw. das
Abbremsen der Ausatmung zwecks Erzeugung eines "gestützten Tons"
erreicht man am sichersten und sinnvollsten über geplante Phrasierung beim Liedgesang, die von Melodie- oder Textstruktur bzw. von
beiden ausgehen kann (vgl. P. Nitsche, Übung am Lied). Kinder pfle-

gen bedenkenlos und ohne Rücksicht auf Melodie- oder Textstruktur
dann zu atmen, wenn ihnen "die Luft ausgeht". Man muß sie allmählich daran gewöhnen, die Atemzäsuren sinnvoll zu placieren, um so
- vom Kind unbemerkt - die Beherrschung der Atemphasen im oben
geschilderten Sinne zu erreichen.

Charakteristische Beispiele

- für textbedingte Phrasierung: "Aus den hellen Birken ..." (Cesar
  Bresgen). Melodisch wäre eine Atemzäsur nach 2 Takten möglich,
  textlich ist sie erst nach 4 Takten sinnvoll;
- für melodiebedingte Phrasierung: "Nun will der Lenz uns grüßen".
  Der Text würde es erlauben, nach 2 Takten zu atmen. Der Fluß der
  Melodie wird dadurch erheblich gestört;
- für text- und melodiebedingte Phrasierung: "Viel Freuden mit sich
  bringet die fröhlich Sommerzeit". Weder Text noch Melodie ertragen eine Atemzäsur v o r dem Ende des 4. Taktes.

Bei melodiebedingter Phrasierung empfiehlt sich untextiertes Summen
auf den Laut M. Das erleichtert die Beherrschung der Atemluft und
die Kontrolle der "Schwarzatmer". Auch das Ansummen des Anfangs-
tons eines Liedes kann in den Dienst der Atembeherrschung gestellt
werden.

Wenngleich die "stumme" Atemübung mit Geräuschlauten ungleich weniger wirksam ist als die "tönende", hilft sie doch zur Bewußtmachung
des Atemvorgangs und als Übung zur Atembeherrschung. Schnuppern
und Pusten bzw. Blasen sind die Pole dieses Übungskomplexes, der in
spielerischer Form als Nachahmung einschlägiger Geräusche - säu-
seln, blasen, rauschen, fauchen, zischen - in allen Altersstufen möglich ist.

b) Die Verfügbarmachung und Verschmelzung aller Registermöglich-
keiten der Stimme mit dem Endziel des "Einregisters"

Die menschliche Stimme verfügt zur Tonerzeugung über mehrere Funk-
tionsmöglichkeiten der Stimmlippen. Man nennt sie nach dem Vorbild
der Orgel "Register". Singen und Sprechen, mit allen dabei möglichen
Eigenarten, Abarten und "Unarten", beruht im wesentlichen auf dem
Funktionieren des Kopf- und des Brustregisters. Das Kopfregister erzeugt seine Töne vorzugsweise durch Randschwingungen der Stimmlippen (daher auch Kopfstimme = Randstimme), das Brustregister bedarf der Vollschwingung der ganzen Muskelmasse der Stimmlippen
(Bruststimme = Vollstimme). Die Klangfarbe der durch diese Register
erzeugten Töne ist verschieden.

Die Bildung und Erhaltung einer Stimme, die allen Anforderungen des
Singens und Sprechens gewachsen ist, bedarf - neben der Umstellung
auf die Phonationsatmung - einer möglichst vollkommenen Verschmelzung der beiden Funktionssysteme.

Drei naturgegebene Voraussetzungen können bei der Erreichung dieses
Ziels behilflich sein:

1. Das K o p f r e g i s t e r ist das Register des leichten, hellen und leisen Klangs. Es ist leichter, d i e s e n Klang zum großen und starken zu entwickeln als umgekehrt. Bei der gesunden, unangestrengten Kinderstimme dominiert normalerweise die Kopfregister-Komponente.
2. Das B r u s t r e g i s t e r findet bei c'' ▬▬▬ seine obere Begrenzung. Schon die Töne unter c'' sind im Brustregister nicht ohne erkennbare Mühe zu erzeugen. (Der sogenannte "Brüller" bedient sich zur Tonerzeugung vorwiegend des Brustregisters. Er bevorzugt deshalb begreiflicherweise den Tonraum unter c''. Im Schlager- und Popgesang - meist von unausgebildeten Stimmen betrieben - ist die Situation ähnlich.)
   Gesunde Kinderstimmen finden meist ganz selbstverständlich und oft ohne jegliche "Anweisung" den Weg ins Kopfregister, wenn sie genötigt werden, den Tonraum um und über c'' zu benutzen. Entscheidende Hilfe kann dabei das Modell einer einwandfreien Lehrerstimme oder einer singgeübten Kinderstimme sein.
3. Die R e g i s t e r v e r s c h m e l z u n g vollzieht sich entscheidend im Raum f' - c'' 𝄞▬▬. "Unverbrüllte" Kinderstimmen werden vor allem in diesem Raum zur Bildung des "Einregisters" finden.

Die konsequente Beachtung und Nutzung dieser drei Gegebenheiten durch den Lehrenden und die Kinder kann - sogar o h n e den Einsatz besonderer Übungen - in relativ kurzer Zeit zum Aufbau einer gut klingenden, tragfähigen Kinderstimme von beträchtlichem Tonumfang verhelfen.

Zu 1. Man bevorzuge den leichten drucklosen Stimmeinsatz, der durch das Dominieren der Kopfstimmfunktion geprägt ist.

Zu 2. Man vermeide das Singen in zu tiefer Tonlage (um c'). Bei zunehmender Tonhöhe findet die gesunde Kinderstimme normalerweise leicht zur Kopfstimmfunktion, der isolierte Einsatz des Brustregisters wird unmöglich.

Zu 3. Man transponiere alle Lieder so, daß ihr Ambitus möglichst in den Raum d' - g'' hineinpaßt. Melodien, die im oberen Teil des Gesamtumfangs beginnen (z. B. "Auf einem Baum ein Kuckuck saß") sind hilfreicher als solche mit Quartauftakt (z. B. "Nun will der Lenz uns grüßen").

Singungewöhnte Kinder neigen dazu, Lieder in sehr tiefer Lage anzustimmen, da sie ganz selbstverständlich aus der Sprechtonlage ins Singen übergehen. Da die Sprechtonlage normalerweise im untersten Viertel des Stimmumfangs liegt, gerät der Gesang oft in abgründige Tiefen, das Brustregister wird dabei bevorzugt, die Fähigkeit zur Kopfstimmfunktion geht verloren. Im weiteren Wachstumsverlauf sind Register- und Mutationsstörungen die unangenehmen Folgen, die u. U. später zu störenden Behinderungen der Erwachsenenstimme führen können.

Es empfiehlt sich, das "Hinaufregulieren", gegen das sich die Kinder begreiflicherweise meist sträuben, allmählich und möglichst unbemerkt vorzunehmen.

c) Zur Lautbildung

Der im Kehlkopf erzeugte Primärton wäre unbrauchbar, würde er
nicht in den Resonanzräumen des Körpers, vorab im sogenannten An-
satzrohr - den Räumen oberhalb der Stimmlippen - geformt, verstärkt
und veredelt. Nach der aufbauenden Wirkung der Phonationsatmung
(s. unter a), die einen großen Teil der verfügbaren Resonanzräume
öffnet und aufnahmebereit erhält, sind es die Sprachlaute, die den tönenden Raum gemäß ihrer Eigenart gestalten und damit die Qualität
des Gesangs- und Sprechtons wesentlich beeinflussen. Sprecherziehung
und Stimmbildung begegnen sich hier. Der korrekt gebildete Sprachlaut
dient nicht nur der Verständlichkeit eines Textes, er ist auch Hilfsmittel der Tonbildung.

1. Die Vokale als eigentliche Tonträger erhalten ihre charakteristische Eigenart durch die verschiedenartige Einstellung des Ansatz-
   rohres, speziell der Mundhöhle, unter Mitwirkung von Zunge und
   Lippenring. Es werden durch die einzelnen Vokaleinstellungen verschiedene Bezirke des Gesamtresonanzraums besonders angesprochen, die in der Reihenfolge I-E-Ü-Ö-A-A^O-O-U räumlich von oben
   nach unten vorstellbar sind (A^O = verdunkeltes A, nach "Der kleine
   Hey", Schott Mainz, ED 614).
   Frederick Husler weist in seinem Buch "Singen" darauf hin, daß
   auch die Wirkungsweise der Stimmlippen von den verschiedenartigen Vokaleinstellungen in bestimmter Weise beeinflußt wird. So erklärt es sich, daß die Vokalgruppen U-O und Ü-Ö der Funktion des
   Kopfregisters dienlich sein können, daß der Vokal A durch "Wek-
   kung des Hauptmuskelkörpers" (vgl. Husler/Rodd-Marling, Singen,
   Mainz 1965, S. 133) zum Brustregister führt, daß I und E durch
   festen Stimmbandschluß - neben der Resonanzansprache der "Maske" -
   der Stimme den hellen, metallischen Klang und die Durchschlags-
   kraft verleihen. (Die Eigenfrequenz des Vokals I liegt bei 3500 Hz,
   die des Vokals U bei 435!) Durch gezielten Einsatz der Vokale (s.
   Lehrerhandbuch 2, "Übung am Lied") kann also der Stimmklang entscheidend reguliert werden.

2. Die Gruppe der sogenannten "Klinger" kann der Entwicklung des
   "Innenklangs" dienen. Die Laute M-N-Ng-L aktivieren die verschiedenen klangverstärkenden Innenräume des Körpers und verhelfen
   bei intensivem "Anblasen" zum Aufbau der "tönenden Säule". Das
   oft planlos betriebene "Summen" einer Melodie kann bei gezieltem
   Einsatz der Laute entscheidende stimmbildnerische Bedeutung erlangen.
   Eine Sonderstellung nimmt das Zungen-R ein, das beim Singen stets
   anstelle des Zäpfchen-R verwendet werden sollte. Es fördert den sogenannten "Vornesitz" des Tons und dient in hervorragender Weise
   der Aktivierung des Zwerchfells.

3. Der Atemschulung und -übung dienen auch die verbleibenden Konsonanten. Die Gruppe der sogenannten "Explosivae" (B-P, D-T, G-K)
   schafft bei energischer Artikulation einen vorübergehenden Spannungs-

zustand, der zum Aufbau der Atemstütze verhilft. Die sogenannten "Strömungslaute" (F - S - SS - TZ - CH - SCH) sind als Trainingsmittel bei allen "tonlosen" Atemübungen verwendbar. Bei der Stimmbildungsarbeit mit Kindern ist es sinnvoll, die in der Solo-Gesangsausbildung seit Jahrhunderten gebräuchlichen Vokalisen (Stimm-Etüden) durch geeignete eigene Erfindungen, Liedmelodien, Melodieteile oder Rufe zu ersetzen, die gezielt mit bestimmten Sprachlauten textiert werden, um das angestrebte stimmbildnerische Ergebnis zu erreichen. Dem tontragenden Vokal sollte dabei stets ein Ansatzlaut aus der Gruppe der "Klinger" oder der "Explosivae" vorangestellt werden zur Vermeidung des Glottisschlages und zur atemtechnischen Vorbereitung des Toneinsatzes (s. o.).
Die gezielte Arbeit mit der ad hoc geschaffenen Liedvokalise erlaubt es, die Stimmbildungsarbeit so in das beim Kind stets lustbetonte Singen zu integrieren, daß nie das für Kinder oft ermüdende und frustrierende Gefühl trockenen Übens entsteht.
Stimmbildung sollte keine Disziplin sein, die, losgelöst vom "Musikmachen", für sich steht, sie sollte stets am Lied und vom Lied her geschehen. Das erfordert Überlegung, Planung und schöpferische Vorarbeit des Lehrers, die sich allerdings in reichem Maße auszahlt.

DAS SPRECHVERHALTEN DES UNTERRICHTENDEN

Jeder Lehrer, der Kinder unterrichtet, wirkt mit seinem Sprechen und seiner Sprache als Vorbild, das nachgeahmt wird. Außerdem hängt ein Großteil des Unterrichtserfolges von der Art ab, in der ein Stoff dargeboten, das Lernen geführt wird, denn es geht nicht allein um die Sache, das Thema, sondern immer auch um die Schüler, denen sich der Lehrer mitteilt, indem er ihnen die Sache nahezubringen versucht. Mit anderen Worten: die Motivation beginnt bereits mit der Wahl des Sprachstils, der eng mit dem angemessenen Unterrichtsstil zusammenhängt.
Aus diesen Gründen ist es notwendig, daß ein Unterrichtender bewußt spricht.
Die folgenden Ausführungen können keine gründliche Ausbildung ersetzen. Sie sollen nur Gedächtnisstütze sein bzw. Anhaltspunkte geben, in welchen Bereichen sich unzureichend Ausgebildete immer wieder einmal überprüfen lassen sollten (durch Tonband, Fachkollegen oder in Fortbildungskursen). Nimmt man das Tonband dafür zu Hilfe, so dienen die Überprüfungen des eigenen Sprechverhaltens gleichzeitig der Verfeinerung des eigenen Hörens. Und dieses Unterscheidungsvermögen hilft dann auch im Unterricht, fehlerhafte Sprecheigenheiten der verschiedenen Kinder zu bemerken, so daß Sprechübungen und Sprachspiele gezielter geplant werden können.

Stellt man bei der Überprüfung schwerwiegende Fehler im eigenen Sprechverhalten fest, ist Hilfe durch eine Fachkraft dringend geraten. Sind es nur leichte Eigenheiten, Unschönheiten oder schlechte Angewohnheiten, so können Aufmerksamkeit beim Sprechen und Hören und vor allem die sorgfältige, am besten mehrfach zu Hause richtig durchprobierte Vorbereitung der entsprechenden Übungen und Spiele zur Sprecherziehung sehr viel nützen. Man sollte dabei keine Hemmungen haben vor Menschen, die eventuell im Nebenzimmer mithören; das führt leicht zu Verkrampfungen und macht die Übung wertlos oder sogar schädlich. Völlig sinnlos bleibt das Üben, wenn man abgespannt oder erkältet, in Eile oder in starker Erregung ist. Und ebensowenig sollte man im Unterricht Sprechspiele durchführen, solange Heiserkeit oder starke Abgespanntheit bestehen. Das dadurch bedingte behinderte Sprechen wird nämlich von den Kindern sofort nachgeahmt. In solchen Zeiten sollten andere Inhalte wie Tanz oder Instrumentalspiel den Vorrang haben. Es ist viel besser, ein vorgesehenes Sprechspiel noch im letzten Augenblick auszulassen und zu ersetzen, als den Kindern mit der Trotz-allem-Durchführung zu schaden.
Im einzelnen muß auf Folgendes geachtet werden:

Artikulation

Häufig wird mit zu großem Aufwand und an falscher Stelle artikuliert. Immer wenn die Lippen nicht lebendig genug und nicht mit der nötigen Spannung benutzt werden, verlagert sich die Sprechtätigkeit auf die hintere Zunge und bewirkt damit Verspannungen der Zunge, des Unterkiefers und der Halsmuskulatur. Die alte Forderung des "Vornsprechens" hat nach wie vor ihre Bedeutung für den ökonomischen und hygienisch einwandfreien Gebrauch von Stimme und Sprache.
Man kann zu hören versuchen:

- Welche Konsonanten und Konsonantenverbindungen sind klar zu verstehen, welche nicht?
- Über welche wird gestolpert?
- Wird genuschelt, gelispelt, genäselt?
- Werden Endsilben oder Endbuchstaben verschliffen oder verschluckt?
- Kann man die Vokale und Diphthonge gut voneinander unterscheiden?
Vor dem Spiegel oder durch einen Kollegen läßt sich überprüfen:
- Werden die Zähne oder die Lippen zu wenig geöffnet?
- Bewegen sich die Lippen fast nicht?
- Macht die Zunge sichtbare unnötige Bewegungen?

Schlechte Artikulation macht das Sprechen unverständlich. Das erfährt der Lehrer immer wieder, wenn die Kinder häufig nachfragen, weil sie etwas falsch verstanden haben oder vor allem neue Begriffe erst nach mehrfacher Wiederholung richtig sagen können.
Sind die eigenen Fehler genau erkannt, sucht man entsprechende Übun-

gen (s. Literaturangaben: Winkler, Lautreines Deutsch; Die fröhliche Sprechschule; s. auch Unterrichtsbeispiele) und übt sie möglichst häufig und regelmäßig.

Atemführung

Der Lehrer muß immer darauf achten, daß der Atem unhörbar bleibt und das Sprechen leicht und lebendig trägt. Wenn das nicht zutrifft, ist zu prüfen, ob asthmatisch, keuchend, hastig oder zu laut geatmet wird. Ist die Bauchmuskulatur verspannt, wird verkrampft, d. h. immer atemloser und erstickter, gesprochen. Ebenfalls leicht zu hören sind stöhnendes, schniefendes, pfeifendes Atmen, Schmatzen, Räuspern, Husten, Zungenschnalzen, Lippenlecken und andere störende Geräusche im Mund- und Rachenraum.
Unschöne Angewohnheiten kann man sich abgewöhnen durch Aufmerksamkeit beim Sprechen; entspannter und besser fließt der Atem, wenn man bewußt ruhig und gelassen spricht, denn gerade der Atem wird von jeder geringsten Erregung, von jeder Stimmung, von allen Gefühlen beeinflußt, und daher verändert sich die Atemführung mit jedem Inhalt, den man ausspricht, mit jeder Situation, in der man spricht, und mit jeder Änderung des eigenen körperlichen und seelischen Zustandes.
Da die Atemführung die Grundlage des gesamten Geschehens in Stimme und Sprechen ist, muß noch einmal auf die Notwendigkeit für jeden Lehrenden hingewiesen werden, sich im rechten Gebrauch des Phonationsatems genügend ausbilden zu lassen.

Tonfall, Dynamik und Stimmführung

Die gesunde Stimme fließt ohne Anstrengung und Druck sowie ohne Nebengeräusche - nicht heiser und nicht verhaucht - beliebig kräftig oder leise in der ihr eigenen Indifferenzlage. Die Beanspruchung durch mehrstündigen Unterricht mit Kindern bringt es allzu leicht mit sich, daß der Lehrer seine Indifferenzlage verläßt und in einer zu hohen Stimmlage spricht. Das führt häufig dazu, daß das Stimmorgan in unnötiger Weise überanstrengt wird; Muskelverspannungen im Hals- und Nackenbereich können auftreten, die Stimme ermüdet viel schneller und wird schließlich heiser. Dazu kommt, daß die Kinder in hohem Maße auf den Tonfall reagieren, oft mehr als auf den Inhalt der Rede.
Wenn der Tonfall zu eintönig ist, sehr gleichförmig, auch zu dumpf oder zu leise, dann ermüdet dieses Sprechen die Kinder. Ihre Aufmerksamkeit läßt nach, sie träumen oder sie langweilen sich und beschäftigen sich anderweitig. Ist der Tonfall aber zu laut oder zu hart, reagieren die Kinder mit ebenfalls zu großer Lautstärke oder mit Unruhe

oder Abwehr und neigen zu aggressivem Verhalten gegeneinander. Spricht man zu hoch, zu piepsig oder mit zu starken und dazu noch unmotivierten Schwankungen in der Lautstärke und Tonhöhe, bekommt man leicht Disziplinschwierigkeiten, denn die Kinder nehmen den so Sprechenden unwillkürlich nicht ganz ernst. Schwingen im Tonfall zu sehr eigene Gefühle mit wie Langeweile, Unlust, Angst, Abneigung gegen ein Kind oder gegen mehrere, aber auch unpassendes Lachen (über die Kinder), Sentimentalität, Wehleidigkeit, dann reagieren Kinder mit deutlicher Ablehnung, zumindest mit Albernheit, Verlegenheit oder Unsinnmachen.

Den eigenen Tonfall kann man selbst am schwersten kontrollieren. Da er immer situationsbedingt ist, wäre dazu das kritische Zuhören eines Helfers im Unterricht selbst oder eine Tonbandaufnahme vom Unterrichtsablauf zur Überprüfung erforderlich. Besonders achten sollte man auf den Ton, in dem man Bitten, Aufforderungen, Aufgaben, Wünsche, Ermutigungen, Berichtigungen und auch Anerkennungen ausspricht. Er sollte gleichmäßig sachlich-freundlich, nie verletzend sein und das Kind als Partner ansprechen: Zulächeln, ermutigendes Ansehen oder aufmerksames Zuhören sind viel hilfreicher und wirkungsvoller als viele Worte, die hart, unbeteiligt, kalt oder nervös gesprochen werden.

Redefluß

Zu langsames oder stockendes, zögerndes, sinnlose Einzelheiten überdehnendes oder von äh, mhm, ja, und, also und ähnlichen Füllwörtern häufig unterbrochenes Sprechen macht den Zuhörer nervös, unruhig und lustlos; er sehnt schließlich nur noch das Ende herbei und hört nicht mehr zu. Dagegen macht zu schnelles Sprechen es schwierig, den Inhalt aufzunehmen, und ist vor allem bei Erklärungen und Einführungen sehr hinderlich. Meistens wird dabei auch zuviel auf einmal und zuviel hintereinander gesprochen. Dann ermüden die Kinder aus Überanstrengung. Sprechen, das immer schneller oder immer langsamer wird, um dann wieder neu anzusetzen, oder ganz unregelmäßiges vom Inhalt unabhängiges Schnell- und Langsamsprechen lenkt so sehr vom Inhalt ab, daß er von den Kindern häufig gar nicht mehr wahrgenommen wird. Fehlerhaftes Sprechverhalten dieser Art führt dazu, daß man alles und jedes mehrmals erklären oder sagen muß und sich vielleicht ärgert, daß die Kinder "nicht richtig zuhören", und erfaßt nicht, daß die Gründe hierfür im eigenen Sprechverhalten liegen. Die beste Übung ist es, immer wieder verschiedenste Gedichte und Prosatexte auf ihren Lautgehalt und ihre dynamischen Möglichkeiten, ihre Tonfall-, Tempo- und Rhythmus-Veränderungen hin zu untersuchen, sie sich oder anderen vorzulesen und dabei unterschiedliches Sprechen und Gestalten des Inhalts auszuprobieren.

Wortwahl

An die Ausdrucksfähigkeit des Lehrers werden für die Wortwahl zwei Anforderungen gestellt:

1. Ohne die Fachinhalte, die vermittelt werden sollen, in einer unangemessenen Sprachform verniedlichen zu müssen, besteht die Notwendigkeit, Anknüpfungspunkte aus dem Lebens- und Sprachbereich der Kinder zu finden, Neues auf bereits verarbeiteten Erfahrungen aufzubauen und es in einer den Schülern verständlichen und sie fesselnden Sprache zu vermitteln.

2. Der Wortschatz der Kinder soll in allen Bereichen der MGA erweitert werden. Gelernt werden nur solche Worte, die wiederholt in den verschiedensten Zusammenhängen gebraucht werden. Das bedeutet für den Lehrer: jederzeit alle Dinge, Tätigkeiten, Aufgaben mit ihren Eigenschaften und alle musikalischen, rhythmischen, tänzerischen, sprachlichen Vorgänge so genau wie möglich zu bezeichnen und zu veranlassen, daß sie von den Kindern ebenso wiedergegeben werden. Z. B.: Wenn Cymbeln beim Instrumentalspiel, bei Hörübungen für lange und kurze Töne, als Ausdrucksmittel beim Nacherzählen einer Geschichte und als Begleitung von Bewegungsspielen benutzt und jedesmal beim Namen genannt werden, wenn sie angeschlagen, gegeneinandergeschlagen, aneinandergerieben werden und dabei die Art der Klangerzeugung in gleicher Weise benannt wird, dann sind am Ende des Grundkurses allen Kindern nicht nur die Cymbeln und ihre Handhabung bekannt, sondern viele mit ihnen zusammenhängende Wörter sind wirklich verstandene Begriffe geworden.

Eine sehr nutzbringende Übung für den Unterrichtenden ist es, eine Stunde auf Tonband aufzunehmen, hinterher in Ruhe abzuhören und dabei jede allgemein gebliebene Ausdrucksweise durch eine sehr genaue (ruhig übertrieben genaue!) zu ersetzen. Wenn er das mehrmals getan hat, fällt es ihm leichter, sich im Unterricht treffender und anschaulicher als vorher auszudrücken.

Erzählen, Gedichte-Sprechen, Vorlesen

Wenn man sich selbst beim Erzählen oder Vorlesen wohlfühlt, die Kinder es gerne hören und häufig wünschen, wenn man die eigenen Tonbandproben gern wieder anhört, dann ist es gut. Ist etwas hiervon nicht der Fall, sollte man feststellen, worin die Fehler bestehen. Beim Vorlesen und Gedichte-Sprechen erschweren sinnloses Betonen einzelner Wörter, Pausieren mitten im Satz, Überlesen der Ruhepunkte, Fragezeichen und Absatzenden das Verständnis des Textes. In Gedichten darf man sich nicht durch die Zeilenenden dazu verleiten lassen, hier jedesmal eine Pause zu machen oder die Stimme zu heben oder zu senken. Man kann sehr gut mit dem Tonband üben, kleine Abschnitte so zu lesen, daß sie sinnvoll gegliedert sind.

Das Nacherzählen einer Geschichte oder das freie Erzählen kann zu viele Zwischenbemerkungen enthalten, die nicht dazugehören, es kann zu umständlich, von zu vielen Nebensächlichkeiten belastet sein, aber auch zu kurz oder zu ungeordnet. Eine große Hilfe ist es, sich im Augenblick des Erzählens (Sprechens, Vorlesens) den Ablauf der Handlung, das Bild, die Szene, die dargestellt oder beschrieben werden, so lebendig wie möglich vorzustellen. Man muß es sozusagen direkt vor Augen und Ohren haben, selber gerade erleben und nur erzählen, was man da sieht, hört, fühlt, denkt usw. Auch die Kinder kann man dazu anhalten, daß sie das Geschehen wie einen Farb-Ton-Film vor sich ablaufen sehen oder wie ein Rollenspiel erleben, in dem sie selber mitspielen. Man kann gelegentlich Bilder zu einzelnen Vorstellungen malen lassen. In der MGA sind jedoch die besten Hilfen das Nach- und Umgestalten von Geschichten, Gedichten und Texten durch Tanz, Instrumentalspiel oder Gesang.

Erklären von Regeln, Tätigkeiten, Aufgaben

Es sollte so knapp und kurz und sachlich wie irgend möglich sein, außerdem in logisch richtiger Reihenfolge:

- Womit sollen die Schüler etwas tun?
- Wie sollen sie es tun?
- Was zuerst, was dann, was danach...?
- Wo sollen sie es tun?
- Wer möchte (soll) es tun?
- Zeitliche Absprachen.

Wenn dies jemandem schwer fällt, kann er es zu Hause schriftlich entwerfen, solange verbessern, bis es kurz und logisch genug ist, und es sich einprägen (nicht unbedingt auswendig lernen, besser mehrmals gedanklich nachvollziehen).

Unterrichtsgespräch

Beim Anhören einer Tonbandaufnahme vom Unterrichtsverlauf kann der Lehrer überprüfen:
- Wie oft und wie lange rede ich?
- Wie oft kommen die Kinder zu Wort?
- Wie werden die Beiträge der Kinder aufgenommen und verarbeitet?
- Ist es gelungen, stilistisch und begrifflich auf die Kinder einzugehen, so daß sie die Erklärungen und Anweisungen richtig verstehen und umsetzen konnten?
- Stellen die Kinder Fragen, und wie sind sie beantwortet worden?
Es stellt sich heraus, daß - auch gerade bezüglich Erklärungen und Einleitungen - Lehrinhalte in Form des Unterrichtsgespräches, in Form von Frage und Antwort, Rede und Gegenrede, den Kindern am

lebendigsten vermittelt werden können. Die Eigentätigkeit der Kinder wird angeregt, ihr Drang zur Mitteilung nicht unterbunden, sie verarbeiten die Inhalte, indem sie sich sprechend mit ihnen auseinandersetzen. Der Lehrer sollte sich darin üben, den Kindern aufmerksam und auch innerlich ruhig zuzuhören, damit er versteht, was sie meinen und vielleicht ungeschickt zum Ausdruck bringen. Manchmal haben es andere Kinder begriffen und können helfen. Oder er fragt noch einmal mit anderen Worten nach.

Die beste Kontrolle, ob die eigene Sprache, Inhalt, Sprech- und Ausdrucksweise von den Kindern verstanden und angenommen wird, ist der Augenkontakt. Mit dem eigenen Blick, der das Kind "anspricht", kann man erkennen, wie der Blick des Kindes "antwortet", wie es zustimmt, mitdenkt, mitfühlt oder auch ablehnt, weghört, sich langweilt. Der Blick darf jedoch nicht an einem Kind haften, er sollte wandern. Zu bewußtes und zu absichtliches Wandernlassen verfehlt allerdings seinen Zweck, weil es nicht mehr lebendig, sondern ausweichend, automatisch oder prüfend wirkt. Es genügt, sich vorzustellen, daß j e d e s Kind gemeint und angesprochen sein möchte.

Fortbildung

Jeder Lehrer der MGA sollte eine gründliche Ausbildung in Sprech- und Spracherziehung (neben der in Gesang und Stimmbildung) haben. Wo dies nicht der Fall ist, wäre zu empfehlen, es nachzuholen:
- in speziellen Fortbildungskursen, z. B.: Schule Schlaffhorst-Andersen für Atmung und Stimme, Anschrift: 3101 Eldingen, Kreis Celle, Schloß
- durch Teilnahme an Kursangeboten der Musikhochschulen, Pädagogischen Hochschulen, Volkshochschulen
- durch Teilnahme an einer Atemschulung medizinisch-heilender Art (in jeder größeren Stadt gibt es heute verschiedene Möglichkeiten dazu).

Literatur

Biehle:	Redetechnik, Einführung in die Rhetorik, Berlin 1968
Coblenzer/Muhar:	Die Phonationsatmung, Sonderdruck der Wiener Klinischen Wochenschrift, 48, 1965, S. 945-953
Faust:	Aktive Entspannungsbehandlung, Stuttgart 1949
Jesch:	Grundlagen der Sprecherziehung, Berlin 1967
Rösler/Geißler:	Die fröhliche Sprechschule, Berlin 1971
Wängler:	Leitfaden der pädagogischen Stimmbehandlung, Berlin 1966
Winkler:	Leitgedanken zur heutigen Sprecherziehung, in: Blätter für Lehrerfortbildung, 9. Jg., Heft 5, München 1956/57
ders.:	Lautreines Deutsch. Übungsstoffe zur Grundausbildung im Sprechen, Braunschweig 1963
Wolf:	Integrale Atemschulung, Bern 1975 (2. Aufl.)

SPRECH- UND SPRACHERZIEHUNG DER SECHS- BIS ACHTJÄHRIGEN

Unter S p r e c h e n ist alles das zu verstehen, was nur bei gesprochener Sprache, beim mündlichen Sprechen also, gehört werden kann: Artikulation, Dynamik, Tonfall, Redefluß und organisch oder psychisch bedingte Nebengeräusche sowie Auffälligkeiten des Atems.
Unter S p r a c h e ist alles das zu verstehen, was den Inhalt des Gesprochenen und die Form der Darstellung ausmacht, in geschriebener Sprache also genauso zum Ausdruck kommt: Wortwahl, Grammatik, Aufbau und Länge der Satzgefüge, Gliederung des Textes nach sachlich notwendigen, spannungsbedingten, logischen und ästhetischen Gesichtspunkten.
In der MGA sollte das Schwergewicht auf der S p r e c h e r z i e h u n g liegen.
Sie hat zum Ziel: Gesundes, sprachmusikalisch-schönes, sinnvolles, der Situation und dem Partner angemessenes Verwenden der Sprechmittel, also "gutes" Sprechen und Freude am Sprechen und Zuhören.
Das gelingt nur in einer gelösten harmonischen Unterrichtsatmosphäre, wenn die Schüler die Übungen und Spiele reizvoll finden und Freude an ihnen haben, wenn sie nicht übererregt und nicht übermüdet, nicht vom Tanzen oder wilden Spielen abgekämpft und nicht stark erkältet sind.
Das geschieht dadurch, daß der Lehrer als Vorbild wirkt, das von den Schülern in ähnlichen Situationen nachgeahmt wird (genaue Wiederholung und Variationen), und dadurch, daß der Lehrer Situationen schafft, die zum Sprechen anregen, und zwar so stark, daß tatsächlich gesprochen wird. Die in den Unterrichtsbeispielen, in der Literaturliste und in den Materialien genannten Übungen und Spiele können derartige Anregungen sein.
Schwerwiegendes Fehlverhalten eines Schülers beim Sprechen kann nicht im Unterricht allein behoben werden, sondern braucht Sonderbehandlung, worauf die Eltern des betreffenden Schülers aufmerksam zu machen sind.

Die Materialien

Alle nur auffindbaren und denkbaren Texte, jede Art von Sprache:
- Erfundene Sprache ("Kauderwelsch" genannt), Geheimsprachen, fremdsprachliche Textbeispiele
- Einzelne Worte, einzelne Sätze, Formeln des Miteinanderumgehens, ausgewählte Textausschnitte
- Reime, Zungenbrecher, Sprichwörter
- Rätsel, Sprech- und Ratespiele aller Art
- Gedichte und Liedtexte
- Geschichten aller Art
All das kann Vorlage sein oder aber selbst erfunden werden (vom Lehrer, von den Schülern, von ihnen gemeinsam).

Methodische Möglichkeiten

1. Reine Sprechübungen: Es wird in allen denkbaren Kombinationen vor- und nachgesprochen. Zu Anfang der MGA und bei allem, was den Kindern neu oder ungewohnt ist, sollten diese Übungen zunächst gemeinsam oder in größeren Gruppen durchgeführt werden, weil auf diese Weise Hemmungen, Schüchternheit und Verlegenheit leichter überwunden werden.
   - Fehlerhaftes Sprechen jeder Art, vorgeführt vom Lehrer und in eigenen Beispielversuchen von den Schülern nachgeahmt, dient zur Verdeutlichung der einzelnen Sprechelemente, zur Motivation, "gutes" Sprechen zu üben, und stellt gleichzeitig eine lebendige lustige Übung dar.
   - Richtiges Training der erwünschten Fähigkeiten anhand von geeigneten Texten hilft, ganz bestimmtes gutes Sprechen zu erreichen.
   - Gestaltendes Durcharbeiten längerer Texte sensibilisiert für den bewußten Umgang mit der Sprache.
   - Der Vergleich von sprachlich gut gestalteten Texten (auch selbstgemachten) schult das sprachliche und das sprachmusikalische Formgefühl.
2. Spiele, bei denen die Schüler selbst ausprobieren, erfinden, gestalten oder verschiedene Rollen übernehmen und dadurch lernen, ungezwungen zu sprechen und sprachlich kreativ zu werden:
   - Sprechgestaltungsaufgaben nach eigenen Vorstellungen ausführen (z. B. Reime, Gedichte sprechen, Gedichte in Sprechrollenspiele verwandeln, u. a.),
   - Beispieltexte aussuchen und vorbereiten,
   - eigene Einfälle zu verschiedensten Aufgaben haben, Vorschläge machen für Übung und Spiele, Möglichkeiten des Spielens sehen und verwenden, Sprache aller Art und Sprechspiele erfinden,
   - sprachliche Formen selbst zu entwickeln suchen (z. B.: Reime, Zungenbrecher, Gedichte, Rätsel, Geschichten, Rollenspielszenen)
   - Ratespiele abwandeln und neue erfinden,
   - zum Unterrichtsinhalt Beispiele suchen aus dem täglichen Leben, aus ungewöhnlichen Erlebnissen oder aus Geschichten, Gedichten, und sie im Sprechspiel nachahmen oder erzählen oder im Rollenspiel und sprechend darstellen,
   - Handlungsverläufe ausdenken und nach erzählerischen oder dramatischen Gesichtspunkten verändern:
        mit gegebenen Einzelheiten, die geordnet werden sollen,
        zu einem Thema, das "ausphantasiert" werden soll,
        mit einem Höhepunkt, um den ein Handlungsablauf herumgebaut werden soll.
     Diese Erzählübungen sind besonders wichtig für den Redefluß und für das Sprechen im Sinnzusammenhang.
   - Hörspiele und Ratespiele mit dem Tonband selbständig erfinden und gestalten,

- Texte in Bilder, Bildfolgen, Pantomime, Bewegungsrollenspiele, Hörspiele, Lieder, Musiktheater nach eigenen Vorstellungen umwandeln, sie so auf andere Art lebendig werden lassen.
3. Rate-, Denk- und Hörübungsspiele, die nach bestimmten Regeln vor sich gehen: Bei ihnen muß darauf geachtet werden, daß alle Schüler zum Zuge kommen. Manchmal müssen dafür bestimmte Regeln abgeändert oder ergänzt werden (z. B.: Jeder darf nur eine Antwort geben. Oder: Die Antwort wird dem Wissenden ins Ohr geflüstert. Oder: Schüler, die das zu Prüfende schon beherrschen, stellen die Fragen, die übrigen raten). Diese Spiele dienen der Überprüfung von Gerlerntem und sind kein unangenehmer Test, sondern machen Freude, schulen dazu noch die Kombinationsfähigkeit und die Genauigkeit des Ausdrucks.
4. Geschichten, Gedichte und andere Texte, die von den Schülern auf Instrumenten dargestellt werden: Das sind eigentlich Vorstellungsübungen, mit denen über das Bildhafte hinaus auch das Gefühlte und die Stimmungen, das Hörbare und die Bewegungsvorgänge des Textes, die musikalischen Qualitäten der Sprache wahrgenommen werden sollen.
5. Hausaufgaben: Sie werden meistens den Spielformen unter 2. entsprechen oder zur Vorbereitung dienen.

Die Durchführung der Übungen, Spiele/Gespräche im Unterricht

Mit der Sprech- und Spracherziehung kann und sollte sofort begonnen werden, nicht nur, weil sie Zeit braucht und so umfangreich ist, sondern weil sie anknüpft an Verhaltensweisen, die den Kindern schon längst vertraut sind, und weil sich schließlich viele Lernbereiche der MGA weitgehend auf Sprache und Sprechen gründen.
Die unterschiedlichen Sprechelemente sollten klar voneinander abgehoben und nach einem einführenden Gespräch mit erläuternden Beispielen jeweils eine Zeitlang für sich geübt werden. Die sinnvollste Reihenfolge:
- Artikulation: Sie ist die Voraussetzung dafür, daß Sprechen zur Sprache, zu verständlichen Worten und Sätzen wird.
- Dynamik: Sie muß vom Tonfall genau unterschieden werden, zudem ist sie leichter zu erkennen und aus dem gesamten Sprechgeschehen auszugliedern.
- Tonfall: Mit den Übungen dazu wird die Sprechmelodie gehört und von der Dynamik abgegrenzt.
- Redefluß: Für Sprechtempo und -rhythmus wird alles Vorangehende gebraucht, weil dabei die Sprechelemente trotz fließenden Zusammenhangs gut erkennbar sein sollen.
- Sinnzusammenhang: Das sinnvoll gegliederte Sprechen stellt den Übergang von der Sprech- zur Spracherziehung dar und wird deshalb als letztes bewußt gemacht.

Das Gewicht und die Häufigkeit der Übungen und Spiele zu den einzelnen Sprechelementen werden am sinnvollsten so verteilt:

- Artikulation und Redefluß sollten regelmäßig über die ganze Dauer der Grundausbildung hin geübt werden, da beides bewußt "trainiert" werden kann zu "gutem" und freifließendem Sprechen. Die Artikulation soll nicht übertrieben, aber deutlich, klangschön und lebendig werden. Das Sprechtempo soll individuell bleiben, sich jedoch so den Zuhörern oder Sprechpartnern anpassen können, daß es sie nicht durch zu große Schnelligkeit überfordert oder durch zu große Langsamkeit ermüdet. Die Spiele und Übungen dazu sollten deshalb in unterschiedlichstem Tempo und mit Tempowechsel durchgeführt werden. Der Sprechrhythmus dagegen hängt von der Sprache des jeweiligen Textes ab. Flexibilität wird also erworben durch Sprechen vieler verschiedener Texte.

- Die Gespräche, Übungen und Spiele zu Dynamik, Tonfall und Sinnzusammenhang dienen vor allem dazu, überhaupt auf diese Elemente aufmerksam zu machen, sie unterscheiden zu lernen und sie in dem, was der Sprecher mit ihnen (besonders den Tonfall) aussagt, verstehen, deuten zu lernen. Sie brauchen nicht durchgehend geübt zu werden. Die Dynamik des Sprechens sollte beim einzelnen Kind soweit flexibel gemacht werden, daß es sozusagen automatisch in der zur Situation passenden Lautstärke spricht. Dazu genügen nach einer Zeit regelmäßiger Übung gelegentliche Hinweise, wenn sie nötig erscheinen. Nur mit Kindern, die grundsätzlich zu laut oder zu leise sprechen, sollte regelmäßig weitergeübt werden. Dazu könnte der Lehrer den betreffenden Eltern Übungen und Spiele vorschlagen und sie bitten, diese zu Hause durchzuführen. Der Tonfall muß vom sprechenden Kind selbst unbeachtet, fast unbewußt bleiben. Sonst läuft es Gefahr, daß seine Sprache gekünstelt und unnatürlich wirkt. Deshalb sollte bei den Übungen möglichst wenig "gemacht" werden; es kommt in erster Linie auf das Hören, das Wahrnehmen, das Verstandenwerden an. Gerade auch beim Rollenspiel sollten die Kinder nicht absichtlich seltsam sprechen; die Veränderungen des Sprechens sollten sich aus dem Erleben der Rollensituation heraus von selbst ergeben. Das Sprechen im Sinnzusammenhang braucht deshalb nicht besonders immer weiter geübt zu werden, weil es sowieso jederzeit gefordert wird. Folgenden Unterschied sollte der Lehrer sich ganz bewußt machen: Mit den Tonfallspielen erzieht er die Schüler zum Hören, Verstehen; mit allen anderen oben genannten Spielen erzieht er sie zum Sprechen.

Die Rate- und Denkspiele, die nach bestimmten Regeln vor sich gehen, eignen sich zum Überprüfen von Lernzielen.

Alle komplexen Spiele, d. h. alle, bei denen nicht ein einzelnes Sprechelement herausgehoben werden soll, können über die ganze Zeit der MGA so verteilt werden, wie der Lehrer ihnen neben dem rein musikalischen und tänzerischen Tun Raum geben will. Man braucht mit ihnen nicht zu warten, bis alle einzelnen Elemente systematisch durchgenommen worden sind. Sie können vorangehen, in diese Übungen einbezogen werden, sie unterbrechen und gegen Ende der MGA allen deutlich werden lassen, wieviel lebendiger das Sprechen und wieviel schöner die Sprache geworden ist.

Auch das Geschichtenerzählen mit Instrumenten kann nach der Einführung so häufig wiederholt werden, wie der Lehrer es für sinnvoll hält.

Erfolgreich sind alle Übungen nur, wenn sie eine Weile konsequent durchgeführt werden, d. h. ausreichend oft wiederholt, dabei jedoch variiert werden. Phasen reiner Nachsprechübungen (besonders solcher für Artikulation und Dynamik) sind ziemlich anstrengend und sollten nie länger als höchstens 15 Minuten dauern. Außerdem ist es bei den einzelnen Kindergruppen, aber auch an den einzelnen Tagen unterschiedlich, ob man gleich zu Beginn der Stunde mit Sprech- und Sprachspielen anfangen kann oder erst etwas Beruhigendes anderer Art tut. Sprechübungen gegen Ende der Unterrichtsstunde sind eigentlich immer ungünstig. Tanzen sollte sich immer erst anschließen, nicht vorhergehen. Alles, was in den Beiträgen zum Singen über die schonende Behandlung der Kinderstimme und über den Atem als Grundlage gesagt wird, gilt auch für die Sprecherziehung.

Gründliche S p r a c h e r z i e h u n g würde den Rahmen der Grundausbildung sprengen. Sie wird sich auf Folgendes beschränken müssen:

1. Spiel mit den Elementen der Sprache (Lauten, Silben, Wörtern, Satzteilen, Sätzen, Formeln, Zeiten, Gedankengängen, Erzählungsbruchstücken, Beschreibungen): aus bloßer Freude daran oder um Ähnlichkeiten hervorzuheben (z. B. alle Arten von Reimen) oder um einen Inhalt auf ganz neue Weise darzustellen.
2. Erzählen von Ereignissen, Erlebnissen, wozu auch das Wiedergeben bekannter Geschichten oder gesehener Filme, Theaterstücke und das Erfinden von Geschichten aller Art gehören: Hier ist der Lehrer mehr der Partner der Schüler, der in vielen Fällen nicht einfallsreicher ist als sie. Nur ganz vorsichtig und selten wird er Verbesserungsvorschläge machen.
3. Nachvollziehen von Texten aller Art durch bewußt gestaltetes Sprechen: Hier muß der Lehrer Vorbild sein.

Diese bisher genannten Teilbereiche bilden den Inhalt der Sprecherziehung. Die Hauptaufgabe des Lehrers für die Spracherziehung liegt hierbei darin, lebendiges Vorstellen, Miterleben, Mitdenken, also wirkliches Verstehen zu wecken und die Musik, die in allem Sprechen und in den Formen der Sprache verborgen ist, erfahren zu lassen und bewußt zu machen. Das geschieht, indem die Vorstellungen in Selbstgesprochenes, Gesungenes, Gespieltes, Getanztes übertragen werden.

4. Beschreibungen von Gegenständen, Sachverhalten, Funktionen, Formen, Vorgängen aller Art. Sie werden sich auf alles beziehen, was während der MGA überhaupt geschieht und gelernt werden soll. Der Lehrer muß sich dafür selbst so präzise und klar wie möglich ausdrücken - z. B. sollte für jede Sprachkunstform der richtige Aus-

druck gebraucht werden: Zungenbrecher, Sprichwort, lyrisches Gedicht, phantastische Erzählung usw. Er wird die Kinder außerdem geduldig nach den Worten suchen lassen, die ihre eigenen Wahrnehmungen aufs Genaueste ausdrücken, und sie auch dazu anhalten, immer treffendere Formulierungen zu finden.

5. Äußerung und Mitteilung von Gedankengängen, Überlegungen, Fragen, Möglichkeitsvorstellungen aller Art: Inhaltlich wird sich das auf alles in der MGA Vorkommende beziehen.

Methodisch werden Gespräche sinnvoll sein:

- Um Erkenntnisprozesse einzuleiten, z. B. zur Bewußtmachung der unterschiedlichen Sprechelemente oder der Form des Miteinanderumgehens. Sie werden illustriert durch passende Beispieltexte oder kurze Rollenspielszenen.
- Um Gestaltungen und Erfindungen und Darstellungen der Schüler zu vergleichen, in ihren Merkmalen zu unterscheiden, zu verändern oder zu vervollkommnen. Dabei sollte möglichst an jeder Gestaltung das Positive herausgefunden werden; die Kinder müssen lernen, jedes in seiner Art zu sehen und nicht in einer Wertskala zu beurteilen.
- Um Spielregeln, Tätigkeiten, Aufgaben, Unterrichtsvorhaben miteinander zu besprechen, abzuklären, zum richtigen Verständnis zu bringen.

Dabei sollten die Kinder wirklich erst einmal selbst denken dürfen.
Der Lehrer kann Denkrichtungen durch Fragen oder Denkanstöße weisen, sollte dabei aber zurückhaltend sein. Die Richtigkeit oder Angemessenheit einer gefundenen Lösung sollte er bestätigen, wenn es für die Schüler oder für das Weiterdenken, Weitertun wichtig ist. Weiß er selbst die Lösung auch nicht, sollte er das zugeben. Formeln (Grüße, Bitten, Dank, Bestätigungen, Verneinungen, Aufforderungen etc.) und Formen des Miteinanderumgehens, in denen sich die Beziehung zwischen den beiden Sprechenden (z. B. Fremdheit, Vertrautheit, Abneigung, Sympathie zwischen Schüler - Lehrer, Schüler - Schüler) ausdrücken:

- Wann darf ich was sagen?
- Wann schweige ich besser?
- Wie höre ich gut zu?
- Wie spreche ich am besten jetzt? - etc.

Der Lehrer sollte darauf achten, daß diese Formeln möglichst angemessen verwendet werden. Falls er in diesem Sinn in die Gespräche eingreift, sollte er Begründungen geben, die das geforderte Verhalten einsichtig machen. Alles Miteinandersprechen sollte sich immer um die Sache drehen und nicht verletzende Urteile über andere Sprecher enthalten. Außerdem sollte jeder darauf achten lernen, daß er Geduld mit jedem Sprechenden übt, daß er anderen nicht alles fortnimmt, daß sie ebenfalls zum Reden kommen.

Für alle in diesem Beitrag gezeigten Möglichkeiten der Sprech- und Spracherziehung ist der Mensch gerade im Alter zwischen 6 und 9 Jahren besonders offen und bereit; er wünscht und liebt sie geradezu, womit die günstigsten Voraussetzungen für einen Erfolg gegeben sind.

Literatur

Spiel mit dem Sprechen und der Sprache, Sprech- und Denktexte:

	Das Sprachbastelbuch, Jugend und Volk, Wien 1975
Manz:	Worte kann man drehen, Beltz, Weinheim 1974
Krüss:	ABC und Phantasie, Ravensburger Taschenbücher, 1964
Christen/Wulff:	Schnick, Schnack, Schabernack, Stalling, Oldenburg (auch dtv jr 7203)
Peukert:	Sprachspiele für Kinder, Deutsche Verlagsanstalt, Stuttgart 1973
Köneke:	Das darstellende Spiel, Heft 1, Schott, Mainz 1960

Reime, Zungenbrecher etc. :

Rösler/Geissler:	Die fröhliche Sprechschule, Marhold, Berlin 1971 (7. Aufl.)
Künnemund-Lück:	Stöffele Pantöffele, Thienemann, Stuttgart 1965 (3. Aufl.)
Gööck:	rororo-Spielbuch, rororo 6115, Hamburg 1970

Gedichte:

Gelberg (Hrsg.):	Die Stadt der Kinder, Georg Bitter und dtv jr 7073, 1973
Stevenson:	Mein Königreich, Signal, Baden-Baden 1969 und dtv jr 7160, München 1975
Baumann (Hrsg.):	Ein Reigen um die Welt, Sigbert Mohn, Gütersloh 1965
Baumann:	Eins zu null für uns Kinder, dtv jr 7182, München 1975
Krüss (Hrsg.):	So viele Tage wie das Jahr hat, Sigbert Mohn, 1959
Bingel (Hrsg.):	Deutsche Lyrik, Gedichte seit 1945, dtv sr 20, München 1963
Morgenstern:	Galgenlieder, dtv 124, München 1975 (12. Aufl.)
Diestel:	Der Kindertag, Verlag Freies Geistesleben, Stuttgart 1974
Ende:	Das Schnurpsenbuch, Thienemann, Stuttgart 1969
Avenarius/Böhm (Hrsg.):	Balladenbuch, Steingrüben Stuttgart, 1951

Eichendorff, Goethe, Storm u. a. in Gedichtsammlungen oder in den jeweiligen Gesammelten Werken

Erzählspiele:

Gööck:	rororo-Spielbuch (s. a. a. O.)
Daublebsky:	Spielen in der Schule, Klett, Stuttgart 1973
Krantz:	Wir spielen Geschichten, Goldmann Taschenbuch, Psych+Päd 9523, München

Rätsel:

Tümmel (Hrsg.):	Die neue Rätselstiege, Thienemann, Stuttgart 1970 (4. Aufl.)
Leippe:	Was Kinder gerne raten, Südwest und als Taschenbuch, München 1971 (3. Aufl.)
Gruntz:	Rate, rate, was ist das, Benziger, Zürich-Köln 1974

Geschichten:

Grimm:	Märchen, Goldmann Taschenbuch 412/413
Andersen:	München, Goldmann Taschenbuch 310/311
	Russische Märchen, Goldmann Taschenbuch 788/789
	Verschiedenste Märchen aus vielen Ländern in Einzelbänden, Dausien, Hanau/M.
Jansson:	Geschichten aus dem Mumintal (viele Bände), Benziger, Zürich-Köln

Krüss:	Pauline und der Prinz im Wind, dtv jr 7063, München 1972
Aiken:	Kein Tag wie jeder andere, Oetinger, Hamburg 1974
Ueberreuter-Verlag (Hrsg.):	Die Maus auf dem Mars (Kinder erzählen selbst), Ueberreuter, Wien 1972
Schwindt:	Die Anderssonkinder (3 Bände), Heyne-Jugendtaschenbuch
Gelberg (Hrsg.):	Geh und spiel mit dem Riesen, Beltz & Gelberg, Weinheim 1971

Lyrische Prosa:

Eichendorff:	Aus dem Leben eines Taugenichts, Hyperion-Verlag oder in den Gesammelten Werken
Kaschnitz:	Der alte Garten, Claassen, Düsseldorf 1975
Tolkien:	Der Herr der Ringe (3 Bände), Klett, Stuttgart 1969
Beagle:	Das letzte Einhorn, Klett, Stuttgart 1975
White:	Der König auf Camelot, Klett, Stuttgart 1976
Ende:	Momo, Thienemann, Stuttgart 1973
Lindgren:	Mio, mein Mio, Oetinger, Hamburg 1965

MUSIK UND BEWEGUNG

"Musik, Bewegung, Bild und Sprache sind Felder gemeinsamen Handelns, in denen
- spontane und freie Ausdrucksfähigkeit,
- Experimentier- und Explorationsfreudigkeit,
- Differenzierung und Intensivierung der Sinneserlebnisse
gefördert werden können." (Gerda Zöller: Musik und Bewegung im Elementarbereich, München 1974, Seite 87).
Aus diesen Gründen wird der Bewegungserziehung im Rahmen der MGA eine wichtige Funktion zugeschrieben. Lehrern der Grundausbildung, die für diesen Bereich zu wenig ausgebildet sind, wird der Besuch von Fachlehrgängen empfohlen.

Annegret Kuwertz: Musikalische Grunderfahrungen durch Bewegung

Barbara Haselbach: Tanzen mit Kindern

Annegret Kuwertz: Zur Improvisation in "Musik und Bewegung"

Annegret Kuwertz: Über Spiele mit freimetrischen und rhythmisch-metrischen Zeitverläufen

MUSIKALISCHE GRUNDERFAHRUNGEN DURCH BEWEGUNG

Bewegung eignet sich als Medium zur Erfahrung und Verdeutlichung musikalischer Elemente, Strukturen und Gestalten. Mit ihr können sowohl Grunderfahrungen mit den charakteristischen Merkmalen der musikalischen Parameter als auch mit komplexen Erscheinungsformen von Musik gemacht werden. Das Kind lernt im Bewegungsspiel Klangdauer, -stärke, -farbe und Tonhöhe zu differenzieren, melodische und rhythmische Verläufe "nachzuzeichnen", Klangeigenschaft, Ausdruck und formale Gliederung zu erfassen und darzustellen. Bewegung meint hier jede Körperaktivität im Raum mit dem ganzen Körper oder mit Teilen des Körpers, im Zusammenhang mit dem musikalischen Geschehen.
Die unmittelbare W i r k u n g von Musik zeigt sich deutlich in gleichzeitiger, spontaner Bewegungsreaktion: schnelles, leises, staccato-Spiel = schnelle, leise federnde Bewegung; langsames, sanftes, legato-Spiel = ruhige, vorsichtige, gleitende Bewegung; lautes, akzentreiches Spiel = kraftvolle, bisweilen plötzliche Bewegung.
Unter Umständen wirkt die musikalische Aussage stark assoziierend, was schon Ansätze zu darstellerischer Bewegung hervorrufen kann.
Es eignet sich sowohl Musik, die der Lehrer improvisiert (auf traditionellen Instrumenten, Schlagwerk und unkonventionellen Schallerzeugern), als auch aufgezeichnete Musik aus dem traditionellen, folkloristischen und avantgardistischen Bereich.
G l i e d e r u n g e n i n d e r M u s i k erkennen und darstellen ist Voraussetzung, einen musikalischen Ablauf als geschlossenes Ganzes überblicken zu können.
Das beginnt mit dem Erfassen musikalischer Phrasen in Melodie und Rhythmus: Dauer und Spannungsverlauf einer Phrase hören und durch Bewegung verdeutlichen, die aufeinanderfolgenden Phrasen eines Gesamtablaufs in Beziehung zueinander bringen. Aus der Frage: was ist gleich, ähnlich, anders, welche Anordnung ist zu beobachten, werden formale Strukturen wie Echo, Frage-Antwort, Reihung, Wiederholung entdeckt und bewegungsmäßig ausgeführt: Bewegung wird zum Spiegel des Gehörten.
Daraus entwickelt sich das Verständnis für größere Formen (Kanon, Liedformen, Rondo), die bei der Erarbeitung von Tänzen, Spielliedern, Texten erkennbar werden und in der Bewegung Gestalt bekommen. Zu den musikalischen Parametern im einzelnen:
D a u e r kann sich auf eine Klangfolge oder auf einen einzelnen Klang beziehen. Durch Bewegung wird sichtbar gemacht, wann "es anfängt und aufhört", d. h. die Bewegung dauert, solange das Ohr etwas wahrnimmt. Dabei ist es zunächst unwichtig, wie das Kind sich bewegt, wichtig ist das Hören von Anfang-Verlauf-Ende.
Bei der Realisation von Bewegungsspielen unter dem Aspekt des T e m p o s kommt es hingegen darauf an, schnell und langsam in der

Musik mit schnell und langsam in der Bewegung in Übereinstimmung zu bringen. Zum Darstellen von Tempo sind alle Bewegungsarten geeignet, die der entsprechenden Geschwindigkeit von sich aus angemessen sind. Zur Vermeidung forcierter Bewegungen, die vor allem durch sehr schnelles und sehr langsames Tempo entstehen können, ist zu beachten: schnellle = kleine, langsame = große Bewegungen. Tempoveränderungen ergeben sich durch Übergang von einer Bewegungsart in eine andere wie beim Beschleunigen einer anfahrenden Lokomotive (vom Gehen ins Laufen) oder beim Verlangsamen eines Autos, das vor der Ampel halten muß (vom Laufen über Gehen zum Stehen).

Dynamik läßt sich in der Bewegung durch das Ausmaß bzw. die Zu- und Abnahme von Körperspannung ausdrücken: leise sind schwache, behutsame Bewegungen, laut dagegen starke, kraftvolle, die aber nicht mit wild, hart verwechselt werden sollten.

Alle Bewegungsarten, die die Aktivität der Füße fordern, wie beim Schleichen, Springen, Hüpfen, Stampfen, drücken Dynamik sichtbar und hörbar aus: Gehen auf den Zehenspitzen im Gegensatz zu Stampfen mit dem ganzen Fuß oder Federn aus dem Stand im Gegensatz zu Springen in der Fortbewegung. Es sollten aber gerade Möglichkeiten der Bewegung bevorzugt werden, die Dynamik sichtbar und spürbar machen, da es eher darauf ankommt, unterschiedliche Grade an Körperspannung empfinden und ausdrücken zu können, als sich hörbar laut zu bewegen. Dafür eignen sich alle Bewegungen am Platz, die vom Rumpf, von den Armen oder vom Kopf angesetzt werden.

Bei lauter und leiser werden liegt die Bewegungsentsprechung in der Zu- und Abnahme von Körperspannung.

Klangfarben werden erfahrungsgemäß sehr subjektiv empfunden und entsprechend unterschiedlich benannt. Neben Äußerungen wie hell und dunkel kann man Beschreibungen wie spitz, hart, weich, unruhig, sanft, dumpf, trocken, klirrend hören, womit eigentlich der empfundene Klangcharakter gemeint ist. Da kann das Geräusch eines rasselnden Schellenstabes das Kind dazu veranlassen, durch den Raum zu wirbeln oder der Klang eines Beckens zu ruhiger, schwingender Bewegung anregen. Hier tauchen ungewöhnlich oft bei Kindern Assoziationen mit Gestalten und Gegebenheiten aus der Umwelt auf. Man sollte sie nicht immer uneingeschränkt berücksichtigen, da die ständige Verbindung von Klang und Assoziation auf die Dauer "absolutes" Klangempfinden verhindern kann.

Unterschiede in der Tonhöhe lassen sich durch den räumlichen Bezug (meist hoch-tief = oben-unten) verdeutlichen. Dabei ist allerdings zu beachten, daß ein Kind, soll es in der Bewegung unvoreingenommen reagieren, nicht unbedingt hoch = oben und tief = unten angibt, sondern vielleicht eine Entsprechung in der Fläche (rechts - links) oder in der Diagonalen findet (man denke an das Verhältnis von Tonhöhe und Bauart verschiedener traditioneller Instrumente).

Der Bezug Musik - Bewegung ist also h i e r relativ zu sehen und kann von Gruppe zu Gruppe völlig unterschiedliche Lösungen aufweisen.

Zumindest wird sich allgemein die Entsprechung ergeben: extremer Tonhöhenunterschied = weite räumliche Entfernung; sie wird verringert, wenn der Tonabstand kleiner wird. Später wird der Lehrer die Beziehung aus dem traditionellen Notensystem als verbindliche Verabredung deutlich machen.

Die praktischen Möglichkeiten der T o n h ö h e n v e r ä n d e r u n g : Tonschritte, -sprünge, -wiederholung sind in verschiedener Weise im Raum darstellbar (Schritte und Sprünge in unterschiedlichen Abständen auf-ab oder vor-zurück, Tonwiederholung als Bewegung auf der Stelle).

Die schwerpunktmäßige Arbeit mit einzelnen Parametern zur Verdeutlichung der verschiedenen musikalischen Elemente darf die Begegnung mit k o m p l e x e n m u s i k a l i s c h e n E r s c h e i n u n g s f o r m e n nicht vermissen lassen. Das Ineinandergreifen von Stärke, Dauer, Höhe, Farbe (Lied, Tanz, musikalische Kompositionen) gibt dem Kind eine unbedingt notwendige Grunderfahrung auf breiter Ebene. Durch Bewegung lernt es, den Gehalt von Musik, ihren Spannungsverlauf und ihre Ausdrucksmöglichkeiten zu erfassen und wiederzugeben.

Als integrativer Bestandteil der Musikübung schaffen Musik und Bewegung in untrennbarer Verknüpfung mit Singen, Sprechen, Hören und elementarem Instrumentalspiel die Basis für das Erleben und Erkennen von Musik.

TANZEN MIT KINDERN

Im Tanz verbinden sich körperliche und musikalische Inhalte zu kreativen und interpretativen Aktionen; er gehört als wichtiger Bereich zur ästhetischen Erziehung des Menschen.

In der Musikalischen Grundausbildung werden sorgfältig ausgewählte Materialien aus den Gebieten der Körperbildung, Bewegungstechnik, Gestaltung und Improvisation verwendet, die zwar keine umfassende tänzerische Grundausbildung vermitteln können, dafür aber in direktem Zusammenhang mit den musikalischen Inhalten und Themen dieser Stufe stehen. So ergeben sich folgende Anwendungsmöglichkeiten, die mit instrumentalem oder vokalem Musizieren, aber auch mit dem Musik hören zu verbinden sind:

- Tanz- und Reigenlieder
- Darstellungslieder

- Tänzerisch-musikalische Gestaltung von Texten (Reime, Rätsel, Sprüche, Gedichte, Prosatexte etc.)
- Tradierte Kindertänze und Tanzspiele
- Tanzformen zu Instrumentalstücken
- Tänzerische Gestaltung zu rhythmischen Studien unter Verwendung von Schlaginstrumenten in der Bewegung
- Tänzerische Improvisationen zu intuitivem Erfassen und Umsetzen von musikalischen Parametern, mit oder ohne Vorstellungshilfen
- Tänzerische Improvisationen und Gestaltungen zu ausgewählten Beispielen der musikalischen Literatur historischer und geographischer Stile
- Szenisch-tänzerische Improvisationen mit nonkonventionellen Instrumenten und Objekten

Möglichkeiten zur unterschiedlichen Gestaltung des Unterrichts ergeben sich aus den verschiedenen Ausgangssituationen:
- Musik (Klangfarben, Geräusche, Rhythmen, Artikulation, Lied, Instrumentalstück etc.), für die eine bewegungsmäßige Entsprechung oder tänzerische Form gefunden werden soll
- Texte als Ansatz zu tänzerisch-musikalischer Improvisation und Gestaltung
- Bewegung (Tanzschritt, Geste, Ausdrucksverhalten einer "Rolle", Raumform, Gruppierung etc.) kann zu einer bestimmten tänzerischen Sequenz ausgearbeitet und mit musikalischer Begleitung bereichert werden

Unabhängig vom Ausgangspunkt hat sich eine methodische Entwicklung bewährt, die je nach Thema variiert werden kann und die in folgenden Lernstufen aufgebaut ist:
1. Motivation
2. Aktion-Experiment
3. Reflexion-Auswahl
4. Aktion-Ausarbeitung
5. Reflexion-Auswertung

Zu 1.
Die Motivation kann sehr vielfältigen Charakter haben und von Kindern oder vom Lehrer angeboten werden, z. B.: Beobachtung eines besonderen Bewegungsverhaltens; stimulierende, motorische Musik; Darstellungsidee; Geschichte; bildliche Darstellung; ein vom Lehrer aufgegriffenes Bewegungsmotiv, das von einem Kinde vor dem Unterricht spielend erprobt wurde.

Zu 2.
Die erste Aktions- oder Experimentphase, die dem einzelnen Kind Möglichkeiten zur individuellen Problemlösung verschafft, wird etwa durch die folgenden Fragen charakterisiert: was kann man machen, wie ist es am geschicktesten zu lösen, welches Material eignet sich dazu am besten, wie und wann kann man es verwenden, welche Kinder schließen sich spontan zusammen, welche experimentieren lieber allein

welche räumlichen, darstellerischen, zeitlichen Ideen werden einge-
bracht? Dies alles soll erprobt werden ohne oder nur mit geringfügiger
Hilfe des Lehrers, die auf den einzelnen zielt.

Zu 3.

Die erste Reflexionsphase dient der Sichtung des "Rohmaterials".
Ideen werden vorgezeigt, oder es wird über sie berichtet; Überle-
gungen schließen sich an, ob und wieweit die Einfälle dem gegebenen
Thema entsprechen. Eine erste Auswahl und Einengung wird von
Lehrer und Schülern gemeinsam getroffen. Daraus ergibt sich eine
Spezifizierung der Aufgaben; es stellt sich heraus, was noch geübt
oder in eine entsprechende Form gebracht werden muß. Eventuell
wird eine Rollenverteilung vorgenommen.

Zu 4.

In der zweiten Aktions- oder Ausarbeitungsphase werden die nun prä-
zisierten Aufgaben geübt und sowohl vom gestalterischen wie auch
vom technischen Gesichtspunkt differenziert und zu einer der Absicht
entsprechenden optimalen Ausführung gebracht. Dies kann sowohl von
allen einheitlich unter Führung des Lehrers oder als Aufgabe für
Kleingruppen von den Schülern mehr oder weniger unabhängig vollzogen werden.

Zu 5.

In der zweiten Reflexions- oder Auswertungsphase wird das Ergebnis
durch eine konzentrierte, für die augenblickliche Situation abschlie-
ßende Ausführung der Aufgabe deutlich gemacht. Sind Gruppenaufga-
ben gestellt worden, so zeigt jedes Team seine Lösung, die von den
anderen genau beobachtet und besprochen wird. Gemeinsam wird fest-
gestellt, was gelungen ist und was einer weiteren Bearbeitung bedarf.
Ideen zur Variation, Ergänzung oder Erweiterung werden gesammelt.
Vom Lehrer können Zusammenhänge zu anderen Themen oder fächer-
übergreifende Aspekte angeschnitten werden. Je nach Art des Stun-
denthemas können die einzelnen Stufen gekürzt oder ausgebaut werden.
Ist das Ziel die Interpretation einer tradierten Tanzform, so wird die
experimentelle Phase in der Improvisation zur vorgegebenen Musik
bestehen. Der Lehrer wählt aus dem von den Kindern "gefundenen"
Material dasjenige aus, das dem Schrittmaterial des Tanzes am nächsten kommt. In der dritten Phase werden die originalen Bewegungs-
und Raumformen gezeigt und in der vierten geübt. In der abschließenden Auswertung kann der Tanz mit anderen, früher erarbeiteten verglichen werden oder - wenn es sich um einen Volkstanz handelt - ein
anderes Beispiel von Tanzmusik angehört werden, das aus demselben Lande stammt. Fotos von Tänzen können den Eindruck verstärken.
Steht ein kreatives Thema im Vordergrund, so wird unter Umständen
dem Experiment größere Bedeutung zukommen als der konkreten Ausarbeitung: In diesem Falle ist das Erproben und Entwickeln individueller Ideen wichtiger als eine objektivierte Gruppenausführung. Die
Auswertung wird jedoch die verschiedenen Möglichkeiten zur gemeinsamen Darstellung erörtern.

Literatur

Gaß-Tutt:	Liederkarussell 1 und 2, Boppard 1972 und 1973
Haselbach:	Tanzerziehung, Stuttgart 1971
dies.:	Improvisation - Tanz - Bewegung, Stuttgart 1976
dies.:	Tanz in der Musikschule, in: Orff Schulwerk Informationen, Nr. 19, Salzburg 1977
Hoerburger/Segler:	Klare, klare Seide, Kassel 1963
Jacob:	Musikerziehung durch Bewegung, Wolfenbüttel 1964
Keetman:	Elementaria, Stuttgart 1970
Köhnke:	Tanzen und Singen, Leipzig 1967
Kreye:	Musik und Bewegung, München 1965
Langhans/Schmolke:	Europäische Tänze, Bd. 1-9, Wolfenbüttel 1954-1968
Lorenz:	Die tänzerisch-musikalische Erziehung der Kinder, in: Musikerziehung 1968/3, Wien
Mathey:	Griechische Kinderlieder und Tänze, in: Orff-Schulwerk, Mainz 1963
Mettler:	Creative Dance for Children, Tucson, Arizona 1969
Mortzfeld/Cherubim:	Der tanzende Kreis, Frankfurt 1965
Müller:	Tanzbuch, Frankfurt 1960
Murray-Lovell:	Dance in elementary Education, New York 1953
Peters:	Kinder tanzen, Reihe Tanzarchiv Bd. 11, Köln o. J.
Pötschke:	Zeige was Du hörst 1 und 2, Kopenhagen 1970
Russel:	Creative Dance in Primary School, London 1965
Zöller:	Musik und Bewegung im Elementarbereich, Institut für Frühpädagogik, München 1973

Schallplatten und Kassetten

Volks- und Kindertänze: siehe Kataloge der Firmen Calig, Fidulafon, Kögler u. a.

ZUR IMPROVISATION IN "MUSIK UND BEWEGUNG"

Aus dem Stegreif handeln, spontan sein, etwas sich ereignen lassen, etwas Unvorhergesehenes tun, schöpferisch sein, erfinden oder: seine Phantasie spielen lassen, mit seiner Vorstellungskraft frei umgehen, sie im Augenblick zur Verfügung haben - dies alles sind Umschreibungen und Deutungen für das Improvisieren im weitesten Sinne.
Phantasie und die Fähigkeit zu gestalten entwickeln sich nur in geeigneten Situationen, vor allem dann, wenn den Akteuren Freiheit gewährt wird. Man muß zudem Ruhe und Zeit haben, vielleicht sogar einmal verschwenderisch viel davon, ohne einem Leistungsdruck oder Erfolgszwang ausgesetzt zu sein.

Das bedeutet für den Lehrer, der solche Situationen schaffen will: das Geschehen in der Gruppe mit wachen Sinnen beobachten und behutsam lenken, um zu erfahren, was das Kind "von sich aus findet", und um seine Verhaltensweisen auf das Tun in der Gruppe einstellen zu können und nicht umgekehrt.

Ebenso wichtig ist die Art der Aufgabenstellung, die Anstoß, äußerer Rahmen für individuelle Aktionen sein soll und Spielraum zum Finden und Erfinden läßt. Es wird beispielsweise angeboten, w a s oder w o - m i t etwas getan werden soll, das W i e bestimmt das Kind.

Im Lehrplan der MGA wird von den "Möglichkeiten der Selbstverwirklichung in Musik" gesprochen, die das Kind innerhalb der Grundausbildung erfahren soll. "Es soll zu musikalischem Tun in der Gruppe... befähigt sein."

Unter diesen Zielsetzungen findet das breite Feld der Improvisation Anwendung. Es gilt, jedes einzelne Kind in der Gruppe zu selbständiger Erfindung anzuregen, zum einen unter dem Gesichtspunkt des e i g e n e n schöpferischen Tuns, zum anderen unter dem sozialen Aspekt des g e m e i n s a m e n Handelns mit anderen. Im folgenden wird aufgezeigt, welche Ansatzpunkte und Möglichkeiten sich dazu im Bereich "Musik und Bewegung" anbieten.

Das Erfinden von Bewegungen und Bewegungsabläufen kann durch verschiedene Anreize ausgelöst werden.

Das S p i e l m i t e i n e m O b j e k t geschieht unter den Aspekten: Wie fühlt es sich an? Wie sieht es aus? Wie kann ich es bewegen? Wie bewegt es sich? Wie kann ich mich damit bewegen? Am Beispiel eines Reifens aufgezeigt:

Er ist glatt, schmal und aus Holz / er ist rund und recht groß / ich kann ihn an einem Punkt auf den Boden stellen / wenn ich ihn loslasse, wird er "umfallen", sich dabei drehen, schneller und schneller werden und schließlich liegenbleiben / ich kann ihn über den Boden rollen, nach einer Weile wird er langsamer und trudelt aus - es sei denn, ich halte ihn fest / ich kann ihn zur Seite und im Kreis schwingen / ich kann mich mit ihm drehen / ich kann durch ihn hindurchklettern, -springen, -huschen / ich kann mit ihm etwas bauen, z. B. eine "Reifenleiter" und kann auf verschiedene Weise hindurchhüpfen.

Zunächst wird die Beschaffenheit des Gegenstandes untersucht und entdeckt, dann seine "Anwendungsmöglichkeiten" in verschiedenen Situationen, wobei das Material durch seine spezifischen Eigenschaften die Phantasie "in Bewegung bringt", gleichzeitig aber auch Grenzen setzt.

Als Spielobjekt kann alles angesehen werden, was greifbar und beweglich ist: Seile, Stäbe, Bälle verschiedener Größe, Luftballons, Papier, Papprohren, japanische Papierbälle und vieles mehr. "Nebenbei" lernt das Kind, seine Kraft richtig einzusetzen und zu dosieren: ein Luftballon oder ein Papierball läßt sich mit einem Minimum an Kraftaufwand bewegen, es reicht dafür schon ein leichtes Pusten; ein Ball hingegen, soll er von einer Wand zur anderen rollen, braucht einen kräftigen Anstoß.

Wenden wir uns dem E n t d e c k e n   d e r   B e w e g u n g s m ö g l i c h k e i t e n   d e s   e i g e n e n   K ö r p e r s   zu, werden wir feststellen, daß sie nahezu unerschöpflich sind:

> Was kann man allein mit dem Fuß, mit der Hand, mit dem Kopf alles tun? Mit dem Körper, wenn die Beine feststehen? Wie kann man liegen, sitzen, stehen, sich fortbewegen? (Am Boden, auf dem Rücken, auf dem Bauch, auf allen Vieren, in der Hocke, im Kniestand, in der Aufrechten). Wie unterschiedlich kann "Hüpfen" sein? (vor-, rück-, seitwärts, drehend).
> Oder: auf welche Weise kann man "rund" oder "wie ein Strich" sein?

Solche und ähnliche V o r s t e l l u n g s h i l f e n   sind im allgemeinen sehr motivierend für Bewegungserfindungen.

Diese können sein:

> Das Umsetzen vorgestellter Formen und Figuren (rund, wie ein Strich, knubbelig, flach) oder das Ausdrücken von Stimmungen (traurig, fröhlich, albern) / Situationen aus der Umwelt und dem täglichen Leben (Verkehr, Natur, "Sechstagerennen", Fernsehsendung) / der Inhalt einer vorgegebenen oder erfundenen Geschichte, eines Textes oder Spielliedes. Die "Rolle", die das Kind spielt ("Ich bin eine Maus, ein Auto, eine Hexe, ein Geist"), gehört in seine Vorstellungs- und Phantasiewelt und fördert vor allem das Ausdrucksvermögen in der Bewegung.

Die Lust zur Bewegungserfindung kann vor allem auch durch M u s i k angeregt werden. Das kann das Spiel des Lehrers oder der Kinder auf dem Klavier, der Flöte oder auf elementaren Instrumenten sein oder ein Klangbeispiel aus dem Bereich des Tanzes, verschiedener Musikepochen oder der Folklore. Dabei wird einmal die rhythmische Komponente im Vordergrund stehen, ein andermal die dynamische oder formale Struktur oder aber der Reiz des Klangs, der Melodie, des Instruments.

Als Bewegungselement kann hier auch M a l e n   zur Musik angesehen werden: der Stift "bewegt sich" auf großflächigem Papier und zeichnet das auf, was zu hören ist. Die sichtbaren Ergebnisse der einzelnen Kinder werden sehr unterschiedlich sein; Bewertungen nach richtig oder falsch, gut oder schlecht sind hier am wenigsten angebracht, da Empfindungen beim Hören von Musik sehr unterschiedlich sind und kein objektives Beurteilungskriterium zulassen.

Geht es darum, die Vielfalt der aufgezeichneten Ansatzmöglichkeiten zu o r d n e n   und in den entsprechenden Z u s a m m e n h a n g   zu bringen, so kann man nach unterschiedlichen Gesichtspunkten vorgehen.

Zunächst zur Gruppensituation:

Gespielt werden kann "solistisch", zu zweit, in der Kleingruppe, in der Gesamtgruppe. Dabei ist eins der wichtigsten Mittel zur Steuerung des Verlaufs die S p i e l r e g e l.

Beispiel: Jedes Kind soll sich einen Ball aus der Ecke des Raumes holen, die Art und Weise, dorthin zu kommen, soll aber bei jedem eine andere sein; nichts soll sich wiederholen.

Eine Reihenfolge entsteht dadurch, daß jedes Kind eine Zahl bekommt und die Zahlenreihe nacheinander abläuft / daß das erste Kind, das geendet hat, ein anderes anschaut, das weitermachen soll / daß eine Aufstellung als Anhaltspunkt genommen wird (im Kreis herum) / daß sie sich durch Zufall ergibt ("wir wissen nicht, wer anfängt und aufhört").

Die letzte Möglichkeit ist zweifellos die schwierigste, da sie am stärksten die Anforderung stellt, sich entschließen, warten, jemanden vorlassen, spontan reagieren zu können. Man muß sich darauf einstellen, was die anderen vorher gemacht haben, der Letzte hat's am schwersten!

Mit Hilfe solcher Regeln wird ein konzentrierter Spielablauf gewährleistet. Die Spielregel kann vom Lehrer vorher erklärt oder von den Kindern gemeinsam erfunden werden; anschließend wird der Verlauf besprochen.

Bevor das ordnende Element der Spielregel eingesetzt wird, ist das Sammeln von Möglichkeiten in Ruhe und Zeit angebracht: alle Kinder können so lange frei ausprobieren, was ihnen die Aufgabenstellung offen läßt, bis ihnen nichts mehr einfällt. So gewinnt das Kind Mut zu eigenen Versuchen und schafft sich ein "Repertoire" an Erfahrungen mit Materialien und Gestaltungselementen.

Es ist natürlich nicht überall und immer notwendig, eine Spielregel zum "Steuer" der Situation zu machen:

Im darstellenden Spiel von vorgestellten Situationen, Geschichten, Texten, Spielliedern geht es um rasches Erfassen und phantasievolles Umsetzen von durch Musik oder Sprache vermittelten Handlungsabläufen in Bewegung. Das kann vom Lehrer so angelegt werden, daß er den Inhalt zunächst einmal anbietet (durch Schildern, Erzählen, Vorspielen, Singen). Während der Lehrer seine Darbietung wiederholt, versuchen die Kinder spontan dazu zu spielen, alle zusammen oder in vorher verteilten Rollen. In vielen Fällen werden die Kinder auch aus der Erinnerung heraus selbständig spielen können.

Ebenso gut kann die reine Klangwirkung von Musik und Sprache (denken wir an Spiele mit Geräuschen und Klängen) zur Bewegungserfindung reizen. Die Bezüge Musik-Bewegung und Sprache-Bewegung lassen sich natürlich auch umkehren: zu festen Bewegungsabläufen werden Begleitungen erfunden, oder sogar beides wird improvisiert wie bei diesem Beispiel:

Mehrere Kinder erfinden Bewegungsarten von Tieren, die übrigen begleiten je ein Kind mit elementaren Instrumenten.

Derartige Augenblickslösungen können zu geschlossenen Gestaltungen werden, wenn zufällig Gefundenes gesammelt, verbessert, geordnet und festgelegt wird.

Auch innerhalb einer festen Form lassen sich Spielräume zum Improvisieren einrichten, etwa bei jeder Art von tutti-solo-Spiel, wobei der festgelegte musikalische und/oder Bewegungsablauf des tutti mit freien Variationen je eines Kindes abwechselt. Oder es geschieht beides zugleich: Eine Gruppe von Kindern bewegt sich in festgelegter ostinater Figur und in festgelegtem Zeitverlauf durch den Raum, die anderen tanzen frei um sie herum.

Das Kind finden und erfinden zu lassen, ist ein grundlegendes Unterrichtsprinzip innerhalb der MGA und sollte auch alle anderen praktischen Teilbereiche, Singen und Sprechen, Elementares Instrumentalspiel, Musik und Bewegung, ständig durchziehen und miteinander verbinden (vgl. S. 54).

ÜBER SPIELE MIT FREIMETRISCHEN UND RHYTHMISCH-METRISCHEN ZEITVERLÄUFEN

Wir sind daran gewöhnt, uns größtenteils mit Musik zu beschäftigen, die grundschlaggebunden ist: wir hören und spielen meist "rhythmisch-metrische Musik".

Da scheint es verständlich, wenn ein Musikerzieher als einige der wichtigsten Lernziele innerhalb seines Unterrichts das Metrum-Halten, das obligate Akzentuieren nach dem Taktstrich, den Umgang mit rhythmisch-metrischen Bausteinen ansieht.

Wir finden aber vor allem im Bereich der Neuen Musik und der außereuropäischen Musik rhythmische Zeitverläufe, die nicht durch ein Metrum gesteuert werden, also als "freimetrisch" bezeichnet werden können.

Da wir in der Grundausbildung das Kind u. a. dazu befähigen wollen, seine "musikalische Umwelt" bewußt wahrnehmen zu können, sollten die Möglichkeiten, die wir dem Kind zur Erfahrung musikalischer Phänomene geben, weitreichend und umfassend sein. Das heißt für den Parameter Rhythmus: der Umgang mit freimetrischen Zeitverläufen sollte gleichwertig neben den Formen rhythmisch-metrischer Abläufe stehen. Beschränken wir uns auf das Spiel mit metrischem Rhythmus, laufen wir Gefahr, das Kind auf eine Schmalspur festzulegen, in ihm einseitige Hörgewohnheiten zu entwickeln. Es liegt auf der Hand, daß bei der schwerpunktmäßigen Arbeit mit den musikalischen Parametern Tonhöhe, Tonstärke und Klangfarbe die Zeitstruktur zunächst von sekundärer Bedeutung ist: das heißt, um nicht mißverstanden zu werden, daß das Metrum als alleiniger Ordnungsfaktor hier nicht bestimmend ist. Es geht um andere Aspekte.

Weiter ist zu bedenken, daß das unbeeinflußte Kind sich noch im Alter des Schuleintritts beim musikalischen Tun nicht unbedingt grundschlaggebunden verhält. Das Empfinden für Metrik muß im Normalfall erst geweckt und gefördert werden.

Das Kind kann Erfahrungen in der "Zeit" u. a. durch Bewegung machen.
Es beobachtet, vollzieht nach, erfindet und gestaltet rhythmische Bewegungsabläufe, setzt musikalischen Rhythmus in Bewegung um und
umgekehrt.

Das B e o b a c h t e n von Bewegungsvorgängen kann erfolgen am Beispiel eines sich bewegenden Objekts:

Was passiert, wenn ein Ball auf den Boden fällt, ein Reifen sich
dreht, ein Stück Seidenpapier in der Luft schaukelt, bis zum Ruhe-
punkt? Der Grobunterschied zwischen schnell und langsam, schneller und langsamer werden, langen und kurzen Zeiträumen, gleichmäßig und ungleichmäßig wird am einzelnen Beispiel und im Vergleich mit anderen herausgefunden. Durch Nachahmung des beob-
achteten Vorgangs mit dem eigenen Körper vollzieht das Kind den
zeitlichen Verlauf nach, und durch sprachliche, stimmliche oder instrumentale Begleitung wird er akustisch verdeutlicht.

Unterschiede zwischen ungleichmäßig und gleichmäßig lassen sich
auch bei verschiedenen Bewegungsarten von Tier und Mensch beobachten und nachvollziehen: wie ist das beim Spazierengehen, beim
Zum-Bus-Laufen, beim Schlendern, Stolpern, Torkeln, "Fangen"-
spielen?

Das Auslösen nicht-metrisch gebundener Bewegungsvorgänge beim
Kind ist, wenn nicht an Beobachtung, so an V o r s t e l l u n g s h i l f e n
gebunden. Dazu ein Beispiel:

Jedes Kind denkt sich ein "Nachtwesen" mit ganz bestimmten Eigenschaften aus (ruhig, besonnen oder flatterhaft, unstet ...). Diese
können in der Erfindung eines charakteristischen Namens, einer
Musik oder eines Tanzes zum Ausdruck kommen. Hat jedes Kind
sein "Wesen" vorgestellt, können sich Situationen in "Gebärden-
sprache" ergeben, d. h. das Denken und Fühlen dieses erdachten
Wesens soll sich nur in der Bewegung äußern und im Dialogisieren
mit einem anderen seinen freien Ablauf finden.

Solche "Bewegungsgespräche" zu zweit oder gar zu mehreren können
in verschiedenen Formen auftreten:

- Zwei Hände unterhalten sich, temperamentvoll, ruhig - das Ge-
  sprächsthema soll von den anderen erraten werden.
- Zwei Stifte, ein roter und ein grüner, unterhalten sich auf einem
  großen Bogen Papier. Es bleibt das sichtbare Ergebnis des Tem-
  peraments, in dem das Gespräch ablief (vielleicht sind ruhige,
  weite Linien gegen kurze, energische zu sehen).

Freimetrische Zeitverläufe können sich auch durch das S p i e l m i t
G e r ä u s c h e n u n d K l ä n g e n ergeben: der charakteristischen Zeitstruktur eines Hölzchenklangs (kurz, spitz), eines Beckenklangs (lang,
ausschwingend) oder eines Rasselklangs (unruhig, lang) wird in der
Bewegung Gestalt gegeben.

Durch die Aufeinanderfolge mehrerer Klänge und ihrer Darstellung ergeben sich sichtbare und hörbare Klangfarbenspiele in freiem rhythmi-

schen Verlauf, die zu ganzen Phantasiespielen mit Musik und Bewegung erweitert werden können.

Schließlich kann zur reizvollen Aufgabe werden, ein Beispiel aus dem Bereich der Neuen Musik oder der Musik fremder Völker in Bewegung umzusetzen.

Der rhythmisch-metrische Bereich läßt sich gliedern in Tempo (Metrum), Schwerpunkte (Taktarten) und Längenwertverhältnisse (Notenwerte, Pausen, Motive, Rhythmen).

Beim Phänomen "Tempo" wird zunächst der Gegensatz zwischen schnell und langsam in verschiedenen Aufgabenstellungen erarbeitet. Ein Beispiel: Jede Wand des Raumes bekommt einen Namen. Der Lehrer oder ein Kind spricht eine "Wandbezeichnung" bewußt schnell oder langsam aus, die Kinder bewegen sich in der entsprechenden Geschwindigkeit zur angegebenen Wand.

Das Aufnehmen und Halten eines Metrums kann platzgebunden oder in der Fortbewegung verdeutlicht werden. Für die Fortbewegung ergibt sich für schnell = laufen, für normal = gehen, für langsam = schreiten. Bei der Wahl des Tempos, das der Lehrer angibt, muß er bedenken, daß das Kind ein anderes Eigentempo hat, ein insgesamt schnelleres als der Erwachsene.

In dem Zusammenhang zeigt sich auch die Schwierigkeit für ein Kind, ein sehr langsames Tempo metrisch genau einzuhalten. Hier muß durch Vorstellungshilfen, die einen kontinuierlichen Bewegungsablauf bewirken, unterstützt werden. Ähnlich ist es bei sehr schnellem Tempo: die Regelmäßigkeit des Metrums ist gefährdet durch den motorischen Ansporn, der durch die Geschwindigkeit gegeben ist. Am Platz lassen sich metrische Bewegungen teilkörperlich (mit Armen, Beinen, Kopf), aber auch mit dem ganzen Körper finden. Das Spiel mit einem Objekt erfordert unter diesem Aspekt meist schon eine Menge Geschicklichkeit und Differenzierungsvermögen in der Bewegung (Prellen eines Balls, Werfen eines Stabs hin und her, Schwingen eines Reifens), so daß metrische Spiele mit Objekten nur dann förderlich sind, wenn das Kind im Umgang mit dem entsprechenden Objekt vertraut ist.

Das Verändern eines Metrums kann als kontinuierliches Beschleunigen oder Verlangsamen erfolgen (accel.-ritard.- wie bei der Darstellung eines Karussells) oder als mehr oder weniger plötzlicher Wechsel des Tempos (ein Kind gibt ein Tempo an, das die anderen übernehmen, ein anderes Kind wird durch Schultertippen aufgefordert, das Tempo zu wechseln).

Aus den Spielen mit dem Metrum lassen sich Aufgaben zur Erarbeitung von Taktarten und Längenwerten entwickeln. Gleichmäßig wiederkehrende Schwerpunkte innerhalb eines Metrums bilden eine Taktart. In der Bewegung wird unterschieden zwischen "schwer" und "leicht" im Sinne von Kraftdosierung. Am Beispiel Ball: prellen (schwer) und fangen (leicht) in ständigem Wechsel = 2/4, oder: prellen, fangen, mit den Armen nachfedern = 3/4 (schwer, leicht, leicht).

Auf diese Weise lassen sich alle Taktarten, auch 5er und 7er und Takt-
wechsel, bilden und erfahren. Oder ein Beispiel in der Fortbewegung:
   Alle Kinder, außer einem, bewegen sich in gemeinsamem Tempo
   durch den Raum; das einzelne Kind setzt in das vorhandene Metrum
   Schwerpunkte durch Richtungswechsel, Sprung, deutliche Armbe-
   wegung o. ä., die anderen übernehmen das.
Es sind allerdings nur solche Bewegungsspiele sinnvoll, die dem Kind
die Möglichkeit geben, die Taktart als Einheit, als Ganzes an sich
selbst zu erleben. Unsinnig ist eine Aufsplitterung des Taktes in Ein-
zelschläge, die auf verschiedene Kinder verteilt werden. Sehr wichtig
sind dagegen Übungen, die eine Taktart als Spannungseinheit erfahren
lassen, in der die metrische Unterteilung nicht mehr deutlich gemacht
wird, sondern der Spannungsverlauf von der "eins" über die "vier"
(beim 4/4) zur nächsten "eins" empfunden werden soll. Ein Beispiel:
   Das Kind hat einen Stab vor sich auf dem Boden liegen, es streicht
   mit der Hand sehr gleichmäßig von einem Ende des Stabes zum anderen in Übereinstimmung mit dem Klavierspiel des Lehrers; bei
   Taktbeginn erfolgt jeweils Richtungswechsel.
Das Erfassen von Längenwerten kann sich aus dem Spiel mit den Fort-
bewegungsarten gehen-laufen-schreiten ergeben, wenn sie in Relation
zueinander gesetzt werden: für gehen ergibt sich der Notenwert ♩♩,
für laufen ♫, für schreiten ♩.
Als "Längenwertketten" werden die verschiedenen Bewegungsübungen
zueinander in Beziehung gesetzt:
   Wechsel von einem Tempo ins andere wird geübt, gleichzeitiges
   oder nacheinanderfolgendes Aufgreifen aller drei Tempi durch drei
   Bewegungsgruppen wird probiert, schließlich auch "Zweistimmigkeit": gehen in ♩, dazu ♫ klatschen. Rhythmisch-metrische
   M o t i v e entstehen durch das Aufeinanderfolgen verschiedener Län-
   genwerte. Motive können sich im Ansatz auch aus der Bewegung entwickeln, wie beim "Hüpfmotiv" (♫♩♫) oder beim "Galopp" (♪♩♪♩),
   und von da aus auf Körperinstrumente und Schlagwerk übertragen
   werden. Umgekehrt werden für musikalische Motive entsprechende
   Bewegungsmotive erfunden. P a u s e n, die spätestens in diesem
   Zusammenhang auftreten, bedeuten Innehalten in der Bewegung, immer unter Beibehalten der Körperspannung (Spannungspause).
Das Realisieren längerer rhythmischer Abläufe über einem Metrum ergibt sich am ehesten auf dem Wege der Improvisation: über dem sichtbaren und hörbaren Metrum als Stütze entsteht durch freie Kombination
verschiedener Bewegungsarten ein fließendes rhythmisches "Band",
z. B. so:
   Die Kinder spielen "Spielzeugladen". Ein Kind ist eine Puppe, die
   anderen sind große Standuhren. Eine der Uhren fängt an zu "schlagen" (Pendelbewegung am Platz, Begleitung mit der Stimme), die
   anderen fallen mit ein. Die Puppe tanzt um die Uhren herum, solange sie Lust hat. Bleibt sie hinter einer "Uhr" stehen, verwandelt
   sie sich in diese, und die Uhr ist jetzt die Puppe.

Schnittpunkte und Zusammenhänge zwischen den beiden Bereichen "frei-metrisch" und "rhythmisch-metrisch" ergeben sich vor allem dann, wenn es um komplexe Spiele geht: der Handlungsverlauf einer Geschichte wird in darstellendes und musikalisches Spiel umgesetzt. Dabei ergeben sich metrisierte Teile in Musik und Bewegung zur Beschreibung einzelner bestimmter Handlungsabläufe und andere Situationen, in denen zur Illustration und Symbolisierung freimetrische Lösungen angebracht sind.

MUSIKHÖREN

Hermann Regner: Musikhören im Anfang

Wolfgang Stumme: Der Tonhöhenstab

Hans W. Köneke: Konzerte für Kinder

MUSIKHÖREN IM ANFANG

Der Lehrplan Musikalische Grundausbildung stellt dem Arbeitsbereich Musikhören verschiedene Aufgaben:
- Zuwendung zur Musik verstärken (Motivation)
- hörendes Entdecken üben (Exploration)
- Musik wahrnehmen, empfinden (Sensibilisierung)
- Hörereignisse unterscheiden, gliedern (Strukturierung)

Diese Aufgaben betreffen alle drei, für das menschliche Lernen wichtige Dimensionen,
- die emotionale Dimension (die Stimmung, das Gefühl, Zu- oder Abwendung betreffend)
- die kognitive Dimension (das Erkennen, Wahrnehmen und Denken betreffend)
- die pragmatische Dimension (auf das Praktisch-Nützliche gerichtete Aktivität)

In der Praxis werden die Aufgaben erfüllt durch
a) einen systematischen Lehrgang der Gehörbildung, in dem klare Lernziele Planung und Analyse des Unterrichts erleichtern, andererseits durch
b) eine Folge von Unterrichtseinheiten, in denen das gemeinsame Hören von ausgewählter Musik im Mittelpunkt steht, ohne durch unterrichtliche Maßnahmen das ganzheitliche Erlebnis einzuschränken.

Diese beiden vom Material her und im Unterrichtsverfahren sich unterscheidenden Formen sollen im folgenden kurz dargestellt werden.

Lehrgang der Gehörbildung

Der Katalog von Lernzielen wird zu Beginn der Arbeit vom Lehrer aufgestellt. Er berücksichtigt
- Eingangsniveau (Vorkenntnisse, Grunderfahrungen)
- gewünschtes oder gefordertes Zielniveau

und versucht, realistisch zu bleiben im Hinblick auf den im Zusammenhang mit der MGA für diesen Arbeitsbereich möglichen
- Zeitaufwand.

Da die Arbeit mit sehr allgemeinen Aufgaben beginnt, ist es nicht notwendig, einen Eingangstest zur exakten Feststellung des Eingangsniveaus durchzuführen. Notwendig ist eine Gruppendifferenzierung dann, wenn Kinder vor Beginn der MGA bereits Unterricht (etwa im Früh-Instrumentalunterricht) gehabt haben. Das Zielniveau wird im Lehrplan MGA beschrieben, muß jedoch im Hinblick auf die internen Regelungen der Musikschule, auf die Erwartungen der anderen (vor allem Instrumental-) Lehrer abgestimmt werden.

Den Zeitaufwand in exakten Zahlen anzugeben, ist nicht möglich, weil Hören als "musikalisches Grundverhalten" (siehe Lehrplan, Einführung) in ständiger Wechselbeziehung zu allen anderen Bereichen steht und untrennbar (also auch zeitlich nicht meßbar) mit der Musikübung, mit Singen und Sprechen, mit dem Elementaren Instrumentalspiel, mit Musik und Bewegung, mit der Instrumenteninformation und der Musiklehre verbunden ist. Je höher die Erwartungen sind, die am Ende der MGA an den Schüler gestellt werden, je konkreter Forderungen im Hinblick auf die Fähigkeit der Kombination Hören-Sehen-Singen/Spielen formuliert sind, um so mehr Zeit muß für den Lehrgang aufgewendet werden.

Mögliche Lernziele sind:
- Schall mit Schallquellen identifizieren
- Klangfarben unterscheiden und beschreiben (Geräusche, Stimmen, Instrumente)
- Aufnehmen und Beschreiben des Tempos in der Musik
- Beobachten und Notieren dynamischer Zustände und Verläufe
- Tonhöhen unterscheiden, notieren, lesend wiedergeben (Bewegungsrichtung von Kurven und Melodien, Motive im Zwei-, Drei-, Fünf- und Siebentonraum)
- Tondauern unterscheiden, notieren, lesend wiedergeben (rhythmische Gruppen mit Viertel-, Achtel- und Halbewerten)
- Erkennen und Aufzeichnen von Formverläufen (mit gleichen, nicht-gleichen und ähnlichen Teilen)

Da die Bearbeitung dieser Aufgaben die volle Aufmerksamkeit der Schüler fordert, ist es günstig, öfter kurze Phasen (von nicht mehr als 10 Minuten) in den Unterricht einzubauen. Zu einigen hier genannten Lernzielkomplexen enthält ein zu diesem Buch erscheinendes Tonband Beispiele, die von Fall zu Fall durch eigene ergänzt werden müssen. Durch das Beschreiben mit Worten oder durch grafische Entsprechungen können zwar Einblicke in die Art der Rezeptionsvorgänge bei einzelnen Schülern gewonnen werden; trotzdem aber ist der komplexe und komplizierte Vorgang der auditiven Wahrnehmung auch vom geübten Lehrer nur zu ahnen, keinesfalls erschöpfend zu kontrollieren.

Musikhören

In ständiger Verbindung mit dem Lehrgang der Gehörbildung steht die Folge von Unterrichtseinheiten, in denen das gemeinsame Hören von ausgewählten Werken der Musik im Mittelpunkt steht. Hier sollte vermieden werden, durch eine spezielle Aufgabenstellung von vorneherein die Aufmerksamkeit auf Teilbereiche zu lenken: das voraussetzungslose, nur vom eigenen Interesse gesteuerte Hören des Beispiels als Ganzes ist die Aufgabe. Anschließendes Besprechen des Hörbeispiels wird versuchen, Eindrücke der Schüler auszutauschen, Beobachtungen zu sammeln, individuelle Anmerkungen auch den anderen Gruppenmitgliedern mitteilen zu können, sollte aber nicht zum "Pflichtpensum" werden, zum "Zerreden" führen.

Folgende Punkte verdienen besondere Beachtung:

- Das unterrichtliche Verfahren (Hinführung, Hörbeispiel, Besprechung, Wiederholung des Hörbeispiels) sollte variabel bleiben, von der einen Unterrichtseinheit zur nächsten wechseln.
- Die Besprechung (oder die grafische, malerische Reaktion) soll aktiv von den Schülern getragen werden. Gelegentliche Impulse des Lehrers steuern den Verlauf. Frage-Antwort-Stil ist zu vermeiden.
- Die andere, auch die gegensätzliche Meinung einzelner Gruppenmitglieder wird akzeptiert, wenn sie begründet werden kann, jedoch auch dann toleriert, wenn eine überzeugende Begründung nicht möglich ist.
- Der Lehrer hält die Äußerung seiner Meinung aus methodischen Gründen zurück, hat jedoch das gleiche Recht wie die anderen Gruppenmitglieder auf freie Meinungsäußerung.
- Im allgemeinen muß auf die äußere und innere Ruhe der Gruppe, auf ein aufmerksames, gleichzeitige Aktion vermeidendes Zuhören hingearbeitet werden. Bewegung und Malen zur Musik, mitschreiben, "mitspielen", Arbeitsmaterial bearbeiten sind notwendige methodische Stufen, deren Bedeutung zurückgeht, wenn das Hören an sich an Fülle der Empfindungen, Menge der Beobachtungen und vergleichender Erfahrung zunimmt.
- Hören musikalischer Werke darf nicht an den Schluß von größeren Unterrichtseinheiten placiert werden. Es erfordert körperliche Frische, geistige Bereitschaft und hohe Motivation. Die Konzentrationsbereitschaft muß vom Lehrer aufmerksam beobachtet werden. Sie kann durch Übung intensiviert und zeitlich ausgedehnt werden.
- Das "direkte" Vorspielen und Zuhören ist stärker motivierend und sollte so oft als möglich in das Musikhören einbezogen werden (selbst vorspielen, Kinder und Kollegen vorspielen lassen). Andererseits verdient das Hören technisch vermittelter Musik wegen des geringeren Aufforderungscharakters und der akustischen Veränderungen, die sich auch auf das Hören auswirken, Übung und behutsame Zuwendung. Dies vor allem auch, weil der weitaus größere Anteil des Musikhörens "medial" vermittelt wird.

Zusammenfassung

Sowohl Gehörbildung als auch Musikhören sind Gebiete, in denen zwar lange Zeit praktische Erfahrungen gesammelt worden sind, wissenschaftlich haltbare Informationen aber nur in Ansätzen zur Verfügung stehen. Eine curriculare Präzisierung dieser Arbeitsbereiche insgesamt ist schon aufgrund dieser mangelnden Absicherung durch psychologische und pädagogische Untersuchungen fragwürdig.

Vor allem aber gebietet die Achtung vor der individuellen Wahrnehmung und dem Recht auf die persönliche, zwar weitgehend sozial konditionierte aber doch selbstverantwortete Neigung zur Musik in den verschiedensten Stilbereichen eine Offenheit in Zielen und Wegen. Die Schwierigkeit des Arbeitsbereiches "Musikhören im Anfang" liegt darin, die speziellen Aufgaben der Vorbereitung auf das musikalische Notation lesende, verstehende und innerlich vorgestellte Musizieren zu leisten, ohne die allgemeine Bedeutung des ganzheitlichen, alle Dimensionen des Menschen ansprechenden Musikhörens einzugrenzen.

Ausgewählte Literatur

Abel-Struth: Musikalischer Beginn in Kindergarten und Vorschule, Bd. 2 Praktikum, Kassel 1971 (vor allem die Seiten 28-39), Bd. 3 Materialien

Alt: Didaktik der Musik, Düsseldorf 1968 (vor allem das Kapitel "Das Musikhören des Kindes und des Jugendlichen", S. 176-194)

Auerbach: Hören lernen - Musik erleben, 100 Spiele und Beschäftigungen zur Vermittlung musikalischer Grundfertigkeiten, Anleitung für die musikalische Arbeit im Kindergarten und in der Vorschulgruppe, verwendbar auch in der Familie, im Kinderheim, in ersten Klassen der Grundschule und in der Grundausbildung der Musikschulen, Wolfenbüttel und Zürich 1971

Fuchs (Hrsg.): Musikhören, Stuttgart 1969

Venus: Didaktische und methodische Überlegungen zum Musikhören in der Vorschule. In Sigrid Abel-Struth (Hrsg.): Musikalischer Beginn in Kindergarten und Vorschule, Bd. 1 Situation und Aspekte, S. 59-66, Kassel 1971

ders.: Unterweisung im Musikhören, Ratingen 1969

DER TONHÖHENSTAB
(Beispiel für die Entwicklung eines unterrichtlichen Hilfsmittels)

Er hat sich in der Praxis mit Kindern entwickelt. Nachträglich ist kaum zu sagen, welcher Schritt auf Anregung der Kinder getan wurde und was der Lehrer hinzugefügt hat. Ursprünglich war er ein einfacher dünner Bambusstock. Er führte beim Absingen an den Notenreihen der Wandtafel entlang, war also ein "musikalischer Zeigestock". Die Kinder nannten ihn "Fridolin": dünn, mit 14 Jahresringen im Abstand von 4-5 cm, leicht in der Hand, ungefähr 70 cm lang.
"Fridolin" machte sich eines Tages selbständig, die Jahresringe hatten dazu verlockt: die linke Hand hielt ihn am unteren Ende vor

dem Körper, die rechte glitt - Handfläche waagerecht -
wie ein Fahrstuhl an ihm herauf und herunter und fand
jeweils Haltepunkte an den Jahresringen mit den gleichen Abständen. Der führenden Hand folgend wurden
Motive, Intervalle, Melodien gesungen. Bei zwei und
drei gleichen Ringabständen (= große Sekunden) ging es
gut, ebenso auch im pentatonischen Raum. Aber wir
brauchten auch kleine Sekunden, die als Zwischenstufen
auf dem Stab eindeutig zu fixieren waren.

Es wurden dann die Positionen der Dur-Tonskala zusätzlich durch schmale rote Klebestreifen herausgehoben, erforderliche Halbtonstufen in der Mitte zwischen
den Jahresringen in Farbstreifen (rosa) eingefügt. Wenn
es um weitere Halbtonstufen ging, wie etwa bei wechselnden Grundtönen, ergänzten wir sie durch neue
Ringe, nachdem vorher durch das Gehör ihr tonräum-
licher, durch die Gleithand am Stab ihr räumlicher Ort
bestimmt worden waren. Schließlich gab es alle 12
Halbtöne - im gleichen Abstand und damit sichtbar
gleichberechtigt - in zweierlei verwandten Farben. Um
die Orientierung bei 13 Ringen am Stab sichtbar zu erleichtern, wurden die begrenzende Oktave, Quarte und
Quinte mit Ringen in blauer Kontrastfarbe versehen. "Fridolin" war
fertig!

Bei dem Tonhöhenstab gilt es, zunächst zu hören und dann das Gehörte
visuell durch entsprechende Bewegungen der Hand bzw. durch Ent-
fernungsangaben (Farbringe) am Stab zu verdeutlichen. Hier lassen
sich die Intervallverhältnisse stimmiger abbilden, als es die gebräuch-
liche Notation zu tun vermag; denn sie kann z. B. die Unterschiede
zwischen Halb- und Ganztonschritt räumlich nicht sichtbar machen,
während beim Tonhöhenstab die Farbringe und die Führungshand mit
ihrer Bewegungsgestik die Intervalle zwischen den Tönen objektiv
richtiger angeben.

Beispiele für gestisch-dynamische Handführung:

- die Hand gleitet bei Sekundschritten dicht am Stab senkrecht auf
  und ab,
- die Hand überspringt bei Terzsprüngen einen Farbring im leichten
  Bogen, bleibt dabei also nicht direkt am Stab,
- bei größeren Intervallen, etwa Quart-Quint-Oktavsprüngen wird
  die rechte Hand in unterschiedlichen, größer werdenden Bögen zum
  Zielton geführt; diese Gestik unterstützt die Bildung von Tonvorstellungen in Hinblick auf Distanz und Spannung schon während des
  Zeigens,
- bei neu einzuführenden Halbtonschritten führt die Hand bewußt vorsichtig und langsam zum neuen Ort, damit voraus- und mitgehört
  werden kann, ehe der Ton erklingt.

Dieses kleine unauffällige und schnell herzustellende Hilfsmittel ver-
vollständigt sich erst im Gebrauch. Da es (teilweise) die Orte der

Tonhöhen erst mit dem Erwerb des Tonraums festlegt, werden Höhen-
vorstellungen im Tonraum abgesichert, ohne daß vorerst weitere visu-
elle Hilfen oder Notensymbole nötig sind.

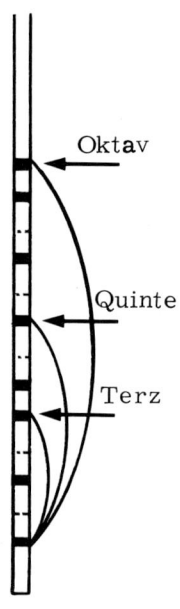

Nun möge niemand glauben, der Stab funktioniere auto-
matisch, wenn man ihn in die Hand nimmt. Er ist kein
Zauberstab. Wenn an oder mit ihm Singübungen praktiziert werden, kann der Zeigende nur von eigenen klaren
Tonvorstellungen geleitet werden, denen die gleitende
Hand folgt. Zeigen ohne Hören kann nichts bewirken.
Ein steigender Vorrat an weiterentwickelten Übungen
(Tonschrittfolgen, Melodien, gleiche Intervalle in verschiedenen Lagen, Hinzugewinn neuer Intervalle, neue
Halbstufen in melodischer Logik), immer verbunden
mit dem Zeitgewähren für das Voraushören, führt sehr
bald dazu, daß sich feste innere Tonvorstellungen
bilden.

S i n g ü b u n g e n sind in der Ausfüllung des Tonraums
progressiv anzulegen; sie sollten im Unterricht sowohl
im Augenblick erfunden wie systematisch und regelmäßig
praktiziert und auch in den Motiven wiederholt werden.
Sie können zu immer neuer Motivation und zu Lernerfolg
führen, wenn sie die Frische der Erfindung, öfter verbunden mit humorigen Einfällen, die Übfunktion und zugleich steigende Anforderungen an den Schüler in sich
vereinen.

Zahlreiche Arbeitsschritte in der G e h ö r b i l d u n g lassen sich nun
durchführen:

- Gleichbleibende Intervalle werden von unterschiedlichen Ausgangs-
  tönen aus erfahren, unterschiedliche Intervalle vom gleichen Grundton aus
- verschiedene Intervalle werden in wechselnder Reihung gesungen
  und benannt
- neue Melodien werden der führenden Hand nachgesungen, auch mit
  Wechsel des Grundtons
- es wird "stumm gesungen" und mitgehört, der Zielton oder - auf
  Zeichen - Zwischentöne sollen erklingen
- eine bekannte Melodie oder Melodieanfänge werden am Stab gezeigt, sie sollen erraten werden
- Kinder zeigen in ähnlicher Weise der Gruppe bekannte Lieder oder
  eigene melodische Erfindungen zum Raten oder Nachsingen
- der Unterrichtende führt stumm eine bekannte, vorher benannte
  Melodie am Stab, er läßt dabei von den stumm hörenden Kindern
  (bewußt hereingebrachte) Fehler entdecken
- bei Liedvarianten soll das gemeinte Original erkannt werden,
  u. a. m.

Manche der Aufgaben lassen sich umkehren; so können z. B. vor dem
Zeigen genannte Lieder am Stab dargestellt werden; die Gruppe hört

und sieht, ob dies richtig geschieht. "Wie klingt das Lied, wenn wir wirklich singen, was du zeigst?"

Bei allen Übungen am Tonhöhenstab ist zu bedenken:
- Das Ziel ist ein gesichertes Tonhöhen- und Intervallbewußtsein
- Jedes Zeigen am Stab muß durch eine Voraus-Vorstellung des Ablaufs kontrolliert werden, Zeigen-Hören und Hören-Zeigen erfordern also immer Bewußtheit im Hören und Dynamik im Zeigen
- Nur regelmäßige und fortschreitende Übungen bewirken ein aufbauendes und entwickeltes Hörenkönnen

Beim Singen nach dem Stab verwende man Silben wie dü, din, don, die zugleich günstig für die Stimmbildung sind.

Der Stab legt keine absolute Tonhöhe fest, der Grundton ist also veränderbar. Will man aber den Ausgangston (nicht zu verwechseln mit dem Grundton) um c' fixieren, ist sehr bewußt in der oberen Tonleiterhälfte, dem Zentralbereich der Kinderstimme, zu singen.

KONZERTE FÜR KINDER

Technische Medien oder Live-Musik?

Eine Musikalische Grundausbildung, der es als wesentliche Aufgabe obliegt, für Musik zu sensibilisieren, wird die Kinder bereits in den ersten Unterrichtsphasen zu unmittelbaren Begegnungen mit verschiedenen Formen des Konzertlebens führen müssen. Die technischen Medien können trotz Hifi-Qualität nur einen begrenzten Ausschnitt von Eindrücken einer Live-Musik vermitteln. Ein auf Medien gestützter Unterricht allein kann daher die Kinder nicht zu den Formen hörend-rezeptiven Umgangs mit Musik führen, wie er uns als Lernziel vorschwebt.

Die relativ gute Ausrüstung unserer Schulen mit technischen Medien verleitet dazu, im Musikunterricht häufiger als nötig auf den Einbezug selbst musizierter Klangbeispiele zu verzichten. So werden musikalische Eindrücke vermittelt, die herausgenommen sind aus dem Beziehungsgefüge und dem Zusammenhang (dem Kontext), in den sie eigentlich hineingehören. Eine Wechselwirkung zwischen Musizierenden und zuhörenden Schülern, die im Grunde das besondere Fluidum einer konzertanten Darbietung ausmacht, bleibt aus, und so stellt sich ein rechter Lebensbezug nicht ein. Hinzu kommt, daß sich auf diese Weise die Geschmackskriterien nicht an der Wirklichkeit selbst bilden können sondern nur an deren Abbild, also gleichsam an einer Gegebenheit aus "zweiter Hand".

Nichts gegen die technischen Mittler als solche: Wer von uns Erwachsenen verfügt nicht über eine Sammlung von Tonbändern und Schallplatten! Aber wir dürfen nicht in den Fehler verfallen, von dem, was

w i r beim Hören von Musik aus dem Lautsprecher empfinden, ohne
weiteres auf das kindliche Musik-Erleben zu schließen. Das, was wir
beim Gebrauch technischer Wiedergabegeräte erleben, unterscheidet
sich prinzipiell von dem der Kinder. W i r haben vorhergegangene
wirkliche Begegnungen mit dieser oder ähnlicher Musik im Konzertsaal oder gar bei eigener Musikausübung gehabt. Diese Erfahrungen
bestimmen das, was wir beim Hören technisch wiedergegebener Musik
empfinden, wesentlich mit und bilden auf diese Weise einen Erlebnis-
hintergrund, den die Kinder normalerweise nicht haben.
Beide Formen, Musik zu hören, die unmittelbare und die mit Hilfe
technischer Mittler, stehen im Verhältnis von Primär- und Sekundär-
effekten. Letzteren fehlen neben der Unmittelbarkeit auch Kontext
und Rückkopplung. Sie können deshalb nicht die ganze Erlebnisbreite
vermitteln, die von wirklich erklingender Musik ausgeht. Natürlich
kann man Kinder daran gewöhnen, Platten kritisch zu hören, ohne
ihnen Beispiele von Live-Musik geboten zu haben. Aber es ist nicht
möglich, ihnen auf diese Weise die Mittel an die Hand zu geben, die
sie brauchen, um Wert- und Selbstverständnis an der Musik zu entwickeln, wie es der Lehrplan mit Recht fordert. Bestenfalls wird erreicht, daß sie sich im oberflächlichen Reden über die Dinge Selbst-
täuschungen über ihren Wissensstand hingeben. Das aber kann nicht
unser Lernziel sein.
Am Anfang der Hörerziehung für eine umfassende Musikalische Grundausbildung müssen Primärerlebnisse stehen. Die Live-Darbietung von
Konzertmusik ist eine wesentliche Voraussetzung dazu. Aus gutem
Grund wird im Lehrplan neben der medialen die unmittelbare Vorführung von Musikstücken oder Werkausschnitten gefordert und ein
vorbereiteter Besuch von Konzerten empfohlen.

Wie erleben Kinder Konzerte?

Musikalische Live-Darbietungen dieser Art unterliegen ihren eigenen
Bedingungen. Es ist nicht sinnvoll, sich bei der inhaltlichen und orga-
nisatorischen Planung solcher Veranstaltungen vorwiegend am üblichen
Konzertbetrieb zu orientieren und sich unter Beibehaltung der Grundstruktur solcher Konzerte lediglich auf den Reifegrad von Siebenjähri-
gen und auf die technischen Möglichkeiten einer Musikschule einzu-
stellen.
Bisherige Erfahrungen bei Schulkonzerten und gezielte Untersuchungen
zur Musikrezeption an Kindern dieser Altersstufe (durchgeführt im
Rahmen der hannoverschen Schulkonzerte in den Jahren 1970-74)
machten folgendes deutlich:
1. Anders als bei der durch Medien vermittelten Musik nehmen Kinder
   der Primarstufe mit der Live-Musik ein ganzes Bündel von Eindrücken auf, die nahezu alle Begleitumstände der musikalischen
   Darbietung mit einschließen. Natürlich registriert ein erwachsener
   Hörer diese Begleitumstände auch; sie bleiben ihm aber für das

Erlebnis einer künstlerischen Darbietung unwesentlich. Kindern
dagegen wird u. U. alles gleich bedeutsam: Das Spiel und die
Körperbewegungen der Musiker, überhaupt alles, was man vom
Ensemble sehen kann; die besondere Atmosphäre, in der die Musik
erklingt; die unmittelbar vorhergegangenen Eindrücke (Pausener-
lebnisse, Gedränge beim Betreten des Gebäudes, Lehreranwei-
sungen, Platzsuchen im Raum usw.); der gedankliche Hintergrund
für die Musik, wenn ihr wie bei "Peter und der Wolf" oder "Bilder
einer Ausstellung" ein Programm zugrunde liegt; die Art der Vorbereitung oder Einstimmung durch den Lehrer; die Verhaltensweisen der zuhörenden Klassenkameraden; zufällig von außen herein-
dringende Geräusche (Peterwagen, spielende Kinder, Kirchenglocken,
Straßenbahn) und vieles andere mehr, das kein Beobachter in seiner
gesamten Fülle wahrnehmen könnte.
Mithin unterliegen die Eindrücke von Live-Musik auf dieser Altersstufe einer breiten Streuung des Erlebnisbereiches und erfahren je
nach der augenblicklichen Verfassung des kindlichen Hörers unterschiedliche Akzente, sie bestimmen die Färbung und die Intensität
des Musikerlebnisses und werden oft sogar zu Bedingungen und
Voraussetzungen dieses Erlebnisses. Sie sind nur zum Teil vorher-
sehbar und lassen sich daher auch nur begrenzt einplanen.
2. Eine besondere Rolle spielt die durch die Gegenwart und durch den
   unmittelbaren Kontakt gegebene Möglichkeit der Identifikation mit
   den Musikern. Bei vielen Kindern regt sich während dieser Begegnung der Wunsch, auch so musizieren zu können, und führt zu
   Überlegungen, wie dieses Ziel zu erreichen sei.
3. Schüler dieser Altersstufe sind in der Lage, Erscheinungsformen
   der Musik unter Fragestellungen zu betrachten, die erheblich
   höhere Ansprüche an ihre Fähigkeiten zur Hördifferenzierung
   stellen, als allgemein angenommen wird.
In welcher Form sollten nun solche Konzerte für Kinder der Grundkurse durchgeführt werden? Es ist nicht möglich und sicher auch
nicht sinnvoll, diese Frage zu beantworten, indem eine Reihe konkreter Möglichkeiten skizziert wird. Jedes Kinderkonzert muß soweit
wie möglich dem besonderen Bedingungsgefüge, in das es gestellt
wird, angepaßt werden. Und so vielfältig solche Gefüge sein können,
so vielfältig sind auch die möglichen Formen und Inhalte von Konzerten für Kinder.
Hier sollen deshalb lediglich einige Gesichtspunkte angesprochen
werden, die Initiatoren, Planer und beteiligte Lehrkräfte solcher
Werkstatt-Konzerte als pädagogische Konsequenz der oben angeführten Erfahrungen ins Auge fassen sollten.

Die Konzeption einer Konzertreihe

Mit einer einmaligen Veranstaltung während eines Grundkurses oder
mit Gelegenheitskonzerten, die als zusätzlicher Bonbon verabreicht

werden, ist es nicht getan. Zu einer sinnvollen Musikalischen Grundausbildung gehört notwendigerweise eine nach didaktischen Gesichtspunkten aufgebaute Reihe von Live-Darbietungen. Man sollte dabei zwei Themenbereiche im Auge haben, die im Verhältnis von Fern- und Nahziel zueinander stehen:

- Eine aufbauend angelegte Folge von Darbietungen, die den Kindern eine Überschau über den differenzierten Klangkörper des Sinfonie-Orchesters gibt
- Die Darbietung von Ensemblemusik, die im Schwierigkeitsgrad und in der Besetzung so angelegt ist, daß die Kinder das Gefühl erhalten, in absehbarer Zeit auch schon so musizieren zu können

Möglichkeiten für den ersten Themenbereich:

- Je ein Workshop mit Streich-, mit Holz-, mit Blechblasinstrumenten und dann ein kleines Konzert mit allen Klanggruppen des Orchesters
- Eine Reihe kurzer Konzerte mit jeweils einem Solisten, der die Möglichkeiten seines Instrumentes auf dem Klanghintergrund des Orchesters zeigt
- Zunächst ein Workshop, der die Grundinstrumente des Orchesters einzeln vorführt (etwa die Solo-Instrumente aus "Peter und der Wolf" von Prokofieff); weitere darauf aufbauende Workshops mit kleinem Orchester

Für die Ensemblemusik der zweiten Gruppe eignen sich gute Spielkreise und Kammermusikgruppen der Musikschule - möglichst mit jugendlichen Spielern: Blockflötenquartette, Spielgruppen mit Basso continuo, Gruppen für folkloristische Darbietungen oder solche aus dem Pop- und Jazz-Bereich.

Etwa vier Veranstaltungen dieser Art sollten im Verlaufe eines Grundkurses durchgeführt werden.

Der Raum

Ob der Konzertraum außerhalb des Schulgebäudes liegt, in dem die Kinder sonst unterrichtet werden, so daß ein Fußmarsch oder gar eine Fahrt in Kauf genommen werden muß, oder ob es möglich ist, die Musiker gleichsam ins eigene Haus zu holen, ist von den örtlichen Gegebenheiten abhängig. Beides hat sein Gutes: Im letzten Fall erreichen die Musiker eine pädagogisch besonders ergiebige psychische Nähe zu den Kindern. Der Kontakt mit ihnen ist unmittelbarer, Identifikationsmöglichkeiten ergeben sich von selbst. Eine solche Veranstaltung motiviert stärker zum Selbsttun: Bei den Kindern wird sich der Wunsch einstellen, später auch einmal eines der vorgeführten Instrumente spielen zu können.

Konzerte, die außerhalb des eigenen Schulgebäudes stattfinden, haben für die Kinder stärker den Charakter des Besonderen. Sie motivieren mehr zu hörend-rezeptivem Umgang mit Konzertmusik und haben dadurch eine gleich wichtige Funktion.

Hör- und Sichtkontakte für alle Schüler sind wichtig. Die Aufstellung des Ensembles sollte mehr dem Prinzip des All-round als dem des Gegenüber entsprechen. Am günstigsten ist die amphitheatralische Anordnung: Spielfläche der Musiker tiefliegend und in der Raummitte, Hörer im Halbkreis (oder auch im Vollkreis) in ansteigenden Reihen drum herum. Moderne Schulgebäude sind vielfach mit einem solchen Raum ausgestattet (Pausenhalle, Musiksaal, Mehrzweckraum). Das erhöhte Podium, dem das Publikum nur auf einer Seite gegenübersitzt, ist weniger geeignet.

In jedem Fall ist der überschaubare Raum dem großen Saal vorzuziehen. Die Zahl der Kinder darf nicht so groß sein, daß sie das Gefühl haben, anonyme Glieder in einer Masse zu sein. Sie sollten sich immer als eine Hörgemeinschaft fühlen können.

Die äußere Organisation

Schon der Weg zum Konzertraum, das Einteilen und Einnehmen der Plätze sollten nicht mit "störenden" Eindrücken belastet werden und müssen deswegen in die Gesamtplanung mit einbezogen werden. Schimpfen durch eine der Aufsichtspersonen, Anzischen, um Ruhe herzustellen, strafendes Hinausweisen - für alle sichtbar: das alles ist schlimm, auch wenn es begründet geschieht. Es verdirbt die Atmosphäre - sogar für die Musiker - und wird zu einer Erlebniskomponente, die für die Kinder nachhaltiger sein kann als die Musik selbst.

Auch über die Kleidung der Musiker sollte hier kurz gesprochen werden. Wer in seiner Kleidung auffallende Akzente setzt, lenkt von wesentlichen Dingen ab. Weder dunkler Anzug, noch betont salopper Dreß; denn beides schafft eine größere Distanz zum Publikum und wirkt damit unseren Zielvorstellungen entgegen.

Die Disposition der Schüler

Die beste Voraussetzung, die Kinder mit in den Konzertsaal bringen können, ist die Haltung freudiger Erwartung. Sie ist weit wichtiger als Faktenwissen. Schon die Vorbereitung hat zu berücksichtigen, daß lernende Kinder auf verschiedenen Ebenen angesprochen werden wollen: zunächst auf der emotionalen (Spaß an einer Sache verbindet sich mit dem stärksten Aufforderungscharakter) - dann auf der verstandesmäßigen (Kinder wollen immer Neues erfahren) - und schließlich auch auf der Ebene praktischen Tuns (sogar dort! In begrenztem Umfang ist das auch bei einer Veranstaltung möglich, die vorwiegend auf Zuhören hin angelegt ist: durch Äußerungen des Beifalls, gelegentliches Mitklatschen, ungezwungenes Mitbewegen beim Erklingen rhythmisch straffer Musik, anschließendes Betrachten der Instrumente aus der Nähe, Betasten, vielleicht auch Tonerzeugen.)

Natürlich kann auch das musikalische Programm im engeren Sinne vorbereitet werden. Hierbei ist eine Beschränkung auf das, was den Kindern wirklich bedeutsam werden kann, wichtiger als das Bemühen um Vollständigkeit, bei der die verwirrende Vielzahl der Fakten doch nur oberflächlich erfaßt wird.

Es empfiehlt sich, bei der Vorbereitung Akzente zu setzen: Was alles dazugehört beim Konzert (Dirigentenpult, Notenständer, Mikrofon für den Ansager...); der Solist und das Soloinstrument; der Dirigent und sein Orchester; die Klangfarben und ihre Zuordnung zu den Orchestergruppen; Informationen über das Werk selbst;...)

Möglicherweise sollten auch Verhaltensformen während des Konzertes besprochen werden: Wie verhalte ich mich,

- damit ich möglichst viel mitbekomme und nachher mitreden kann
- damit ich andere beim Zuhören nicht störe
- damit auch die Musiker meine Aufgeschlossenheit spüren?

Die Einführung

Grundsätzlich gehört zu Werkstatt-Konzerten für diese Altersstufe auch ein Ansager. Er hat eine notwendige Vermittlerfunktion, die durch keine noch so gute Vorbereitung im vorhergegangenen Unterricht ersetzt werden kann.

Ein natürlicher Gesprächston auf der sprachlichen Ebene des normalen Unterrichts ist am angemessensten. Der Charakter des Besonderen dieser Veranstaltung darf spürbar sein - nur nicht im Sinne von Feierlichkeit, Steifheit, Star- oder Werkkult. Nicht zuviel reden bei der Einführung! Erstaunlich vieles spricht in der Musik für sich selbst - bei unverbildeten Hörern oft mehr als bei solchen, die dies und jenes wissen und durch Klischeevorstellungen ihre Unbefangenheit eingebüßt haben.

Der Einführende sollte weniger belehren als vielmehr Atmosphäre schaffen wollen und selbst Fragen an die jungen Hörer stellen, um sie zum "aktiven Hören" (Hören unter bestimmten Fragestellungen) zu veranlassen. Kindern kann dabei vieles interessant werden. Fragen oder Aufforderungen, die ein bestimmtes Detail betreffen, sollte man so formulieren, daß sie zu einer Schlüsselfunktion bei der Erschließung weiterer Einzelheiten werden können. Wenn beim "Karneval der Tiere" (Saint Saëns) z. B. gefragt wird: "Wie oft brüllt der Löwe?", ermitteln die Kinder nicht nur die an sich belanglose Häufigkeit des Brüllmotivs und erleben die Assoziationen, die es hervorruft. Sie erfahren auch seine chromatische Struktur, seine unterschiedliche Länge, seinen unterschiedlichen Ambitus; sie entdecken den charakteristischen Gegensatz zum Marschthema und kommen damit auch einigen kompositorischen Mitteln auf die Spur. Von hier aus eröffnen sich dann ganz von selbst Ansatzpunkte zu einem aktiven Hören der anderen Sätze dieses Werkes.

Das Programm selbst

Eigentlich sollte darauf verzichtet werden, an dieser Stelle Beispiel-
stücke zu empfehlen; denn vieles ist geeignet, wenn Kontext und Auf-
nahmebereitschaft der Kinder angemessen sind. Die Stücke sollten
kurz sein, möglicherweise unterschiedliche Klangcharaktere einander
gegenüberstellen, innerhalb des Programms Vergleichsmöglichkeiten
zulassen und nicht nur den globalen Allgemeineindruck einer Konzert-
darbietung vermitteln, sondern Akzente setzen und den zuhörenden
Kindern klare Bezugspunkte geben.
Oft wird angenommen, Musik mit kindertümlich-programmatischem
Inhalt (Rossini/Respighi, Der Zauberladen; Prokofieff, Peter und der
Wolf; Bayer, Die Puppenfee; ...) sei am besten geeignet, Kinder für
Konzerte aufzuschließen. Das ist ein Irrtum. Kinder im Konzertsaal
sind von den optischen und akustischen Eindrücken, die auf sie ein-
dringen, vollauf in Anspruch genommen. Wenn sie darüberhinaus noch
eine weitere Komponente - nämlich die außermusikalischen Vorgänge,
die dem Programm der Komposition zugrundeliegen - aufnehmen
müssen, können die Eindrücke in ihrer Vielschichtigkeit nur oberflächlich bleiben. Im übrigen vermissen Kinder, wenn sie natürlich
reagieren, bei solchen gutgemeinten Demonstrationen die real dargestellte Handlung gar nicht und empfinden oft die viele Musik gar
als störend. Eine "erschließende" Wirkung haben solche Veranstaltungen jedenfalls nicht. ("Peter und der Wolf" beispielsweise sollte
man den Kindern über Tonband oder Schallplatte vorspielen - und zwar
ohne die übliche Bildbeigabe. Das rein akustische Erlebnis dieser
Musik setzt bei ihnen eine blühende Phantasietätigkeit in Gang und
bereitet einen guten Boden für die Behandlung der Soloinstru-
mente.)
In Form kurzer Entwürfe, die sich - u. U. entsprechend abgewandelt -
auf unterschiedliche Musikschul-Verhältnisse übertragen lassen, sind
im Anschluß an diesen Beitrag zwei Beispiele aufgeführt.

Die Musiker

Auch die Frage nach geeigneten Ensembles kann nicht generell, sondern nur aus der besonderen Lage der örtlichen Gegebenheiten heraus
beantwortet werden. Für einen Teil der Konzerte, bzw. Workshops,
werden sich Gruppen der eigenen Musikschule (Schüler und Lehrer)
gern zur Verfügung stellen und sich auf diese Weise auf pädagogisch
bedeutsamer Ebene einen Resonanzraum schaffen. Benachbarte und
befreundete Musikschulen können im Austauschverfahren zusammen-
arbeiten.
In einigen Städten werden für die allgemeinbildenden Schulen regelmäßig Schulkonzerte durchgeführt. Hier bieten sich Koordinationsmög-
lichkeiten an, die ausgenutzt werden sollten.

Die Erfahrung zeigt, daß in der Regel bei professionellen Orchestern, ihren Vorständen und ihren Dirigenten eine große Aufgeschlossenheit gegenüber gut organisierten und gut vorgeplanten Kinderkonzerten herrscht. Die Aktivitäten der DOV (Deutsche Orchester-Vereinigung) auf diesem Gebiete kommen unseren Anliegen sehr entgegen. Im Grunde gilt es nur, zuzugreifen.

Anhang: Entwürfe für Kinderkonzerte

I.

Was steht auf dem Programm?
   Musik für ein Soloinstrument und Orchester.

Pädagogische Absicht?
   Die Kinder lernen einen Solisten und die Möglichkeiten seines Instrumentes auf dem Klanghintergrund des Orchesters kennen. Der Solist ist als Bezugspunkt vordergründiger als ein ganzes Orchester, in welchem der einzelne Musiker anonym bleibt.

Gruppengröße, Raum und Anordnung
   Das Konzert ist als Großveranstaltung möglich, d. h. mit bis zu 250 Kindern als Zuhörer. Bedingung ist aber guter Sichtkontakt für alle und ein Gestühl, das keine störenden Geräusche verursachen kann.

Ausführende, Instrumente
   Solist und Kammerorchester; möglicherweise auch ein gutes Jugendorchester mit einem Preisträger des Wettbewerbs "Jugend musiziert" als Solisten.

Ablauf
   1. Begrüßung und k u r z e Vorstellung von Solisten und Orchester - mehr nicht. Erst wenn die Kinder einen musikalischen Gesamteindruck gehabt haben, sind sie bereit, weitere Informationen über Details entgegenzunehmen.
   2. Ein nicht zu langer lebhafter Satz aus einem Konzert.
   3. Erläuterungen über Soloinstrument und Klanggruppen des Orchesters. Dabei sollten auch einige Musiker selbst zu Worte kommen.
   4. Ein kurzes Solo-Stück.
   5. Interview mit dem Solisten. Auch Kinder aus dem Publikum können Fragen an ihn richten.
   6. Weitere Sätze des Konzertes s. o.
   7. Kurze Erläuterungen über die Form des Instrumentalkonzertes.
   8. Ein weiteres abschließendes Stück, möglicherweise aus einem anderen Stilbereich. Auch kann der zuerst gespielte Satz wiederholt werden.

Musikbeispiele
   für die Querflöte:
   Sätze aus Flötenkonzerten von J. S. Bach (Suite h-Moll), J. J. Quantz, J. Chr. Bach, C. Ph. E. Bach, C. H. Graun, K. Ditters von Dittersdorf,

G. B. Pergolesi, A. Vivaldi, W. A. Mozart, L. Boccherini, A. E. Grétry, F. Busoni (Divertimento)
Solostücke: G. Ph. Telemann (aus den Fantasien), A. Honegger (Dance de la chèvre), Cl. Debussy (Syrinx), K. Fukushima (Mei)

Für andere Instrumente gibt es hinreichend entsprechende Literatur.

II.

Was steht auf dem Programm?
Musikalisches Quiz.

Pädagogische Absicht?
Kinder lernen, verschiedene Instrumente an ihrem Klang zu unterscheiden. Lernerfolgskontrolle.

Gruppengröße, Raum und Anordnung
Möglichst nicht mehr als 2 Grundkurse gleichzeitig in einem der üblichen Unterrichtsräume. Akustische Störungen von außen sollten weitgehend ausgeschaltet werden. Sitzordnung möglichst im All-round.

Ausführende, Instrumente
Kammermusikgruppe (höchstens 6 Instrumente). Tonbandgerät mit HiFi-Qualität nach DIN 45 500. Vorbereitetes Tonband mit ca. 6 kurzen Aufnahmen der vorgestellten Instrumente. Quizkarten, s. S. 138. Schreibstifte müssen die Kinder selbst mitbringen.

Ablauf
1. Das Ensemble spielt einen vollständigen, nicht zu langen Satz.
2. Die Musiker stellen ihre Instrumente einzeln vor: kurze Musikbeispiele (solistisch) und Auskünfte über Bau und Tonerzeugung. Die Beispiele sollten mehr den Klang, weniger die Vielzahl der technischen Möglichkeiten erkennen lassen. Auf Fragen der Kinder eingehen.
3. Wiederholung des obigen Stückes oder Spiel eines anderen, bzw. mehrerer kurzer Sätze aus demselben Werk.
4. Ausgabe der Quizkarten, kurze Erläuterung. Kinder tragen ihre Namen ein.
5. Abspiel des Tonbandes (am besten 3 ein-, 2 zwei- und 1 dreistimmiges Klangbeispiel, jeweils ca. 20 Sekunden lang).
   Die Sätze brauchen dem musikalischen Material der bereits gespielten Stücke nicht entnommen zu sein, sollten ihnen aber im Charakter nahe kommen, damit die Kinder sich auf das Phänomen des Instrumentalklanges konzentrieren können und nicht mit zuviel neuem thematischen Material konfrontiert werden.
   Die Kinder hören nur zu, um einen Gesamteindruck zu gewinnen, und notieren noch nichts.
6. Nochmaliges Abspiel des Tonbandes. Nach jedem Beispiel kurze Pause, in der die Kinder ankreuzen, was sie gehört haben.
7. Einsammeln der Karten. Späteres Auswerten mit Schablone. Jedes richtige Kreuz ergibt einen Punkt.

Ergänzende Hinweise:
1. Wo es irlmmlich möglich ist, können beim Quiz an Stelle der Tonbandwiedergabe die Musiker von einer Stelle, die die Kinder nicht einsehen können, auch unmittelbar spielen.
2. Es ist nicht zu empfehlen, die Veranstaltung mit einer abschließenden Musikdarbietung zu beenden, da in der Regel der Spannungsabfall nach dem Quiz bei den Kindern keine geeignete Hördisposition mehr ermöglicht.

Dein Name:

Flöte

1	2	3		4	5		6

Oboe

1	2	3		4	5		6

Klarinette

1	2	3		4	5		6

Fagott

1	2	3		4	5		6

Horn

1	2	3		4	5		6

Muster für eine Quizkarte
Vignetten aus Friedrich Herzfeld, Du und die Musik, Berlin 1950.
Mit freundlicher Genehmigung des Verlages Ulstein GmbH.

MUSIKLEHRE UND NOTENLEHRGANG

Ernst Wieblitz:	Grundfragen der Musiklehre
Hans W. Köneke:	Die Musiklehre in ihrem Verhältnis zu den anderen Lernbereichen der MGA
Hans W. Köneke:	Notation und Notenlernen

GRUNDFRAGEN DER MUSIKLEHRE

Der folgende Beitrag möchte in seiner beabsichtigten
Ausführlichkeit dem Leser vor allem die inhaltliche und
methodische Komplexität der Musiklehre bewußt
machen und einen Einblick in die lebendige Werkstatt
des Musikmachens geben, ohne daß der Unterrichtende
Fülle und Umfang des Angesprochenen weitergeben
müßte.

Allgemeine Gesichtspunkte

In diesem Beitrag geht es um die Darstellung von Inhalten der Musiklehre und deren Einbeziehung in den Unterricht der Grundausbildung.
Dabei soll von Anfang an deutlich ausgesprochen werden, daß es sich
hier nicht um einen eigenständigen Bereich handelt, wie ja auch die
Inhalte der Musiklehre nicht eigentlich für sich existieren, sondern
nur im musikalischen Sinnzusammenhang lebendig sind. Kein Mensch
würde die Worte einer fremden Sprache isoliert "für sich" lernen,
ohne diese Sprache sprechend, lesend oder hörend verstehen zu wollen.
Eine Tonleiter, eine halbe Note ist sinnlos, sie nur zu kennen ist totes
Wissen. Es wird erst dann bedeutsam, wenn der Schüler damit gestal-
tend oder in den verschiedenen möglichen Formen nachvollziehend umgehen kann.
Binsenwahrheiten - gewiß. Aber wie alle einfachen Dinge werden auch
sie gern übersehen, und es gibt wohl noch Fälle, in denen das Auswen-
digkennen des Quintenzirkels als ein Bewertungskriterium für Musikalität gehalten, in denen als Lernstoff einer musikalischen Grundausbildung die verstandes- und gehörsmäßige Beherrschung von 12 mal 19
Dreitonformeln angestrebt wird. Bestimmte Phänomene des musikalischen Ordnungssystems herauszuheben und bewußt zu machen, kann
nur den Sinn haben, der Rezeption, Produktion und späterer Reproduktion von Musik im jungen Menschen mehr und mehr kognitive und emotionale Bereiche aufzuschließen und ihm damit sowohl die kritische Aus-
einandersetzung mit seiner akustischen Umwelt zu ermöglichen, als
auch die Voraussetzung für den Zugang zu einem der geistigen Bereiche seiner Lebenswelt schaffen zu helfen.
Damit ist Grundsätzliches angedeutet: Die Priorität liegt unbedingt bei
den Formen produktiver und rezeptiver Aktivitäten, bei der grundle-
genden Musikalisierung des jungen Menschen durch Aufschließen und
Fördern seiner emotionalen und kognitiven Fähigkeiten im Umgang
mit Musik im weitesten Sinne. Nur in diesen wechselnden Begegnungs-
weisen mit musikalischem Material - hörend, beschreibend, gestal-
tend, in Bewegung erfahrend - sollen Kenntnisse von und Erfahrungen
mit der musikalischen Grammatik vermittelt werden mit den Zielen
- erste Einsicht in Ordnungszusammenhänge der Musik anzubahnen
  und Verständnis dafür zu entwickeln,
- deren Phänomene aus dem Gefüge komplexer Musik hörend zu erkennen,

- sie im Spiel in eigene musikalische Zusammenhänge zu bringen,
- sie schließlich zu notieren und das Notierte wiederum lesend umzusetzen.

Hiermit sei auch dem Mißverständnis vorgebeugt, es solle schall-
kräftiger Gschaftlhuberei und einem Tun um des Tuns willen das Wort
geredet werden. Es soll nur deutlich gemacht werden, daß zur Reflexion über Musik nicht von vornherein und unbedingt die Kenntnis
des musikalischen ABC gehört. Zu bedenken bleibt vor allem, daß das,
was allgemein unter musikalischer Elementarlehre verstanden wird,
nur Extrakt eines sehr speziellen kultur- und musikhistorisch bedingten Systems ist. Deshalb ist von der Parameterordnung auszugehen,
die alle Erscheinungen der Hörwelt erfaßt (und C-Dur gewissermaßen
als Sonderfall erkennbar zu machen).

Von den Schalleigenschaften werden in diesem Beitrag nur die beiden
angesprochen, die am stärksten systematisiert sind und in erster Li-
nie die Struktur von Musik bestimmen: S c h a l l d a u e r (im Abschnitt
"Ordnungen in der Zeit") und T o n h ö h e (im Abschnitt "Ordnungen im
Tonraum" mit den beiden Aspekten "Töne erklingen nacheinander" und
"Töne erklingen gleichzeitig").

Dabei geht es vor allem darum, die wichtigsten Phänomene des jeweiligen Komplexes aufzuzeigen und mit Beispielhinweisen anschaulich zu
machen. Es ist selbstverständlich, daß weder Vollständigkeit des Materials noch ein Aufzählen aller möglichen Wege zu seiner Erkundung,
Verarbeitung und Sicherung beabsichtigt sein kann.

Die Frage nach Notation und Notenlernen wird dabei ständig berührt.
Ihr ist ein eigenes Kapitel gewidmet. Daß zum Bewußtmachen von Sachverhalten die Darstellung durch Zeichen - welcher Art auch immer -
erforderlich ist, bedarf keiner besonderen Bemerkung. Es soll aber
gesagt werden, daß der Blick, der sich diesem speziellen Problem zu-
wendet, ebenfalls offen zu sein hat und sich des Gesamtzieles der MGA
bewußt bleiben muß.

Ordnungen in der Zeit

Alle Schallvorgänge geschehen in der Zeit. Zwar ist die Zeitstruktur,
also der Rhythmus, für Kinder in gehörten oder nachvollzogenen musikalischen Abläufen nicht ohne weiteres erkennbar, da sie gebunden
ist an den Bedeutungszusammenhang, den die Kinder zunächst nur als
komplexe Ganzheit aufnehmen. Aber Erscheinungen wie "schnell-lang-
sam", "lang-kurz" werden früh in allen visuellen Wahrnehmungsberei-
chen erfahren, spielen sich also auch in der Zeit ab. Diese Entsprechung begünstigt es, den Prozeß des Bewußtmachens musikalischer
Phänomene beim Parameter Schalldauer zu beginnen.
S c h a l l d a u e r n lassen sich darstellen: durch Bewegung, durch Zeichnung; sie lassen sich messen: mit der Atemlänge, mit der Schrittzahl,
mit der Uhr.

Allgemeine Grunderfahrungen in bezug auf Zeit können im voraus bewußt gemacht werden: was dauert lange, was kurz; die Relativität des Zeitbegriffs kommt zur Sprache: ein langes Musikstück, ein langes Leben...

Schallereignisse und Schallerzeuger (Instrumente, Materialien) werden auf ihre natürliche und ihre machbare Schalldauer hin untersucht: wie lang klingt ein Klavierton, laut oder leise angeschlagen; kann ein Becken auch ganz kurz tönen? Lang- und Kurzklingendes wird in immer feineren Differenzierungsgraden unterschieden: Becken-Holzblocktrommel; Triangel-Glockenspielton etc. Die vorhandenen Instrumente werden nach ihrer Schalleigenart untersucht und eingeteilt. Mit den Kindern zusammen werden folgende Schalldauertypen gefunden und entsprechende Zeichen dazu entwickelt.

●   Punktklang: Fast oder gar keine Ausschwingzeit (alle hohen Holzschlaginstrumente, einige Rasseln)

⌒   Ausschwingender Klang: Je nach Material und Anschlagsintensität verschieden lange Ausschwingzeit (alle Metallschlaginstrumente, größere Fell- und Holzstabinstrumente, angeschlagene oder gezupfte Saiten)

──   "Strömender" Dauerklang bzw. -ton (gestrichen, gesungen, geblasen)

〜〜〜   "Bewegter" Dauerklang, bzw. -ton (tremolierende Spielweise, Rasseln)

[handschriftliche Notiz am Rand: Schall-dauer-typen]

Mit diesem Material sind bereits vielfältige Gestaltungen möglich: spontane Improvisation, Reaktionsspiele, Spiel mit Dirigenten, Kompositionen etc.

Alles Geschehen in der Zeit läßt sich unter dem Begriff Rhythmus zusammenfassen: es strukturiert deren ungegliederten "Fluß" (rheo = fließen), gibt ihm ein Ordnungsgefüge.

Dies kann grundsätzlich in zwei entgegengesetzten Arten geschehen: Auf einen pulsierenden Grundschlag bezogen (metrisch) oder frei von gleichmäßiger Zeitteilung, so wie es z. B. der nicht gebundenen Sprache eigentümlich ist (freimetrisch).

Beide Grundtypen rhythmischer Erscheinungen müssen unbedingt nebeneinander Beachtung finden, und nicht etwa der freimetrische Rhythmus als Vorstufe zum grundschlaggebundenen behandelt werden, in dem die verschiedenen Taktordnungen ausgeprägt sind. (Dieser spielt ja nur in konventionellen Bereichen europäischer Musik eine solch dominierende Rolle; in zeitgenössischer Musik begegnen uns zum großen Teil ganz andere Zeitordnungen.)

Spielformen zum Aufnehmen und Halten eines Metrums sind ein wichtiger Bereich rhythmischer Übung.

Damit verbunden ist die Erfahrung von Tempo: es kann gleich bleiben, kann schneller oder langsamer werden. Vorstellungshilfen (Zugspiel), aber auch Anschauung und Beobachtung (Ball, Reifen) machen diese Vorgänge auch körperlich erlebbar.

Das Erfahren metrischer Verhältnisse (doppelt oder halb so schnell, drei Schläge auf einen etc.) sind Vorbereitungen zum Bewußtmachen der auf einfachen Zeitproportionen beruhenden Notenwerte. Sprechhilfen sind hier wichtig, die bestimmte metrische Unterteilungen durch den Sprachfluß erfahrbar machen. Sie sollten auch bei den ersten instrumentalen Spielformen zur Sicherung beibehalten werden.

Ein Beispiel zum Thema "Zugspielen":

	2/4	3/4	4/4 oder 2/2
Bahn	♩	♩.	𝅝
D-Zug	♩ ♩	♩ ♩ (2)	𝅗𝅥 𝅗𝅥
Eisenbahn	♪♪♪ (3)	♩ ♩ ♩	𝅗𝅥 𝅗𝅥 𝅗𝅥 (3)
Dampfmaschine	♪ ♪ ♪ ♪	♪ ♪ ♪ ♪ (4)	♩ ♩ ♩ ♩
Lokomotive	♪♪♪♪♪ (5)	♪♪♪♪♪ (5)	♩♩♩♩♩ (5)
Schrankenwärterhäuschen	♪♪♪♪♪♪ (6)	♪ ♪ ♪ ♪ ♪ ♪	♩♩♩♩♩♩ (6)
Zugführerdienstabteil	♪♪♪ ♪♪♪ (3 3)	♪ ♪ ♪ ♪ ♪ ♪	♩♩♩ ♩♩♩ (3 3)

Mehreres kann hier beobachtet werden:
- eine metrische Einheit kann unterschiedlich unterteilt werden
- bei gleichbleibendem Metrum wird die Geschwindigkeit größer, je mehr Teile (Silben, Noten) es sind
- das Notenbild kann den gleichen Sachverhalt auf verschiedene Weise ausdrücken
- unterschiedliche Taktordnungen entstehen je nachdem, welche Unterteilung als Grundmaß gesetzt wird, auf diese Weise wird das Prinzip "Takt" als eine Ordnung durch gleichmäßig wiederkehrende Schwerpunkte erfahren. Es ist ja wichtig, daß das Kind von vornherein verschiedene Taktarten kennenlernt, und zwar aus der komplexen Gestalt heraus und nicht als ein mühsam zu Zählendes.

Notenbild [1] (Partituren, Liederbücher) in Verbindung mit gehörter, selbstgesungener und -gespielter Musik, Tanz oder Liedtexte bereiten ebenfalls auf vielfältige Weise das Erfassen dieses rhythmischen Phänomens vor.

Durch Unterteilung oder Überbrückung der gleichmäßigen Metrumschläge in verschiedenen Folgen von kurz und lang ergibt sich metrischer Rhythmus. Für Kinder natürlich nicht auf diese synthetische Weise; das kann nur eine spätere Station auf dem Wege des Bewußtmachens sein. Voran steht auch hier die zur Erfindung anregende Aufgabe, die entweder abzielt

- auf Bildung rhythmischer Motive und Motivketten oder
- auf den nicht an Takte oder Phrasenlängen gebundenen rhythmischen Fluß (wie etwa bei Dialogen und Erzählungen, die von einzelnen Schülern gestaltet werden, während die Tutti-Gruppe unter Führung des Lehrers das Metrum durchhält).

Bei ersterem kann der Akzent auf der Bindung an symmetrische, gleichbleibende Phrasenlängen liegen (Echo-Ergänzungsspiele, Arbeit mit rhythmischen Bausteinen) oder auf der Erfindung ähnlicher bzw. kontrastierender rhythmischer Elemente. (Es besteht dann kein "Längenzwang", wie er normalerweise bei Rondospielen durch die formale Struktur bedingt ist, sondern es steht "Zeitraum" zur Verfügung für individuelles Gestalten.)

Als Beispiel zur Verdeutlichung: großer und kleiner Bär gehen spazieren, der große immer im gleichen Trott (alle im Metrum), der kleine von Kind zu Kind, entweder in der gleichen Weise immer weitertanzend, -hüpfend etc. oder jeweils in anderer Stimmung.

Für die zweite Form sind als Hilfe und Anregung durch die Sprache einfache Prosasätze geeignet, die verschieden akzentuiert (d. h. gedehnt) werden können.

Ein Beispiel mit einsilbigen Wörtern:

Der Mann saß im Park auf der Bank und las ein Buch, da kam der Hund . . .

oder

Eine solche Geschichte läßt sich auch beliebig ausdehnen oder verkürzen; das gemeinsame Weiterspinnen kann allein schon eine sehr reizvolle metrische Übung sein.

---

[1] Wenn in diesem Zusammenhang vorgeschlagen wird, traditionelles Notenbild in ein- bis vielstimmigen Beispielen einzusetzen, so wird damit nicht vorausgesetzt, daß das Kind dies vollständig entschlüsseln kann, sondern je nach dem augenblicklichen Verständnisgrad sinnvolle Informationen erhalten kann (siehe Köneke, Notation und Notenlernen S. 161).

Der andere große Bereich, nicht metrisch gebundene Rhythmik, bedarf ebenso intensiver Arbeit.

Vom Instrumentalspiel her lassen sich mit den erwähnten Schalldauertypen eine Menge Spielformen dafür finden. Auch Dialogspiele mit verschiedenen Schlaginstrumenten geben Anreiz, wenn sie unter bestimmte strukturelle Bedingungen gestellt sind (z. B. schnell gegen langsam; stockend gegen fließend; besonders auch unter der Vorstellung bestimmter Gesprächssituationen: wütend-besänftigend, aufgeregt-schläfrig etc.).

Sehr wesentlich ist hier zur Verdeutlichung des rhythmischen Geschehens die graphische Notation, wobei die geplante Absicht noch mit der Tonbandaufzeichnung ihrer Realisation verglichen werden kann.

Spiele mit Sprache (Phantasie- oder Nonsenssprache) sind besonders geeignet, freimetrisch-rhythmische Verläufe entweder eigenständig oder als Vorform für instrumentale bzw. vokale Versionen zu gestalten.

Ein Beispiel als Anregung für freimetrisch-rhythmische Gestaltung in einer Gruppe: Im Kreis sind die Instrumente gemischt verteilt. Jeder stellt sein Instrument mit einem Schlag vor; zunächst wird sich eine eher gleichmäßige Folge ergeben; beim zweiten Mal darf der nächste Spieler seinen Schlag erst tun, wenn das vorherige Instrument verklungen ist, es soll jedoch keine Lücke entstehen. Dadurch ergibt sich eine zunächst zufällige Folge von verschieden langen und kurzen Klängen. Eine Gestaltung durch die Gruppe geschieht durch bewußtes Verändern der Instrumentenfolge: mehr oder weniger lange Punktfolgen werden durch einzelne Klänge abgelöst; durch unterschiedliches Anschlagen kann die Dauer des Ausschwingens bei den Klingern verändert werden.

Ein wesentlicher Gesichtspunkt für die musikalische Arbeit mit Rhythmus wurde bei den Dialogspielen gestreift: Musik kann durch ihren jeweiligen rhythmischen Charakter etwas ausdrücken. Solche Bewegungs- und Ausdrucksqualitäten können sein: ein Tanz, ein Festzug, ein Trauermarsch; wie Menschen gehen, wie sie gestimmt sind; wie sich Tiere bewegen. Von solchen Ausdrucksqualitäten werden auch noch andere musikalische Faktoren wie Tempo und Artikulation beeinflußt.

Daß schließlich Form entsteht und erkennbar wird durch rhythmische Struktur, ist ebenfalls in verschiedener Weise erfahrbar: beim Musikhören bestimmte wiederkehrende Teile mitklopfen; in den Noten durch Entdecken gleicher rhythmischer Bilder Zusammenhänge voraussehen etc.

Ordnungen im Tonraum

"Der einzelne Ton ist eine Abstraktion aus einem komplexen System-zusammenhang, eher vergleichbar den Buchstaben der Arithmetik als mit den Bausteinen eines Hauses. Das Elementare, auf das es für ein

Musikverständnis zunächst einmal ankommt, steckt nicht in diesem einzelnen Ton, sondern vielmehr in der semantischen Information, die in der Lautphysiognomie eines Melodieganzen, eines Klangzusammenhanges, des Spieles einer Geige oder des Rhythmus eines Musikstückes enthalten ist. Das Verständnis hierfür ist unmittelbar und elementar. Hier muß die Erziehung zur Musik einsetzen" (H. P. Reinecke, "Nutzen und Gefahren der elektrischen Musikübertragung für die Hörerziehung von Kindern und Jugendlichen", in: Der Einfluß der technischen Mittler auf die Musikerziehung unserer Zeit, hrsg. von Egon Kraus, Mainz 1967, S. 61).

Von dieser Voraussetzung, wie sie die neuere Musikpsychologie unmißverständlich formuliert, müssen wir ausgehen, wenn wir versuchen wollen, dem Kind nach und nach beim Entdecken und Erkennen einzelner "Gesichtszüge" jener Lautphysiognomie zu helfen. Dabei ist es ratsam, sich dreierlei zu vergegenwärtigen:

- daß der Bestand an herkömmlichen Musiklehrekenntnissen in diesem Parameterbereich Tonhöhe einen sehr kleinen Ausschnitt aus den möglichen und existierenden Tonsystemen darstellt;
- daß dieses System in der Musik unserer Gegenwart vielfach keine Gültigkeit hat;
- daß alle melodischen Erscheinungen n i c h t resultieren aus der Bewegung innerhalb einer Tonleiter, sondern umgekehrt die Tonleiter ein abstrakt systematisierendes Fazit des vorzufindenden Materials ist.

Daraus ergibt sich,

- daß die Breite des Angebots an Musik so groß als möglich sein sollte, gleichgültig über welches Medium, ob über den Lautsprecher, live gespielt oder gesungen, ob als sichtbares Abbild: von der gregorianischen Psalmodie zum Wozzek, vom tibetanischen Mönchsgesang zu afrikanischer Heterophonie;
- daß mehr der Einblick in Grundsätzliches an Ordnungsmöglichkeiten des Materials angestrebt werden sollte, als ein lückenloser Lehrgang auf schmaler Spur;
- daß freilich auch bestimmte Fähigkeiten im Zusammenwirken von "Kopf und Uhr" zu entwickeln sind.

Der Übersicht halber werden die beiden Aspekte von Tonhöhe - das Nacheinanderklingen (= sukzessiv - Horizontalordnungen) und das Miteinanderklingen (= simultan - Vertikalordnungen) getrennt betrachtet. Natürlich ergibt sich auch hier ein häufiges Ineinandergreifen.

Töne erklingen nacheinander

Das Erkennen von T o n h ö h e n u n t e r s c h i e d e n wird am Anfang stehen. Extreme Unterschiede von hoch und tief, hoch-mittel-tief werden mehr und mehr differenziert. Die meist klangsinnlichere Ausdrucksweise der Kinder (spitz-stumpf, hell-dunkel) wird eine Zeitlang parallel zu den vom Lehrer verwendeten Bezeichnungen benutzt, die in Bewegungs- und graphischer Darstellung anschaulich gemacht werden. (Die Erklärung, daß "hoch" und "tief" eine Übereinkunft ist und sich allein von der Notation ableitet, sollte man den Kindern ruhig geben; denn diese Raumbegriffe werden von jedem Instrument ad absurdum geführt; wo ist am Klavier "hoch"? Am Cello müssen die Finger auf den Saiten nach oben wandern, damit der Ton tiefer wird!)

Auch im Umgang mit allen verfügbaren Instrumenten wird Tonhöhenunterscheidung geübt: Gruppen von hohen Instrumenten spielen schnelle Folgen, die tiefen, dunkelklingenden antworten langsam und tropfend...

Auch der Tonumfang (höchster/tiefster Ton) verschiedener Instrumente kann verglichen werden: wo ist der Unterschied zwischen hoch/tief groß, wo klein? Die Klangfarbenverschiedenheit kann bei Höraufgaben als Erschwerung eingesetzt werden: tiefer Geigenton/hoher Celloton - welcher ist höher? Dabei wird auch der Gleichklang entdeckt.

Das Unterscheiden verschiedener T o n a b s t ä n d e (Distanz) geht wiederum vom gröberen Raster aus: zunächst wird Tonschritt, Tonsprung oder Tonwiederholung erkannt. Was das Ohr wahrnimmt, kann das Auge bestätigen: Stabspiele und Tasteninstrumente machen die großen oder kleinen Sprünge anschaulich: es ist zähl- und hörbar, daß der von zwei Tönen eingegrenzte Tonraum durch viel oder wenig Zwischenschritte ausgefüllt werden kann. Am Oktavphänomen (der "Unisonanz" als dem am stärksten verschmelzenden Intervall) kann das verschiedenartige Zusammenstimmen von Tönen angeknüpft werden (allerdings keinesfalls unter dem wertenden Gesichtspunkt, "dies klingt gut, jenes schlecht zusammen"!)

Bisher ging es in erster Linie um das gehörsmäßige Erfassen und Erkennen-lernen allgemeiner Tonhöhenphänomene bzw. von Elementen, die melodische und harmonische Struktur bilden ("harmonisch" wird hier im Sinne von harmonia = Fügung verstanden, also jedes gefügte Zusammenklingen betreffend). Das freilich muß Hand in Hand gehen mit dem Beobachten und Erfinden von melodischen Verläufen.

Beim B e o b a c h t e n von M e l o d i k stehen uns nicht nur die von den Kindern gesungenen und bekannten Lieder, sondern alle erreichbaren Beispiele, von Platte, Tonband (Radiosendungen) oder vom Lehrer gespielt, aus den verschiedenen stilistischen und ethnologischen Bereichen und Gattungen zur Verfügung, vokal oder instrumental, solistisch, kammermusikalisch oder in Orchesterbesetzung.

Sicher ist es gut, Kinder einmal vor die grundsätzliche Frage zu stellen, was Melodie eigentlich ausmache.

> Beispiel: Wasserhahntropfen - Windheulen - Geigentoncrescendo - Flötenspiel - Tonleiter. Frage des Lehrers: Wie viele Melodien hast du gehört? Eine andere Möglichkeit: Von einem angekündigten Lied hören die Kinder nacheinander den rhythmisch gesprochenen Text, erst monoton, dann in übertriebener Sprechmelodik, auf einem Ton gesungen, schließlich die volle Melodie. Durch Beschreiben und Vergleichen solcher verschiedener Hörstufen lernen die

Kinder, ihre angesammelten Erfahrungen mit dem scheinbar Wohl-
bekannten zu ordnen und zu artikulieren, also ins Bewußtsein zu
heben.

Welche Beobachtungen sind möglich?

Auch hier sollte der inhaltliche vor dem materialen Aspekt stehen: wie
klingt die Musik, traurig oder fröhlich, müde oder munter, schreitend
oder springend; welcher von zwei gegensätzlichen Texten (Überschriften)
paßt dazu?

Die Frage, wodurch solche Wirkung entsteht, führt zum genaueren Betrachten struktureller Gegebenheiten. Dieses "Betrachten" kann auch
durchaus wörtlich verstanden werden als ein Anschauen eines Noten-
textes (siehe Anmerkung S. 145). Da ist der Tonbestand zu erkennen:
sind es viel oder wenig verschiedene Töne; sind sie eng beisammen
oder weit auseinander (Intervallstruktur); verlaufen sie mehr stufen-
oder mehr sprungweise, oder treten sie auf der Stelle; in welche Richtung bewegt sich die Melodie: auf, ab oder in beide Richtungen, weit
hinaus, um dort zu bleiben, oder stürzt sie hinunter? (Als gute Hilfe
zum Darstellen der Bewegungsrichtung melodischer Verläufe wie auch
zur Verdeutlichung von Gleit-, Stufen- oder Sprungbewegung eignet sich
eine Lotosflöte bzw. der Blockflötenkopf.)

Die Frage nach der Häufigkeit wiederkehrender Töne, nach Anfangs-
und Schlußton läßt tonale Gegebenheiten wie Grundton, Quintrahmen,
Dreiklang ins Blickfeld rücken.

Hier ergeben sich auch Einsichten in formale Prinzipien: ein Motiv
als eine kleine Tongruppe, die einen Anfang charakterisiert und immer
wiederkehrt; Wiederholung kleiner oder größerer Teile; Variante,
Sequenz, Umkehrung oder Gegensatz; Symmetrie, Asymmetrie, also
Fragen der Proportionen, können hörend und sehend erfahren
werden.

Solche Einblicke in "musikalische Werkstatt" stellen ein Material bereit, das in eigenen Gestaltungsversuchen erprobt sein will. Dafür muß
das Tonmaterial gesichtet, geordnet, ausgewählt und damit in einen
bestimmten Zusammenhang gebracht werden. (Übungen zum Herstellen
von Ton- oder Klangreihen nach der Tonhöhen- oder Tonhelligkeits-
folge wie auch das Zuordnen oder Einstimmen von Gleichklingendem
sind dem vorausgegangen.)

Das melodische Spiel - ob bildhaft-konkret von einem Text, einer Situation, einer gespielten Geschichte angeregt oder durch eine mehr abstrakte Spielregel gegeben - sollte ein bestimmtes Tonmaterial verlangen.

Das Anpreisen eines Markthändlers wird mit zwei Tönen in einem
größeren Intervall auskommen,

das Schlaflied für ein krankes Kind braucht nur drei oder vier Töne
dicht beieinander; um die goldene Pracht eines Palastes aus 1001 Nacht

darzustellen, müssen vielleicht alle 12 Töne der Oktave genommen
werden.

Wenn im Folgenden kurz einige Möglichkeiten der Materialerfahrung
durch beschränkte Tonreihen aufgezeigt werden, sollte das nicht als
methodische Einbahnstraße mißverstanden werden. Ein Beginnen mit
drei Tönen und ein schrittweises Vergrößern des Tonbestandes auf vier
und fünf Töne ist nur in einem bestimmten Zusammenhang folgerichtig
und zu begründen, als damit nämlich eine optisch wie gehörsmäßige
Überschaubarkeit gegeben ist, an der das Kind seine Einsichten in tonale Strukturbildungen selbst umsetzen und kontrollieren kann. Dieser
Weg muß ergänzt werden durch das freie Spiel mit dem gesamten Tonmaterial, und zwar inner- oder außerhalb tonaler Ordnungen.
Was läßt sich nun überhaupt mit drei oder vier Tönen anstellen? Zunächst einmal kann man damit eine Fülle von Melodien ganz verschiedenen Charakters bilden. Dieser hängt ab vom Typus der Reihe - chordisch oder tonisch[1]-, von den Intervallbeziehungen und der Lage des
Grundtones. So begegnen im chordischen Reihentyp bereits Vorformen
von Dur, Moll, Phrygisch, Äolisch, Mixolydisch und der Ganztonleiter,
im tonischen Typus eine kaum noch auszuschöpfende Anzahl an Kombi-
nationsmöglichkeiten, die den Klangcharakter von japanischer Pentatonik (z. B. e f a h), von Zigeunermoll (f ges a b) und von verschiedenen
Dreiklangsformen vorwegnehmen. Hier bieten sich als Hörübung in
Verbindung mit melodischer Improvisation Gruppenspiele an: z. B.
sind zwei oder drei verschiedene und gut unterscheidbare Tonreihen so
auf Stabspiele verteilt, daß bestimmte Gruppen das gleiche Modell
haben und jeweils nur dann mitspielen, wenn der Spielleiter ihre Reihe
ertönen läßt (es ergibt sich dabei gleichzeitig eine Art von Heterophonie)[2].
Andere Erfahrungsmöglichkeiten wie Transponieren der Reihe, Motiv-
bildung, Motivumkehrung, melodische Vergrößerung oder Verkleine-
rung des Motivs lassen sich mit begrenztem Tonbestand ebenfalls
leichter darstellen und hörend erfassen.
Bei den Fünftonreihen (Pentachordik und Pentatonik) kommt der Quint-
und Oktavrahmen hinzu, der dem tonalen Gefüge eine besondere Stabi-
lität gibt. Die Quinte als Gegenpol zum Grundton (und die Quarte als

---

1) "chordisch" bezeichnet eine Tonreihe, deren Töne stufenweise benachbart
   sind, während "tonisch" eine Reihe meint, in der Tonschritt und Tonsprung
   vorkommen.

2) Heterophonie = Verschiedenstimmigkeit: gleichzeitiges Erklingen verschiedener Melodievarianten eines Melodiekerns.

Beispiele für chordische Reihen

1. „Dur" 3-TON

2. „Moll"

3. „Phrygisch" (Vorform) 4-TON

4. „Äolisch" (Vorform)

5. „Lydisch" (Vorform)

6. „Mixo-Lydisch" (Vorform)

7. „Ganzton"

Beispiele für tonische Reihen

8. „Japanisch" (Vorform) 4-TON

9. „Zigeuner" (Vorform)

10. Dreiklang (Dur)

Da pentatonisch (Vorform)

11. Dreiklang (Moll)

◧ : bedeutet „Grundton" einer Reihe; durch ihn wird erst die jeweilige Tonalität fixiert.

deren Umkehrung, durch Hinaufwendung zur Oktave des Grundtones charakterisiert) wird auf dem Wege melodischer Erfahrung als klanglich besonderes Phänomen erfaßt und nicht als bloße Musik-Vokabel. Auf ähnliche Weise wird die harmonische Farbveränderung durch große oder kleine Terz dargestellt werden können.

Nach dem beim Dreiton- und Viertonbereich Ausgeführten sollte als Grundsätzliches erst recht für den Fünfton- bis Siebentonraum deutlich sein, daß Beschränkung auf e i n tonales Modell nicht sein darf, es würde musikalische Verarmung und Fixierung bedeuten.

Neben tonal gebundenen Modellen, die Grundtonbezug und evtl. auch ein Dreiklangsfeld aufweisen, ist es sehr zu empfehlen, auch tonal nicht gebundene Ordnungen ins Versuchsfeld zu rücken - gleichgültig, ob mit allen 12 Tönen der chromatischen Tonleiter oder einer zufälligen Auswahl daraus. Es lassen sich bereits einfache 12-Ton-Spiele durchführen, mit einer kleinen Gruppe am Klavier (wobei auf Tasten und bezeichneten Saiten gespielt werden kann) oder mit den sogenannten Klangbausteinen (Klangstäbe auf Einzelresonatoren) in einer beliebig großen Gruppe; hier hat jedes Kind "seinen eigenen Ton" in der Hand, die Gruppe vereinbart eine Reihenfolge (Sitzweise), in der eine "endlose" Melodie entwickelt wird im Reihumspielen, strukturiert durch verschiedene Zeitabstände, Wiederholung, Rückbewegung, Dynamik; Teilung der Reihe und gleichzeitiges, aber aufeinander bezugnehmendes Spiel führen bereits weiter in eine Art freitonaler Zweistimmigkeit.

Zusammenklang

Der Zusammenklang ergibt sich bereits in dem Augenblick, da zwei oder mehrere Schallquellen gleichzeitig in Aktion sind. Wenn wir z. B. bewußt auf das achten, was uns an Schall umgibt, werden wir eine mehrschichtige Partitur entdecken: Geräuschband der Autostraße, darüber einige Huptöne, das Rumpeln eines Baufahrzeuges; oder das Läuten der Mittagsglocken, die Zwölf-Uhr-Sirene, Schritte. Zufällige und alltägliche Schallkombinationen; wir lernen darauf zu hören und die einzelnen Schichten zu unterscheiden, sie mit Worten und Zeichen zu beschreiben; die Zeichen mit anderen Mitteln (Schallobjekt, Instrument, Stimme) in Klang umzusetzen, das ursprünglich Zufällige in neuen Aufgaben bewußt und planend zu gestalten. Dabei kommen schon Auswahlkategorien ins Spiel: z. B. dunkel gegen hell; dichte und regelmäßige gegen lockere, bizarre Ereignisse; schnell gegen langsam; Holz gegen Metall etc. Die Frage nach einer Bewertung stellt sich dabei gar nicht erst ("klingt das schön?"), denn es geht zunächst um das Wahrnehmen, Beschreiben und ordnende Gestalten gleicher, wenig oder sehr verschiedener Klangqualitäten.

Machen wir also zunächst die Fenster und die Ohren auf, hören wir auf unsere "Schallumgebung", horchen wir in die Musik hinein: Wieviel verschiedene Dinge können wir gleichzeitig erkennen? Und spielen wir danach aus einer mehrzeiligen Klangpartitur, bei der nicht "richtige" oder "falsche" Töne sondern die den Zeichen entsprechenden Klangaktionen das Zusammenklingen bestimmen, dann richtet sich das Hören auf das musikalische Geschehen, in das das einzelne Kind, selbst agierend, mit einbezogen ist. Es lernt so, die eigene Rolle und die der anderen im Zusammenklang zu beobachten und zu beurteilen und sein eigenes Spiel darauf einzurichten. Das Wichtigste aller musikpädagogischen Bemühungen, nämlich musikalisches Verhalten auf dem Weg über das Hören zu entwickeln, ist hier angelegt: auf gleichzeitig Hörbares zu achten, es zu unterscheiden, es auf bestimmte Qualitäten hin zu prüfen, zu vergleichen.

Dieser anfangs noch grobe Raster, Phänomene des Zusammenklingens bewußt werden zu lassen, wird nach zwei Richtungen hin zu differenzieren sein; es sind dies die beiden grundsätzlichen Möglichkeiten, komplexe Klangabläufe aufzuschließen. Sie seien hier kürzelartig bezeichnet als Schichtung und als "Simultanklang".

Der erste meint die sich im horizontalen Verlauf ausprägende Struktur, also alles, was im zeitlichen Nacheinander gleichzeitig zu hören und aufeinander bezogen ist.

Beispiel:

Die Kinder hören die Realisation einer elementaren Klangpartitur, die aus drei oder vier "Schichten" besteht, die teils miteinander, teils nacheinander klingen. Durch Fragen und Beobachtungen werden die einzelnen Aktionen in ihrem horizontalen Verlauf erkannt (große Trommel: immer gleichmäßig weiter; Becken: kurz nach Beginn mit Tremolo-crescendo etc.), dann in ihrem vertikalen Zusammentreffen beschrieben (wenn das Becken aufhört, beginnt die Lotosflöte etc.) und schließlich aufgezeichnet, evtl. auch nachgestaltet. Das ist übertragbar auf die Arbeit mit komplexeren Partituren der verschiedensten Musikstile, wobei der Grad des Entschlüsselns eine untergeordnete Rolle spielt.

Die zweite Art des Hörend-Erkennens bezieht sich auf die vertikale Komponente ("Simultanklang"), also auf das zu einem Zeitpunkt gleichzeitig Erklingende, einmal in der Anzahl ("wieviel Instrumente - oder: wieviel Töne hörst du?"), zum andern in der Art des Zusammenklingens ("liegen die Töne weit auseinander - eng zusammen...?") bis hin zum Erkennen von Intervallen, Akkorden und Clustern.

Es ist leicht einzusehen, daß in unserem Zusammenhang der erste Bereich den Vorrang haben wird, da der zweite sehr abstrakt ist und den Ausdruck von Musik von Standpunkten aus bestimmt, die den Kindern dieser Altersstufe noch nicht zugänglich sind. Das würde auch den auf

Seite 146 zitierten musikpsychologischen Erkenntnissen entsprechen. Im übrigen lassen sich die Erscheinungsformen aus dem Bereich der Schichtung viel leichter verdeutlichen und umsetzen: durch verbales Beschreiben, durch Bewegung, durch Zeichen und Zeichnung (Notation), durch eigenes Gestalten.

Nachfolgend einige Gesichtspunkte zur Auswahl des Materials für einen fortschreitenden Differenzierungsprozeß im Erfassen jener Phänomene des Zusammenklangs.

Neben dem Erkennen verschiedener Grundqualitäten bereits bei Geräusch und Klang (Farbe, Helligkeit, Dynamik, Dichte) steht vor allem das Beobachten von Tonbewegungen im Zusammenspiel zwei- oder mehrschichtiger melodischer Verläufe, im freitonalen, "zwölftönigen", im tonal-harmonischen oder modalen Beziehungsgefüge bis hin zu polytonalen Bildungen:

- Bewegungstempo (schnell/langsam, viele/wenige Töne, ruhende/ laufende Töne)
- Bewegungsrichtung (auf/ab, hin und her, kreisend)
- Bewegungsfluß (fließend/stockend, springend, schreitend)
- Bewegungsraum (weit- oder engräumige Bewegung der Töne)

und die sich daraus ergebenden Verbindungen.

Dabei können an formbildenden Möglichkeiten - natürlich in elementarisierter Weise - Imitation, Kanon, Spiegel- und Krebsbewegung, Heterophonie und "freier Kontrapunkt" ebenso einbezogen werden wie die einfachen Reihungsformen (A-B-A, Rondo etc.).

Die Verbindung von tonaler Melodik und begleitender Schichtung kann zu einer Beobachtung von Intervalleigenarten führen, denn die tonal gebundene Ordnung im Melodischen verlangt eben auch eine entsprechende harmonische Zuordnung hinzutretender Stimmen. Das Erfahren des Grundtones und der ihn verstärkenden Quinte als tonalen Rahmen, über dem sich die Melodie noch ziemlich frei bewegen kann, wird auf andere Töne erweitert unter dem Gesichtspunkt des "Zusammenstimmens" (d. h. der "Konsonanz"): Quarte als Ergänzung der Quinte zur Oktave, Terz als Füllton der Quinte (die Wirkung von großer oder kleiner Terz wird zunächst als Farbunterschied wahrgenommen). Dissonante Intervalle - sie ergeben sich schon aus dem Zusammentreffen verschiedener melodischer Bewegungen - werden als klangflächenbildend erfahren, wobei Ganzton und Halbton (bzw. auch ihre Umkehrungen) wiederum in ihrer verschiedenen "Farbigkeit" aufgefaßt werden. Das Aneinanderreihen solcher Schritt-Intervalle führt ebenso zum Phänomen des Clusters wie das gleichzeitige Erklingen von Akkorden auf verschiedenen Stufen (ein reiches Feld für Entdeckungen!).

Wenn schließlich in einer Melodie zwei Grundtöne beobachtet werden, entsteht Kadenz- oder Stufenharmonik. Damit rückt der Wechsel des Dreiklangsfeldes mit seinem für die Melodie charakteristischen Beziehungsgefüge in das Hörbewußtsein.

Die inhaltliche und methodische Komplexität des Themas lassen sich in diesem Rahmen natürlich nur sehr verkürzt darstellen. Dieser Grund-

gedanke sollte jedoch deutlich geworden sein: Nur durch das Verbinden der verschiedenen didaktischen "Kanäle"
- Hören von Musik
- Lesen von Musik
- Herstellen von Musik in Klang oder in Notation
- Umsetzen von Musik

werden in sinnvoller Weise Kenntnisse über das Wesen und das Material von Musik erworben, gefestigt und differenziert und gleichzeitig Einblicke in die l e b e n d i g e Werkstatt des Musik-machens vermittelt.

L i t e r a t u r

Abel-Struth:	Musikalischer Beginn in Kindergarten und Vorschule, Band 2, Kassel 1972 (daraus vor allem Kapitel B II und B III)
Auerbach:	Hören lernen - Musik erleben, Wolfenbüttel 1971
Friedemann:	Kinder spielen mit Klängen und Tönen, Wolfenbüttel 1971
dies.:	Einstiege in neue Klangbereiche durch Gruppenimprovisation, Wien 1973
Frisius:	Die Notation im Musikunterricht, in: Forschung in der Musikerziehung Heft 9/10, Mainz 1973
Fuchs:	Musiklesen, in Gümbel (Hrsg.): Schule des Lesens, 1. Stufe, Stuttgart 1969
ders.:	Notenschrift und Musikhören, in: Fuchs (Hrsg.): Musikhören, Stuttgart 1969
ders. (Hrsg.):	Karlsruher Versuche für den Musikunterricht, Stuttgart 1974
Günther/Gundlach (Hrsg.):	Musikunterricht auf der Grundstufe, Frankfurt 1974
Keetman:	Elementaria, Stuttgart 1970
Keller:	Ludi musici Band 2: Schallspiele, Boppard/Rhein 1972
Meyer-Denkmann:	Klangexperimente und Gestaltungsversuche im Kindesalter, Wien 1970
Paynter/Aston:	Klang und Ausdruck, Wien 1972
Schafer:	Schule des Hörens, Wien 1972

DIE MUSIKLEHRE IN IHREM VERHÄLTNIS ZU DEN ANDEREN LERNBEREICHEN DER MUSIKALISCHEN GRUNDAUSBILDUNG

Die Inhalte der Musiklehre geben dem Musizierenden oder dem Hörenden die notwendigen Handhaben, die er braucht, um sich der Musik gegenüber sachgemäß zu verhalten. Nur darin haben diese Inhalte ihren Sinn. Und dieser Funktion entsprechend ist ein Unterricht zu gestalten, wenn er wirklich für Kinder realitätsbezogen sein soll.
Das ist nicht ganz einfach; denn es bedeutet, daß der Unterrichtende niemals seinen Blick ausschließlich einem Lerngegenstand der Musik-

lehre allein zuwenden kann, sondern immer gleichzeitig auch das Lernziel eines anderen Lernbereiches im Auge haben muß.

Solcher Unterricht will systematisch geplant sein; sonst begibt man sich in die Gefahr, nach Monaten munteren Drauflos-Unterrichtens "ins Schleudern" zu geraten. Sich in der Stoffauswahl unbedenklich Zufällen zu überlassen, würde zur Folge haben, daß entweder die Ausbildung im Lernbereich Musiklehre lückenhaft und die "zum Instrumentalspiel notwendigen Grundlagen" nur unvollständig blieben, oder der Lehrer sähe sich gezwungen, im letzten Drittel des Grundkurses das bisher Versäumte im Geschwindschritt, doch isoliert und ohne Funktionsbezug nachholen zu müssen.

Im folgenden ist versucht worden, in einer Übersicht zusammenzustellen, welche Inhalte der übrigen Sachgebiete mit denen der Musiklehre in Beziehung stehen und sinnvollerweise im Unterricht kombiniert werden sollten. Diese Übersicht erhebt keinen Anspruch auf Vollständigkeit und Allgemeinverbindlichkeit; sie will den Unterrichtenden lediglich anregen, in dieser Weise seine eigene langfristige Unterrichtsplanung zu überdenken.

Themenbereiche der Musiklehre	Unterrichtsinhalte der Musiklehre	Korrelierende Inhalte der anderen Lernbereiche
		S = Singen und Sprechen; E = Elementares Instrumentalspiel; B = Musik und Bewegung; H = Musikhören; I = Instrumenteninformation
Ordnungen in der Zeit	- Die Klangdauer in den verschiedensten Erscheinungsformen von Schall erfahren, erkennen, begrifflich zuordnen und notieren. - Bewußt mit Klangdauern umgehen bei Spiel, Bewegung und jeglichen Formen eigenen musikalischen Gestaltens. - Erwerb von Grundkenntnissen über Tempo, Metrum, metrische Verhältnisse, den metrischen und freimetrischen Rhythmus, über Bewegungs- und Ausdrucksqualitäten des Rhythmus.	[S] Spiele mit der Sprache (auch Nonsens- oder Phantasiesprache), um metrisch- und freimetrisch-rhythmische Verläufe eigenständig oder als Vorform für instrumentale oder vokale Versionen zu gestalten. Sprechen und Singen von Texten in verschiedenem Tempo und mit besonderem rhythmischen Profil zum Bewußtmachen metrischer Verhältnisse und zum Erfahren von Ausdrucksqualitäten des Rhythmus. Planung und Realisation von Liedern, Sprechversen und Szenen unter rhythmischen und metrischen Gesichtspunkten. [E] Untersuchen von Schallerzeugern (klingenden Materialien und Instrumenten) auf ihre natürliche und auf ihre machbare Schalldauer. Ordnung der Instrumente nach Schalldauer-Typen. Übertragen der unter S angegebenen Übungen auf den instrumentalen Bereich. Gestalten von vorwiegend rhythmisch orientierten Spielstücken. [B] Erfassen, Gliedern und Darstellen von Zeitabläufen. Erkennen, Darstellen und

Themenbereiche der Musiklehre	Unterrichtsinhalte der Musiklehre	Korrelierende Inhalte der anderen Lernbereiche
		S = Singen und Sprechen; E = Elementares Instrumentalspiel; B = Musik und Bewegung H = Musikhören; I = Instrumenteninformation

		Beobachten von freirhythmischen und von rhythmisch-metrischen Strukturen. Bewegungsmäßiges Verdeutlichen der zu diesem Themenbereich eingeführten Begriffe.
		[H] Allgemeine Grunderfahrungen in bezug auf Zeitdauer in der Musik durch Hören von Stücken. Erkennen der Relationen zwischen verschiedenen Tondauern, Festhalten durch Notierung. Mitklopfen bestimmter Rhythmen, wiederkehrender Formteile oder Passagen besonderer rhythmischer Prägnanz, die bewußt gemacht werden sollen. Nachvollziehen gehörter rhythmischer Abläufe aus der Erinnerung.
		[I] Unterscheiden von Melodie- und Rhythmusinstrumenten. Welche Schlaginstrumente klingen lange nach, welche weniger, welche gar nicht?
Ordnungen im Tonraum a) Töne in sukzessiver Folge	- Erkennen von Tonhöhenunterschieden. - Beobachten melodischer Bewegungsvorgänge. - Bestimmen von Tonabständen. - Sichten und Zusammenstellen des Tonmaterials vorwiegend elementarer Ordnungen ohne Festlegung auf ein bestimmtes tonales Modell. - Umgang mit dem Tonmaterial, von dem erkannt worden ist, daß es bestimmten tonalen Ordnungen zugehört - sowohl im improvisatorischen Spiel wie auch bei der Planung kleiner musikalischer Abläufe.	[S] Sprechen in wechselnder Höhenlage, Erkennen und Aufzeichnen unterschiedlicher Satzmelodien (Aussage, Frage, Ausruf). Verhältnis von Kinder-, Frauen- und Männerstimmen. Singen von Liedern im natürlichen Stimmbereich der Kinder (im Tonraum c'-f''), dabei sauber intonieren. Erfahren des eigenen Stimmumfanges. Erkennen und Benennen der Stimmgattungen. Erfinden kleiner Lieder zu gegebenem Tonmaterial. [E] Ordnen klingender Materialien und elementarer Instrumente nach ihrer Tonhöhe; Feststellen der Tonumfänge bei den Stabspielen. Zusammenstellen tonischer und chordischer Tonreihen. Erproben der Möglichkeiten, mit dem auf diese Weise verfügbar gewordenen Tonmaterial Melodien zu bilden und zu improvisieren. [B] Erkennen von Tonhöhen und von melodischen Strukturen. Nachzeichnen und Darstellen durch Bewegen. [H] Hören von Musikstücken unter Gesichtspunkten von Tonhöhe, melodischer

157

Themenbereiche der Musiklehre	Unterrichtsinhalte der Musiklehre	Korrelierende Inhalte der anderen Lernbereiche
		S = Singen und Sprechen;
		E = Elementares Instrumentalspiel;
		B = Musik und Bewegung;
		H = Musikhören;
		I = Instrumenteninformation

		Bewegungsrichtung und Tonmaterial. Untersuchen von instrumental dargebotenen Melodien, Themen oder Motiven auf die Möglichkeit, sie nachzusingen oder nachzuspielen. Beschreiben und grafisches Notieren von Tonhöhenbewegungen bei charakteristischen Ausschnitten gehörter Musik.
		I Feststellen der Stimmlagen und des Tonumfanges verschiedener Instrumente. Unterscheidung von Instrumenten mit bestimmter und mit unbestimmter Tonhöhe (Geräuschinstrumente).
b) Gleichzeitig erklingende Töne	- Bewußtmachen von komplexen Klängen in unserer alltäglichen Schallumgebung. - Bestimmen von verschiedenen Komponenten von Zusammenklängen: Schallfarbe, Tonhöhe, Dichte, Dynamik, Artikulation. - Hören und Spielen von Ein-, Zwei-, Dreiklängen und Clustern. Erkunden ihrer Ausdruckswerte und ihrer Wirkungen an exemplarischen Musikausschnitten.	S Lieder mit Instrumentalbegleitung: Elementare Satzformen (Orgelpunkt, Bordun, Ostinato, Kanon, Spiegelung, Terzen- und Sextenbegleitung, Stufen, illustrative Klangeffekte). Singen von Akkorden und Clustern auf Tonsilben, Vokalen und stimmhaften Konsonanten, leichte Kanons. E Selbstfinden und Üben von Begleitformen zu Liedern (s. o.) und instrumentalen Melodien. Finden von Melodien zu gegebenen Begleitformen. Erkunden, wie sich Instrumente auf Grund ihrer Klangcharakteristik zueinander verhalten: Was paßt zusammen, was nicht? Welche Klänge verschmelzen miteinander? Welche haben keinerlei Beziehung zueinander? Spiel gegebener Intervalle und Akkorde, improvisatorisches Spiel mit Zusammenklängen. B Darstellung elementarer Formen von Mehrstimmigkeit durch Bewegung. Charakterisieren der unterschiedlichen Klangeigenschaften durch Mimik, Gebärde und Gestik. H Hören von Umweltschall verschiedener Art und von geeigneten Musikstücken unter dem Gesichtspunkt vertikaler Ordnungen. Beschreiben der Wirkung von Zusammenklängen. Versuche graphischer Notation. I Unterscheiden von Melodie- und Akkordinstrumenten.
Klangfarbe	- Die Abhängigkeit des Klanges von Material und Klangerzeugungs-	S Verschiedene Ausdrucksmöglichkeiten der Stimme erkennen, finden und anwenden. Stimmfärbungen durch Vokal- und

158

Themenbereiche der Musiklehre	Unterrichtsinhalte der Musiklehre	Korrelierende Inhalte der anderen Lernbereiche
		S = Singen und Sprechen; E = Elementares Instrumentalspiel; B = Musik und Bewegung; H = Musikhören; I = Instrumenteninformation

| | art erkennen, erproben und anwenden.
- Benennen von Klangfarbenunterschieden. Erfahren von Klangeigenschaften und
- Zuordnen zu Instrumenten und Instrumentengattungen. | Konsonantklänge, ferner durch Manipulationen der Stimme (Sprechen in Hohlkörper der Pauke, in Gießkanne, Mikrophon)
Akustische Phänomene aus Natur, Technik oder Alltagsumwelt unter klanglichen Gesichtspunkten imitieren.
Gestaltung von Nonsens-Versen, freie Worterfindungen.

E Ordnen des elementaren Instrumentariums nach Klangeigenschaften. Zuordnen der verschiedenen Instrumentalklänge zu handelnden Personen oder Situationen eines Handlungsablaufs. Verklanglichen von Geschichten. Untersuchen, wie sich die Klänge spieltechnisch modifizieren lassen.

B Unterschiedliche Bewegungsreaktionen auf akustische Signale gegensätzlicher Klangfarben. Charakterisieren von Klangeigenschaften durch Mimik, Gebärde, Gestik und bewegungsmäßige Darstellung.

H Klänge und Geräusche mit ihren Schallerzeugern identifizieren. Aufzeichnen von Klangfarbenpartituren zu gehörter Musik.

I Identifizieren von Orchesterinstrumenten nach dem Gehör - einzeln und in der Gruppe (über Schallplatte oder Tonbandgerät). Unterscheiden der Klanggruppen des Orchesters.
Erproben von Tonerzeugung und Spieltechniken und Erkennen ihrer Auswirkung auf den Klang (Härtegrade und Material der Schlegel, Bogenführung, Atemdruck, Fell- und Saitenspannung). |
| Dynamik | - Erkennen, Unterscheiden, Benennen und Notieren von "laut", "leise", "lauter werden", "leiser werden". | S Sprechverse in dynamischer Schattierung: flüstern, schreien, sprechen mit wechselnder Tonstärke ...
Lieder mit Echowirkungen, Kehrreimlieder (einer - alle)

E Ordnen der Instrumente nach ihrer Lautstärke, ihren dynamischen Möglichkeiten, Solo- und Tutti-Spiel. Bewußte dynamische Strukturierung von Spielstücken; Verklanglichen von Handlungsabläufen.

B Bewegungsmäßiges und pantomimisches Nachzeichnen dynamischer Abläufe. Darstellen auf Schlaginstrumenten. |

Themenbereiche der Musiklehre	Unterrichtsinhalte der Musiklehre	Korrelierende Inhalte der anderen Lernbereiche
		S = Singen und Sprechen;
		E = Elementares Instrumentalspiel;
		B = Musik und Bewegung;
		H = Musikhören;
		I = Instrumenteninformation

|H| Erkennen und Benennen von dynamischen Abstufungen und dynamischen Übergängen an Alltagsschall und an erklingender Musik. Eintragen von dynamischen Zeichen in traditionell oder graphisch fixierte einfache musikalische Abläufe. Beobachten der Wirkung von Dynamik an ausgewählten Hörbeispielen.

|I| Erkunden der unterschiedlichen dynamischen Möglichkeiten einiger Instrumente; "laute" und "leise" Instrumente.

Form

- Musikalische Einheiten in ihrem zeitlichen Nacheinander als Formverläufe verfolgen, beschreiben, nachvollziehen und nach eigener Planung selbst gestalten. Formprinzipien: Frage - Antwort; Wiederholung - Veränderung; Verwandlung (allmähliche Veränderung) - Wechsel (plötzliche Veränderung)
- Umgang mit einfachen Strukturformen in der Musik: Motiv, motivische Reihungsformen (Ostinato, Sequenz), Kehrreim-Lied, A-B-A-Form, Kanon, Kettenrondo.

|S| Gestaltung gesprochener Texte nach bestimmten Formverläufen: Steigerung - Rückentwicklung; Kontraste in Lautstärke, Tempo und Artikulation. Sprechkanons. Übertragung auf gesungene Texte. Lieder in Dialogform, mit Kehrreim; Rundgesänge.

|E| Spielstücke mit elementaren Begleitformen (Bordun, Ostinato, Klangteppich), zwei- und dreiteilig; Wechsel der Begleitform und der Spielweise bei neuen Formteilen.
Gestaltung von Rondos mit improvisierten Zwischenspielen (sowohl mit "körpereigenen" Instrumenten wie Klatschen, Stampfen, Pfeifen, Summen, als auch mit Schlagwerk).

|B| Bewegungsmäßiges Darstellen formaler Gliederungen einzeln und in der Gruppe: Frage - Antwort, dreiteilige Formen, Rondo, Kanon, Motiv, Ostinato.

|H| Erkennen und Beschreiben von Gliederungen, Strukturen und Ordnungen an formal leicht zu überblickenden Musikstücken oder Werkausschnitten. Erstellen einfacher Hörpartituren, die geeignet sind, bestimmte Formteile zu verdeutlichen.

|I| Hören von Musikbeispielen, deren Teile sich durch Wechsel der Instrumentierung auffallend unterscheiden (Menuett mit Trio, Sätze aus der Feuerwerks- oder der Wassermusik von G. F. Händel, 4. Brandenburgisches Konzert von J. S. Bach, ...).

NOTATION UND NOTENLERNEN

Welche Bedeutung kommt dem Erwerb der Fähigkeit, mit Notationsformen umzugehen, im Lernprozeß tatsächlich zu? Über diese Frage
ist in der musikpädagogischen Literatur der letzten Jahre viel diskutiert worden. Immerhin haben diese Diskussionen zu manch heilsamer
Revision geführt. Natürlich kann die Notenschrift, losgelöst von ihren
eigentlichen Funktionen, nicht eigenständiger Inhalt von Musikunterricht sein. Aber sie ist im Laufe der Geschichte ein wesentliches Hilfsmittel geworden für den, der komponiert, musiziert, Musik hört oder
über sie reflektiert.
So braucht gerade auch der Musikschüler für seine Tätigkeit die Notenschrift als sachangemessene Handhabe im Umgang mit Musik.
Er muß
    1. Musik notieren,
    2. notierte Musik verwirklichen können.
Im ersten Fall ist die real erklingende Musik oder die erdachte, geplante, zu "komponierende" Musik der Ausgangspunkt, zu der die entsprechenden Notenzeichen einzusetzen sind. Im zweiten Falle stehen
die schriftlichen Zeichen am Anfang; sie sind in innere Tonvorstellungen und dann in erklingende Musik umzusetzen.

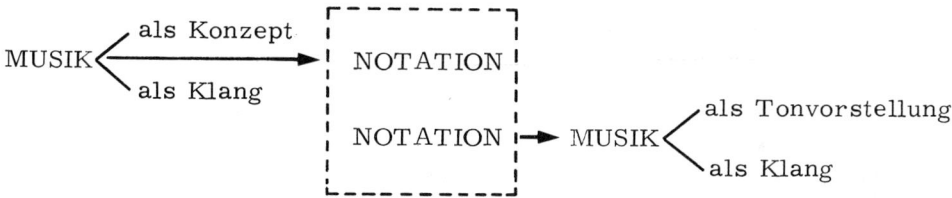

Die Notation bezieht sich - und das hat die Didaktik früherer Jahrzehnte
nicht immer gebührend berücksichtigt - stets unmittelbar auf die Musik
selbst. "Sie ist nur sinnvoll, wenn sie die Musik selbst immer wieder
notwendig macht und herbeizitiert - real erklingend oder in der Vorstellung - ...; darum steht die Musik ... am Anfang wie am Ende des
Lernprozesses" (S. Vogelsänger: Musik als Unterrichtsgegenstand,
Mainz 1970).
Im Unterricht ist die Notenschrift vielfach nicht nur "sachangemessene
Handhabe im Umgang mit Musik", sondern auch Veranschaulichungsmittel. In dieser Beziehung werden die Erwartungen an die Notation
allerdings oft überschätzt; denn keine der gebräuchlichen Notationsweisen bildet die Eigenschaften erklingender Musik in allen ihren We-
sensmerkmalen ab.

Die traditionelle Notenschrift z. B. sagt nichts über die Beziehungen, welche zwischen den einzelnen Tönen und Klängen bestehen; gleiche Zeichen stehen für nur scheinbar gleiche Klänge, die im veränderten Kontext aber u. U. in abgewandelter Funktion und Bedeutung auftreten. Wem es nicht gelingt, eine dem Notenbild adäquate innere Klangvorstellung zu entwickeln, dem bleiben die Noten ein nur recht oberflächliches, auf Äußerlichkeiten beschränktes Verständigungsmittel. Das Vorstellungsvermögen teilt sich erst dem mit, der Klang- und Notationserfahrungen in ihrem steten Wechselspiel und über längere Zeit hinweg erwerben konnte. Daher wird die ständige Korrelation zwischen praktischem Musizieren und Notenlehre zu einer unerläßlichen Voraussetzung für einen Unterricht, der die Fähigkeit zu entwickeln hat, aus dem Notenbild innere Klangvorstellungen abzuleiten. In dieser Beziehung haben die Kurse der MGA gegenüber dem Musikunterricht der allgemeinbildenden Schulen eine weitaus bessere Position, da durch die ausgedehntere Musizierpraxis in stärkerem Maße tonräumliche Erfahrungen vermittelt werden.

Einen weiteren Mangel müssen wir beim Gebrauch der Notenschrift als Veranschaulichungsmittel in Kauf nehmen: "Mit der schriftlichen Fixierung" wird "die Musik aus einem dynamischen in einen statischen Zustand versetzt... In der statischen Skizze des Notenbildes nimmt auch die zeitliche Ausdehnung der Musik eine räumliche an und wird dadurch mißverständlich" (Vogelsänger, a.a.O., S. 41/42). Es wäre sicher bedenklich, wenn man sich im Unterricht auf ein Veranschaulichungsmittel beschränkte, das einen typischen Wesenszug des abgebildeten Objektes nicht adäquat wiedergibt. In diesem Zusammenhang spielt deshalb der Lernbereich "Musik und Bewegung" eine wichtige Rolle: Die Erfahrungen in Raum und Zeit, die die Kinder hier sammeln, entsprechen denen, die der Dynamik musikalischer Abläufe zugrunde liegen. "Der Schwerpunkt der musikalisch-rhythmischen Erziehung liegt im Beobachten, Erfahren, Bewußtwerden und Erfinden musikalischer Elemente, Gestalten und Strukturen durch Bewegen" (Lehrplan MGA). Eine Lücke, die die Notation als Veranschaulichungsmittel offenläßt, wird hier also ausgeglichen. Das oben beschriebene Beziehungsgefüge Notenlehre - Instrumentalspiel wird deshalb durch die musikalischrhythmische Erziehung erweitert.

Nun ist zu fragen nach den Notationsweisen im einzelnen, die unterrichtlich zu behandeln sind. Die traditionelle Notenschrift allein reicht nicht aus, weil sie nicht alle Stilbereiche unseres Musiklebens abzudecken vermag und weil ihr, wie oben nachgewiesen worden ist, die nötige Anschaulichkeit fehlt. Deshalb müssen grafische Notierungsweisen mit in den Unterricht einbezogen werden.

In der Regel berücksichtigt eine zeitgemäße Unterrichtsgestaltung diese Forderung: leider werden grafische Notierungsweisen aber meist nur als "Einstiege" benutzt - als Vorstufe, die zur "eigentlichen" Notenschrift hinführt. Das liegt daran, daß sie mit den Maßstäben der traditionellen Notenschrift gemessen werden; dabei stellt sich dann

heraus, daß die Grafiken manches ungenauer als die traditionelle Notenschrift wiedergeben (z. B. die Tonhöhen). Bei diesem einseitigen
Vergleich wird übersehen, daß gegenüber solchen Mängeln andere Eigenschaften eines musikalischen Ablaufes bei einer Grafik optisch viel
deutlicher in Erscheinung treten: Zusammenhänge, Tendenzen, Prozesse, Ganzheiten werden in bedeutend augenfälligerer Weise sichtbar
gemacht. Die Funktionen beider Notationsformen sind also unterschiedlich: deshalb sollte man nicht die eine als Vorbereitung, gleichsam als
Elementarstufe, für die andere benutzen, sondern beide nebeneinander
und ihren besonderen Eigenarten entsprechend verwenden. Die Zeichen,
deren sich die Notationsweisen bedienen, kommen auf zweierlei Art zustande. Und das sollte beachtet werden, weil sich daraus methodisch-
didaktische Konsequenzen ergeben. Es gibt ikonische und symbolische
Zeichen (Peter Fuchs: Notation im Unterricht - Verständnis für Zeichen, in: Karlsruher Versuche für den Musikunterricht der Grundschule, Stuttgart 1974).
Die Bedeutung der ikonischen Zeichen steht in ursächlichem Zusammenhang mit dem Erscheinungsbild des Zeichens. Für ein punktuelles Klangereignis etwa wird ein Punkt gesetzt, für einen langen Ton eine entsprechend lange Linie, für ein fortlaufendes Auf- und Abwärtsglissando eine
Wellenlinie.
Die Geschichte der Notation von Musik schlechthin beginnt mit ikonischen Zeichen. Die mittelalterlichen Neumen, deren Gebrauch seit Mitte
des 8. Jahrhunderts bezeugt ist, waren zunächst Abbild der Handbewe-
gungen, die nachzeichnend den Verlauf der Melodielinien angaben. Erst
nach und nach emanzipierte der Einzelton, für den dann Zeichen mit
Symbolcharakter gesetzt wurden, wie folgende Gegenüberstellung verdeutlicht:

Name	Übertragung	Paläofränkische Neumen, 9.-12. Jahrh.	Quadratschrift um 1400
Punctum			
Pes			
Clivis			
Torculus			
Porrectus			

Im Schriftbild der modernen Musik sind die ikonischen Zeichen wieder zu besonderer Bedeutung gelangt, wie folgender Partiturausschnitt zeigt:

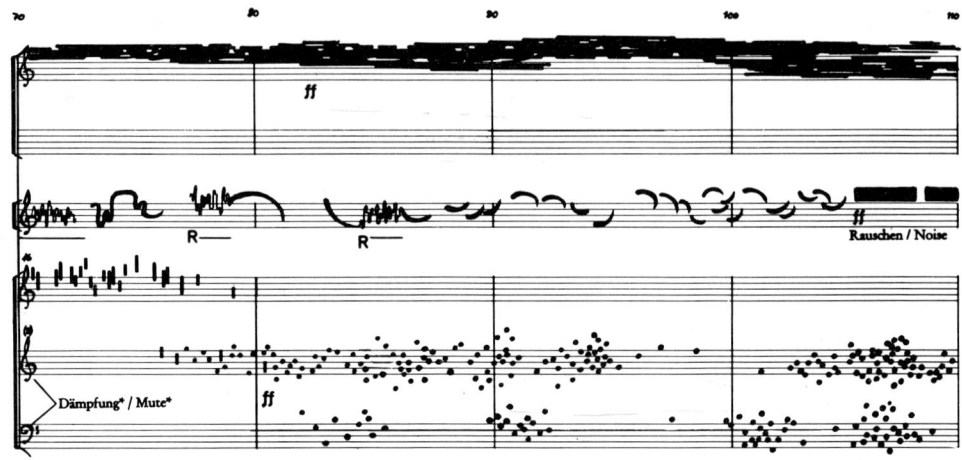

Dieter Schönbach: Canzona da Sonar III für Sopran-Blockflöte, Klavier und Tonband, Partiturausschnitt (Moeck)

Der Bedeutungsgehalt der symbolischen Zeichen erklärt sich auf ganz andere Weise. Er beruht auf Vereinbarungen der Gruppe, die mit ihnen umgeht. Sie können ganz willkürlich gewählt sein, nur muß die Gruppe sie akzeptieren. Ihr Bedeutungsgehalt ist dann am leichtesten zu entnehmen, wenn die Zeichen besonders prägnant und sinnfällig gestaltet sind. In der Neuen Musik ist es üblich, daß der Komponist in einem gesonderten Kommentar angibt, was die von ihm verwendeten Zeichen im einzelnen ausdrücken sollen. Da diese Zeichen oft nicht für sich sprechen, blieben sie ohne eine solche Definition unverständlich.

Cornelius Cardew: Solo with accompaniment, Partiturausschnitt (Universal Edition)

Die meisten Notationsformen verwenden sowohl ikonische wie auch symbolische Zeichen, wie der folgende Partiturausschnitt zeigt:

164

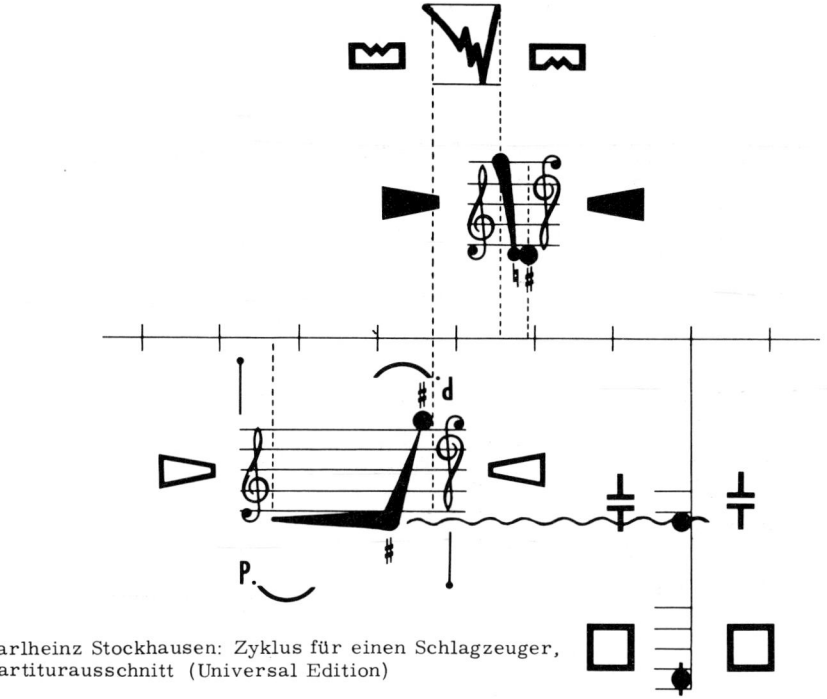

Karlheinz Stockhausen: Zyklus für einen Schlagzeuger,
Partiturausschnitt (Universal Edition)

Das gilt auch für die traditionelle Notation, die sicher vorwiegend als
Symbolschrift anzusprechen ist, sich aber in vielen Zügen auch ikonisch
deuten läßt. Im folgenden Beispiel fällt die Massierung kurzer Einzel-
töne gegenüber Liegetönen auch bildlich ins Auge:

Antonio Vivaldi: Die vier Jahreszeiten, La Caccia, Partiturausschnitt (Eulenburg)

165

Nun wird für den Lehrer, dem es obliegt, in den Umgang mit Noten einzuführen, für die Gestaltung seines Unterrichtes die unterschiedliche "psychische Nähe" beider Notationsprinzipien bedeutsam. Es ist leichter, den Gebrauch von Zeichen zu vermitteln, deren Bedeutungsgehalt ohne ausführlichen Kommentar und ohne Absprache intuitiv erfaßt werden kann. Das Erlernen eines Systems von Symbolen - gleichgültig, ob dieses System selbst erstellt worden ist oder ob es sich um ein vorgegebenes Zeichenvokabular handelt - ist schwerer. Deshalb wird es sinnvoll sein, die Verwendung ikonischer Zeichen an den Anfang zu stellen. Im Unterricht zeigt sich dann bald, daß es unmöglich ist, für alle Merkmale der erklingenden Musik grafische Entsprechungen zu finden und daß diese grafischen Darstellungen individuelle und unterschiedliche Ausformungen zulassen. So ergibt sich die Notwendigkeit der Absprache von Symbolen mit festem Bedeutungsgehalt ganz von selbst; denn die Zeichen sollen schließlich der Verständigung in der Gruppe dienen und gemeinsam verstanden werden.

"Da das Selberfinden von Zeichen und Zeichensystemen grundlegende Einsichten in ihre Entwicklung und Verwendung ermöglicht, ist es mindestens ebenso wichtig wie das Erlernen von fertigen Systemen. Ein Notationskurs sollte also mit dem Aufbau eines eigenen Systems beginnen. Daran kann sich die Beschäftigung mit einem standardisierten System anschließen, dessen Zeichenrepertoire entweder durch Vergleich eines Gehörseindrucks mit der dazugehörigen Notation erschlossen" oder einfach gelernt wird (Fuchs, a.a.O., Seite 71).

Im übrigen ist der ständige und selbstverständliche Umgang mit den Noten in ihrer wirklichen Funktion, als Verständigungsmittel im Medium und über das Medium Musik, die beste Form des Notenlernens. Deshalb sollte die Notation von Anfang an nicht isoliert, nicht als eigenständiger Unterrichtsinhalt, behandelt werden, sondern als notwendiges Hilfsmittel beim Musikhören, beim Mitlesen von Musik, beim Musikmachen und beim Sprechen über Musik.

Wichtig ist dabei, die Notationsformen gleich als etwas zu gebrauchen, womit man Sinnzusammenhänge, d.h. wirkliche Erscheinungsformen der musikalischen Umwelt abbilden kann; denn die Wahrnehmung von Sinn-Einheiten kommt nicht, wie früher angenommen wurde, durch ein Zusammenfügen der zunächst wahrgenommenen Einzelteile zustande, sondern durch Untergliederung eines ursprünglichen Gesamteindrucks. Deshalb sollten auch nicht der Einzelton, die Einzelnote, nicht der isolierte Parameter am Anfang eines Lernvorganges stehen, sondern Einheiten, die bereits für sich einen Sinn haben. Diese Sinn-Einheiten - man möge den scheinbaren Widerspruch in der Formulierung richtig verstehen - sind also psychologisch elementarer als die Elemente selbst. Das Motiv steht vor dem Einzelton, die Melodie vor dem Intervall - und nicht umgekehrt.

Es soll nun versucht werden, Möglichkeiten aufzuzeigen, wie grundlegende Einsichten in die Bedeutung von Notationszeichen vermittelt werden können. Die Schüler müssen lernen, daß

1. musikalische Vorgänge grafische Entsprechungen haben können, die auch ohne Absprache verstehbar sind (ikonische Zeichen),
2. diese ikonischen Zeichen durch gemeinsam zu verabredende Symbole ergänzt werden müssen, weil sonst ein nur begrenzter Bereich von Merkmalen in der Musik zu notieren wäre,
3. die traditionelle Notenschrift sowohl ikonische wie auch symbolische Züge hat, deren Bedeutungen im einzelnen erkundet und angewendet werden müssen.

Für alle diese Lernbereiche gilt, daß sowohl
A. das Umsetzen von Notationszeichen in Musik (vom Zeichen zum musikalischen Klang) als auch
B. das Notieren von Musik (vom musikalischen Klang zum schriftlichen Zeichen) zu behandeln sind.

Beispiele

1. Ikonische Zeichen

A. Umsetzen gegebener Notationsbeispiele

An der Wandtafel oder auf großen Papptafeln sind Kästchen etwa folgender Art abgebildet:

 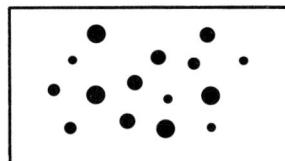 

Die Zeichen geben unterschiedliche Schallabfolgen wieder (nach Dauer, Höhe und Stärke der Klänge). Zunächst stellen die Kinder beim Betrachten der "Schallbilder" Hörerwartungen an. Dann werden ihnen entweder vom Tonbandgerät in veränderter Reihenfolge die dazugehörigen Klangbeispiele geboten, die nun den Grafiken zuzuordnen sind, oder die Kinder versuchen, die Schallbilder selbst zu realisieren.
Danach sollten die Schüler auch eigene Grafiken entwerfen und sie musikalisch wiedergeben. Dabei reicht als Instrumentarium das übliche Schlagwerk nicht aus; als besonders ergiebig hat sich das Spiel auf Blockflöten-Köpfen erwiesen. (Eine Hand hält das Instrument, die andere manipuliert am Kopfende und beeinflußt durch verschieden weites Öffnen des Rohres die Tonhöhe.) Genau so gut können manche Übungen aber auch vokal ausgeführt werden. Auf diese Weise lassen sich

167

Grafiken der folgenden Art leicht in Klang umsetzen (zuerst einzelne Kästchen, dann mehrere in wechselnder Kombination):

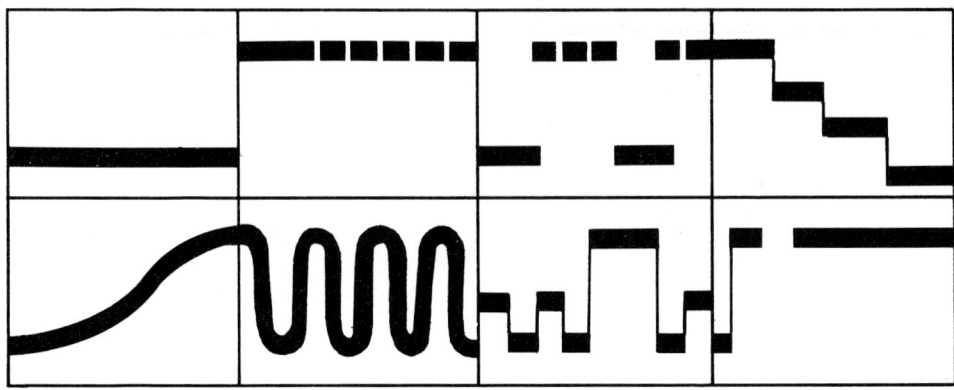

B. Notieren von Musik

Die Kinder hören den ersten Teil des Stückes "Mei" für Soloflöte von Kazuo Fukushima (Edizioni Suvini, Milano 1966; Schallplatte: Wergo 60052). Das Stück besteht aus einer Folge von Strukturelementen, die grafisch so wiedergegeben werden können:

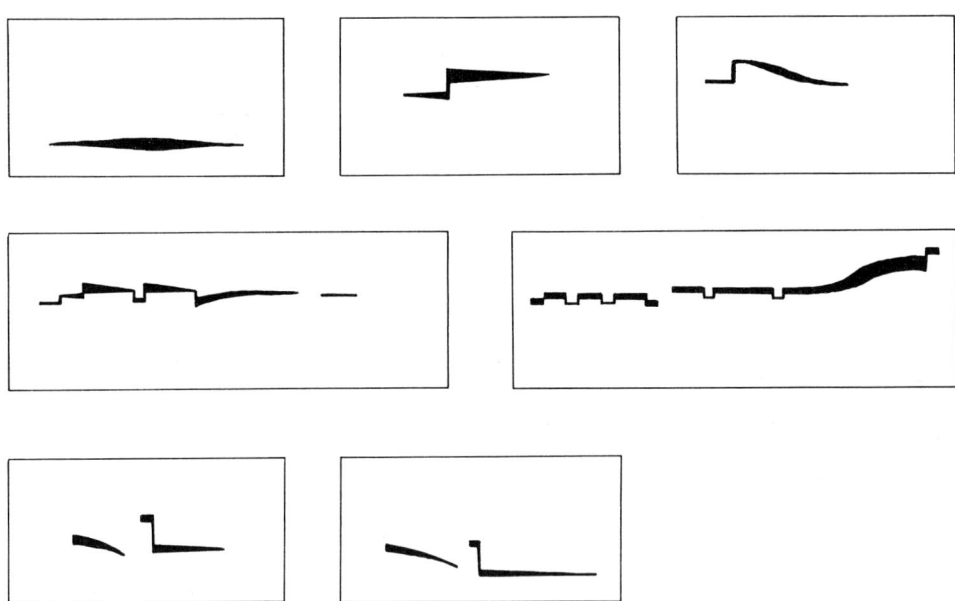

Die Kinder hören das Flötensolo und verfolgen seinen Verlauf an Hand dieser Grafiken. Zwei Kästchen - etwa das 3. und das 6. - sind in der Darstellung, die den Kindern vorliegt, leer geblieben. (Am günstigsten

168

ist es, alle Kästchen in einer Ebene aufzureihen. Das ist auf einer Wandtafel oder einer Tapetenrolle möglich, nicht aber auf der vorliegenden Buchseite.) Es ergibt sich nun die Aufgabe, nach wiederholtem Hören die noch fehlenden grafischen Strukturen nachzutragen.

2. Symbolische Zeichen

A. Umsetzen gegebener Notationsbeispiele

Die Kinder betrachten den Ausschnitt einer Partiturseite aus Ladislav Kupkovič "mäso kríža" (Universal Edition Nr. 14 132), einem avantgardistischen Stück für Posaune, 6 Pauken, 3 Tamtams (Gongs verschiedener Größe) und Kirchenglocke.

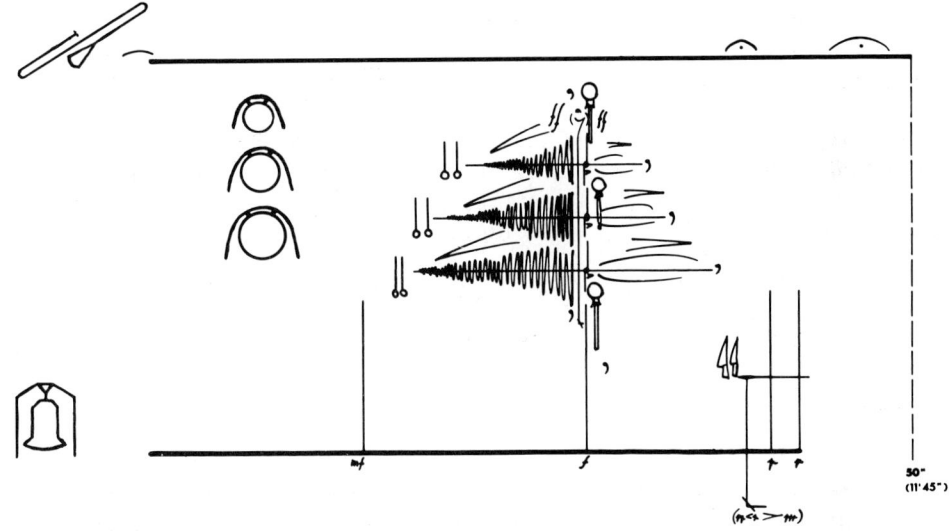

Die ikonisch zu deutenden Zeichen werden sie sich bald erklären können, ebenso die nacheinander einsetzenden Tremoli der Gongs und ihr Crescendo, sicher auch den Schlag, der das Tremolo abschließt. Vielleicht können sie sogar den gleichmäßig durchklingenden Ton der Posaune und der Kirchenglocke erkennen. Nun kommt es darauf an, die Bedeutung der symbolischen Zeichen zu erschließen. Das ist bei dem o.a. Musikbeispiel verhältnismäßig leicht: Instrumenten- und Schlägelsymbole sprechen für sich, über Lautstärkebezeichnungen und Fermaten gibt der Lehrer Auskunft.
Nach der Beschäftigung mit dem Partiturausschnitt (hörend und mitlesend) sollte den Kindern Gelegenheit gegeben werden zum eigenen Spiel mit einem ähnlichen Instrumentarium: drei Becken verschiedener Größe, Kopf einer Baßblockflöte, eine Art Gong an Stelle der Kirchenglocke. Sie können auch selbst Schlagwerkstücke mit frei erfundenen Symbolen entwerfen.

B. Notieren von Musik

Einstieg: eigener Spiel

Ausgangspunkt ist das Hören eines Instrumentalstückes, das die Schüler spieltechnisch und mit dem ihnen zur Verfügung stehenden Instrumentarium selbst ausführen können. Für diesen Einstieg sprechen zwei Gründe:

1. Der Notationsvorgang hat für die Kinder nur dann einen Sinn, wenn er gleichsam Brückenpfeiler auf dem Weg zum genauen Nachspiel des gehörten Stückes darstellt, wenn er für sie als die rationellste und einfachste Art akzeptiert wird, das nötige Rüstzeug zur Erfüllung der Aufgabe bereitzustellen.

2. Die günstigste Voraussetzung zum genauen Erfassen musikalischer Abläufe ist die Erfahrung, die man beim Selbstherstellen ähnlicher oder gleicher Klänge bereits gemacht hat: Kenntnis des klingenden Materials und verschiedener Möglichkeiten, damit Klänge zu erzeugen.

Die Schüler haben inzwischen einige Erfahrung im Umgang mit Xylophon, Handtrommeln und Blockflötenköpfen. Vom Tonband wird ihnen eine kurze Musik vorgespielt, die vorher vom Lehrer mit Hilfe dieser Instrumente erstellt worden ist. Die Kinder sind nunmehr in der Lage, eine Reihe charakteristischer Merkmale mit den bisher verabredeten Symbolen zu notieren: Den langen Flötenton, die raschen Tonfolgen der Schlaginstrumente, vielleicht auch schon die unterschiedlichen Tonhöhen des Xylophons. Da bei den Schlaginstrumenten Schlägel verschiedener Härtegrade (Hartgummi - Filz) verwendet worden sind, stellt sich die Frage, wie diese Klangunterschiede durch Zeichen verdeutlicht werden sollten. Die Gruppe (nicht der Lehrer) entscheidet sich schließlich für ein bestimmtes Symbol. Die Partitur könnte dann etwa folgendermaßen aussehen:

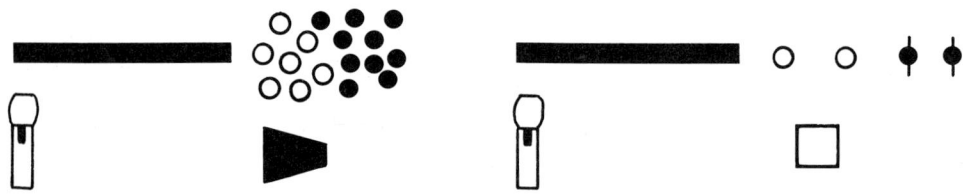

Und die Erklärung der verwendeten Symbole:

⬛ Blockflötenkopf		▬▬▬	langer Ton
◢ Xylophon		○	Schlag mit Filzschlegel
☐ Trommel		●	Schlag mit Holzschlegel
		⬥	Schlag auf den Rand

3. Die traditionelle Notenschrift

A. Umsetzen gegebener Notationsweisen

Wenn Kindern nach den oben skizzierten Unterrichtsbeispielen zum ersten Male ein konventionelles Notenbild mit der Vielzahl seiner Zeichen vorliegt, sollte man ihnen reichlich Zeit lassen, ihre Hörerwartungen zu beschreiben. Sie haben viele Fragen und vermuten mit Recht hinter jedem Zeichen auch einen bestimmten Bedeutungsgehalt, den es zu erschließen gilt. Die Vermutungen werden an der Tafel festgehalten und beim wiederholten Abhören der Musik auf ihre Richtigkeit überprüft.
Es ist über lange Zeit hin nicht nötig, beim Deuten der Zeichen Vollständigkeit anzustreben. Jede sachlich richtige Erschließung sollte aber katalogartig festgehalten werden und in folgenden Stunden wieder anklingen. Der Lehrer hat es durch die Auswahl der Notenbeispiele in gewissem Grade in der Hand, welche Zeichen jeweils bei den Kindern in den Mittelpunkt des Interesses rücken.
Er muß nach den Gegebenheiten seiner Schülergruppe und der zur Verfügung stehenden Hilfsmittel selbst entscheiden, ob er den Kindern gleich eine Partitur mit mehreren Stimmen vorlegt oder ob er sich zunächst auf eine einstimmige Melodie beschränkt. Ein Lied sollte es jedenfalls nicht sein, da die Kinder dieser Entwicklungsstufe nicht in der Lage sind, Musik und Schriftbild ohne Rücksicht auf den Bedeutungsgehalt des Textes zu betrachten und deshalb letztlich nicht auf das achten, worauf es in diesem Zusammenhang ankommt.
Die Beispiele sollten einige sinnfällige Merkmale haben, die sich sowohl über das Ohr wie auch im Notenbild leicht ausmachen lassen. Bei dem folgenden Mozart-Kanon ("Auf das Wohl" KV 508), der instrumental wiedergegeben werden sollte (etwa auf Flöte, Oboe und Violine), werden besonders die Tonhöhen und die Notenwerte das Interesse der Kinder wecken.

171

Wichtig ist, daß Partiturbild und akustische Wiedergabe prägnant sind. Am günstigsten ist es, wenn die Kinder das Notenmaterial in gut lesbarer Wiedergabe selbst in der Hand haben. Der Tafelanschrieb sollte wegen seiner grafischen Unvollkommenheiten bei größeren Partituren die Ausnahme bleiben. Bei einem Stück wie dem folgenden wäre er ohnehin für den Lehrer unzumutbar:

W. A. Mozart: Konzert für Flöte und Harfe mit Orchester, KV 299; einige Takte aus dem 3. Satz

Der optische Eindruck einer solchen Partitur verwirrt die Kinder nur dann, wenn man sich bei der Betrachtung zu rasch in Details verliert. Grob sinnfällig sind hier die Klanggruppen. Von der Vielzahl der Instrumente erhalten die Kinder einen Globaleindruck, der durch Betrachten eines Bildes, auf dem ein Sinfonieorchester wiedergegeben wird, und durch Hören weiterer Abschnitte aus dem Mozartkonzert vertieft werden kann. Die allmähliche Differenzierung dieses Globaleindrucks ist ein langer Prozeß, der sich über Jahre hinzieht - für den aber durch diese doppelt sinnfällige Erstbegegnung mit einem exemplarischen Musikwerk eine tragfähige Motivationsgrundlage geschaffen worden ist.

B. Notieren von Musik

Gehörte Musik in Form traditioneller Noten aufzuschreiben, ist an Voraussetzungen gebunden, die im Grundkurs höchstens in allererstens Ansätzen erworben werden können. Man sollte sich deshalb im wesentlichen auf Zuordnungsübungen beschränken - wie der folgenden:
Die Kinder haben ein bestimmtes Musikstück wiederholt gehört, und zwar so oft, daß sie sich den Anfang gut eingeprägt haben. Am besten eignet sich ein Stück, das Inhalt der vorhergehenden Lernphase (Musik und Bewegung, Instrumenteninformation, Musikhören ...) gewesen ist. Auf dem Boden liegen mehrere Pappkärtchen; jedes trägt die Notation der ersten Takte eines Musikstückes. Die Kinder müssen nun beim Hören herausfinden und begründen, welches Kärtchen die Noten des gehörten Klangbeispiels wiedergibt. Dieses Spiel läßt sich zum Puzzle mit Notations-Bausteinen erweitern. Jede Karte trägt die Notation des Anfanges einer Variation aus einer den Kindern bekannten Variationsreihe. Zu diesem Spiel eignen sich einige Variationen aus "Ah! vous dirai-je, Maman" von Mozart:

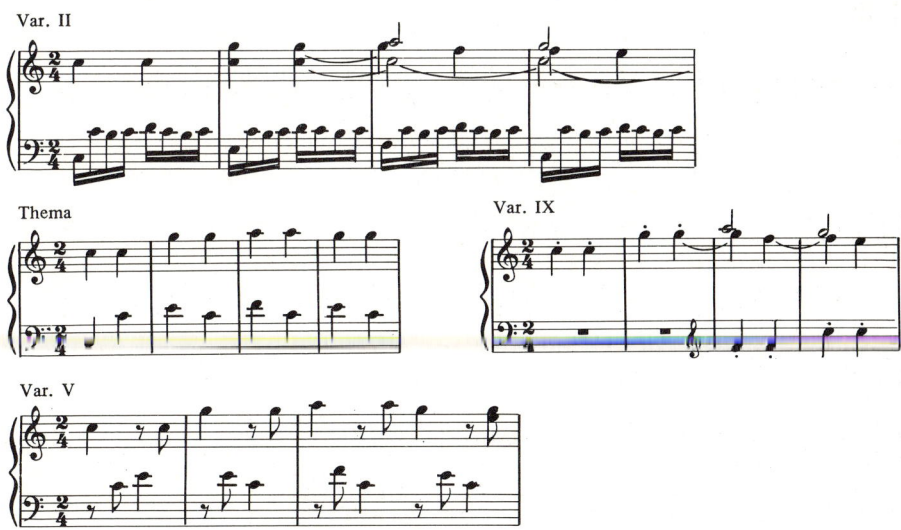

Kurze musikalische Einheiten lassen sich im Puzzlespiel auch vollständig zusammensetzen. Beim folgenden Beispiel enthält jede Karte einen
kurzen Melodieabschnitt. In der richtigen Reihenfolge ergeben die Abschnitte ein Lied, das die Kinder kennen ("Ich bin der Uhu" von Jens
Rohwer). Natürlich dürfen die Karten den Text nicht enthalten. (Siehe
auch: L. Auerbach, Lernspiele und Spielformen, S. 35.)

Der Prozeß des Notenlernens erfordert von Anfang an eine kontinuier-
liche Arbeit. Bereits der Grundkurslehrer sollte die Vielfalt der Möglichkeiten, unterrichtlich mit Notationsformen umzugehen, weitgehend
ausnutzen. Dann ist die Notenlehre weder für ihn noch für die Kinder
ein trockener Stoff.

174

DAS INSTRUMENT IM UNTERRICHT

Wolfang Stumme: Zur Information über Instrumente im Unterricht

Ernst Wieblitz: Über den Umgang mit dem Orff-Instrumentarium

Lore Auerbach: Die Blockflöte in der MGA

ZUR INFORMATION ÜBER INSTRUMENTE IM UNTERRICHT

Während der gesamten Dauer der Grundausbildung kann über Musikinstrumente informiert und Kindern damit Motivation und Entscheidungshilfe für eine spätere eigene Instrumentenwahl gegeben werden.
Dabei wirkt sicher am stärksten - wie auch in allen anderen unterrichtlichen Situationen - das Vorbild. Der Lehrer, der seine Instrumente ständig zur Hand hat und zu ihrer Einbeziehung in den Unterricht immer bereit ist, der durch gutes Spiel und musikalische Gestaltung selbst des kleinsten Motivs musikalische Faszination bewirken kann, wird bei seinen Schülern den Wunsch wecken, diese Instrumente oder wenigstens eins davon auch zu erlernen. Die Identifikation mit dem Lehrer kann zur wichtigsten Motivation für die Instrumentenwahl bei Kindern werden. (Deshalb sollte der Lehrer niemals die Mühe scheuen, sein Instrument mit in den Unterricht zu nehmen. Allerdings: unvollkommenes und wenig engagiertes Spiel kann erhoffte Wirkungen in das Gegenteil verkehren.)
Darüber hinaus sollte jede sich bietende Gelegenheit in Unterricht und Konzert ergriffen werden, Instrumente einzeln und in Gruppen vorspielen und hören zu lassen. Da auch durch eigene Erfahrung in Bau und Spiel von einfachsten "Klangzeugen" Anregungen zu gewinnen sind, ist folgende Informationskette denkbar:
- Einfachste Geräusch- und Klangerzeuger und Klangmaterialien werden gesucht und selbst erfunden, hergestellt und ausprobiert (vgl. S. 48).
- Vielfältige Geräusche und Klänge werden dabei von den Kindern mit Hilfe dieser Klangwerkzeuge als Spielmaterial zum Musikmachen entdeckt (vgl. S. 54).
- Bestimmte Klänge und Klangeigenschaften werden bestimmten Materialien, Bauformen und Klangerzeugungsarten zugeordnet.
- Spieltechniken unterschiedlicher Art werden gefunden.
- Eingekleidete und freie Aufgaben lassen erste Gestaltungsprozesse im Spiel und damit ein erstes Verhältnis zum Spielen mit Instrumenten erfahren.
- Erfahrungen im Klangerzeugen, vorwiegend bisher durch Selbstfinden und im Selbstbauen gemacht, werden auf traditionelle Musikinstrumente erweitert.
- Das Instrument des Lehrers oder mehrere von ihm gespielte Instrumente werden in den Unterricht einbezogen. Hier gibt es reale musikalische Funktionen auch für die im Studium erlernten Neben- und Pflichtinstrumente. Wichtig ist besonders das Klavier wegen seines "Mehrzweckcharakters": zum Vorspielen mehrstimmiger Musik, als Begleit- und Stützmöglichkeit für das Singen, für Bewegung und Tanz, als Hilfe und Demonstrationsmittel bei der Bildung von Klangvorstellungen jeder Art und als Medium beim Erfinden und Improvisieren.
- Das Instrumentalspiel bewirkt durch seine originalen Klänge eine Faszination auf Hörsinn und Hörintensität, die für alle folgenden Hörerfahrungen wesentlich ist.

- Das enge Verbundensein von Spieler und Instrument wird über Körperbewegung, Atem, Gestik und Mimik sichtbar und spürbar, somit kann
  originales, engagiertes und gestaltetes Spiel das Kind verstärkt über
  die beiden Sinnesorgane Auge und Ohr erreichen.
- Über Konzerte und Sendungen mit Musikinstrumenten in Fernsehen
  und Rundfunk wird berichtet und im Unterricht gesprochen (vgl. S. 211).

Die Gelegenheiten, während der Grundausbildung über Instrumente zu
informieren und damit individuelles Interesse zu wecken, sind nicht
an bestimmte Zeitpunkte gebunden. Ebenso muß Vollständigkeit im Kennenlernen des gesamten vorhandenen Instrumentariums nicht
das Ziel der Instrumenteninformation sein. Doch sollten in der Ab-
schlußphase der Grundausbildung, also längere Zeit vor dem Beginn des
eigentlichen Instrumentalunterrichts, möglichst viele der dann noch nicht
bekannten Instrumente, die Kinder erlernen können, vorgestellt, vorgespielt und gehört sein.

Zum Vorstellen von Instrumenten gehören:

- Vorzeigen, Vorspielen, Benennen, Beschreiben, In-die-Handnehmen,
  Spielversuche unternehmen. Beim Beschreiben müssen keineswegs
  alle Bauteile vollständig und fachlich richtig benannt werden. Groß-
  zügige Funktionsdarstellung ist wichtiger, oft unter Bezugnahme auf
  frühere erste Erfahrungen beim Bau von Klangzeugen. Informationen
  über Instrumente sollen erste Neugier befriedigen, spätere Motivationen anbahnen, sich aber nicht zur Instrumentenkunde ausweiten.
- Kurze Hinweise auf das Material, aus dem Instrumente hergestellt
  sind; nur in wenigen interessanten Einzelfällen etwas über Herkunft,
  Alter, Herstellungsvorgang, Zusammenhang von Material und Klangfarbe, wie z. B. bei Blasinstrumenten, bei Rohrblatt, Resonanzkörper,
  Bogen und Saiten (auch hier mit Bezügen zum selbsterfahrenen elementaren Instrumentenbau).
- Geschichte und technische Entwicklung des Instruments sind hier noch
  nicht angebracht; dagegen wird man auf plastische und vereinfachte
  Darstellung der Tonentstehung durch Schwingungsvorgänge nicht immer
  verzichten können, was sinnfällig an elementaren Modellen demon-
  striert werden kann.
- Von jeweils einem Instrument aus sind die "Instrumentenfamilien" zu
  erschließen. Originale Klangbeispiele sollte man sorgfältig
  auswählen.
- Gelegentliches kurzes Anspielen des Instruments mit weniger üblichen
  Spieltechniken (je nach Instrument legato, pizzicato, col legno,
  Flageolett, geschlagen, gestoßen, glissando, con sordino, gestopft,
  überblasen, Klappengeräusche usw.).
- Liedmelodien, die den Kindern bekannt sind, in verschiedenen, auch
  extremen Lagen und Techniken, mit unterschiedlichem Ausdruck
  spielen (wie klingt es dann), den ganzen Tonumfang eines Instruments
  ausspielen, kurze Sätze oder Werkausschnitte aus der Literatur für
  das Instrument vorspielen.

- Zitate aus Kompositionen, die Kinder schon kennen oder später kennen lernen werden, die einen besonders typischen Aussagewert für das Instrument haben, z. B. Prokofieff "Peter und der Wolf", Zeitmaße (Adagio-Allegro-Presto), Kantilene, virtuose Passagen, Mehrstimmigkeit.
- Improvisationen, die Finger- und Spielfertigkeit, humoreske Einfälle aufzeigen, Erfindungen des Spielers nach Schülerwünschen.

Als Ergänzung oder Ersatz, wenn kein originales Vorstellen möglich ist, gehören hierher Klangbeispiele von Tonband und Schallplatte, besonders die Klanggruppen des Orchesters (Streicher, Holz- und Blechbläser, Schlagzeug). Auf dem Tonband zum Schülerbuch befindet sich - neben anderen geeigneten Klangbeispielen - eine hierfür erstellte längere Komposition, in der fast alle Musikinstrumente einzeln, in kleinen Gruppen und im großen Orchester in Variationen zum Lied "Wir sind die Musikanten" erklingen. Auch Tonfilme, die Spieler und Instrumente sehen und hören lassen, sind geeignet.

Zum Besuch einer instrumentalen Vorspielstunde, gestaltet durch Lehrkräfte im kleinen Ensemble, können auch mehrere Grundkurse zusammengefaßt werden.

Ebenso wichtig für die Motivation der Kinder zur späteren eigenen Instrumentenwahl und als Information über alle Arten des Zusammenspiels ist das Heranziehen von gleichaltrigen oder älteren Schülern der Musikschule zu Vorspielstunden. Die Teilnehmer und Preisträger der örtlichen Musikschule am Wettbewerb "Jugend musiziert" haben hier eine angemessene und sinnvolle Wirkungsmöglichkeit innerhalb ihrer Schule; es muß ja nicht immer - wie bei den Bundes- und Landessiegern - die große Öffentlichkeit sein. Die Musikschulen bieten eben ein "kleines Podium" an.

Auch den Studierenden der zentralen Ausbildungsstätten ist im Ensemblevorspiel in den Musikschulen der Musikschulregion eine neue Aufgabe entstanden, wobei sie gleichzeitig selbst Erfahrungen für eigene spätere Musikschultätigkeit sammeln. Gedacht ist hier an eine stufengerechte Werkauswahl, die mit den Lehrkräften abzusprechen wäre und die beim Vorspiel sicher des begleitenden Wortes und des Wechselgesprächs mit den Kindern bedarf.

Kinderkonzerte, die von Kulturorchestern häufig für die 6 - 12jährigen eingerichtet werden, können zusätzlich Motivationen zum Instrumentenspiel bewirken (vgl. S. 129).

Zur Information über Instrumente gehört schließlich fachgerechte Beantwortung aller aus der individuellen und aus der örtlichen Situation gestellten Fragen:
- wie schwer das Instrument zu spielen ist,
- welche körperlichen Voraussetzungen notwendig sind,
- wie "lange man lernen" muß,
- ob im Einzel- oder Gruppenunterricht,
- wann man beginnen, was man allein damit anfangen kann,
- was man später mit dem Instrument im Zusammenspiel einer Gruppe für Möglichkeiten hat,

- ob es verschiedene Instrumentengrößen gibt,
- ob Instrumente im Anfang von den Musikschulen ausgeliehen werden oder sofort von den Eltern beschafft werden müssen,
- was man in der Zwischenzeit tun kann, wenn für bestimmte Instrumente erst ein späterer Beginn möglich ist,
- wie es mit den Gebühren und Ermäßigungen steht,
- und heute auch, ob man wirklich im Anschluß an die Grundausbildung Unterricht erhalten kann oder auf eine Warteliste gesetzt werden muß.

Diese allgemeinen und speziellen Probleme des Instrumentalspiels und -unterrichts[1] sollten mit allen Gesprächspartnern: Kindern, Eltern, Grundausbildungslehrern und Fachlehrern für Instrumente spätestens vor Abschluß der Grundausbildung besprochen sein.

ÜBER DEN UMGANG MIT DEM ORFF-INSTRUMENTARIUM

In diesem Beitrag sollen einige grundsätzliche Überlegungen über das Spiel mit den sogenannten Orff-Instrumenten angestellt werden. Dieses Instrumentarium ist durch die breite Klangpalette und die vielfältigen Spielmöglichkeiten für das musikalische Experiment und die Improvisation besonders geeignet. (Und natürlich läßt sich alles, was auf diesem Wege an Fertigkeiten erworben wird, in die reproduktive Arbeit, z. B. beim Spiel elementarer Ensemble-Kompositionen, einbringen.) Leider ist das Mißverständnis noch fast so sehr verbreitet wie die Instrumente selber, daß es bei ihnen nur e i n e richtige Spieltechnik gäbe und daß es vorrangiges Ziel des Unterrichts sei, diese zu erwerben.
Das Schlagwerk erlaubt viele verschiedene Spielweisen; das Wahrnehmen der feinen klanglichen Unterschiede, die dabei entstehen, schult das Hören. Und in dem Bestreben, möglichst viele Klangwirkungen - und damit Anschlagsarten - zu entdecken, wird wiederum die manuelle Geschicklichkeit und Sensibilität entwickelt.
Nun gibt es bei fast allen Instrumenten ein Optimum an Klangfülle. Um das zu erreichen, bedarf es meist einer bestimmten Spielweise; diese sollte im Unterschied zu den möglichen anderen vom Kind erfahren werden. Der Lehrer selbst muß sich allerdings in den gebräuchlichen Spieltechniken gut auskennen (Literatur hierzu: G. Keetman "Elementaria", Stuttgart 1970; W. Keller "Einführung in 'Musik für Kinder'", Mainz 1954).
Die drei Instrumentengruppen - kleines Schlagwerk, Fellinstrumente, Stabspiele - bieten ganz verschiedene Ansätze bezüglich der musikalischen wie der manuellen Erfahrung.

---

1) Die zu diesem Lehrwerk erschienene Informationsschrift "Unser Kind geht zur Musikschule" kann schon vor den Gesprächen und Entscheidungen über die Wahl eines Instruments vorbereitend gute Dienste bei Eltern und Lehrern tun.

Das kleine Schlagwerk mit den langklingenden Metall-, den Holz- und den Rasselinstrumenten ist besonders geeignet für erstes Bewußtmachen von Klangfarbe, von hell - dunkel, lang - kurz, schnell - langsam in deutlichen Kontrasten wie auch in zunehmend differenzierenden Stufungen. Spieltechnisch werden Klangfülle, -färbung und -dauer sowie laut und leise als abhängig von der Schlagintensität, von der Art der Schlägel wie auch von unterschiedlichen Anschlagstellen erfahren. Freimetrisches Spiel wird in jedem Fall am Anfang stehen (und nicht nur da!) in Form von Dialog- und Spiegelspielen, Klanggeschichten, als Begleitung oder Charakterisierung von Bewegung. Auch die Ausgestaltung von Versen und Liedern - also deren Begleitung, Vor-, Zwischen- und Nachspiel - kann unabhängig vom Metrum sein durch Klangmotive oder Farbregister; sie kann andererseits den Liedrhythmus aufnehmen, den Grundschlag verdeutlichen, Haupt- oder Nebenakzente unterstützen oder nur bestimmte sinntragende Worte hervorheben, schließlich einfache metrisch-rhythmische Motive (durch Worthilfe gestützt) als ostinate Formen hinzufügen.

Bei den Fellinstrumenten - Handtrommeln, Doppelfelltrommeln, Bongos, Pauken - kommt die Möglichkeit hinzu, daß die Kinder das Spiel mit beiden Händen erfahren (grundsätzlich zunächst ohne Schlägel). Auch dies geschieht in vielseitigster Weise: die Skala der "Klangfarben" ist sehr groß; vom Patschen der ganzen Handfläche über das Tribbeln der Finger, das Schaben mit Fingernägeln bis zum Wischen mit dem Ellenbogen gibt es beinah unerschöpflich viel Spielmöglichkeiten zu finden und bereits auch zu "üben", will man sie in Rate- und Imitationsspielen richtig einsetzen und vor allem auch mit dem Ohr erkennen. Tierfabeln und Hörspiel-Krimi können eine Rahmenhandlung abgeben. Zu solchen Gestaltungsaufgaben gehören natürlich ebenso dynamische und tempomäßige Differenzierung, die spieltechnisch zu lösen sind. Schwierigkeiten bereitet es meist, einen ausschwingenden Trommelklang zu spielen; der Schüler muß erst die Erfahrung des raschen Zurückfederns machen. Dazu kann die Vorstellung verhelfen, daß die Hand ein Glockenschwengel ist.

Beim Spiel mit rhythmischen Motiven - freimetrisch und metrisch - hilft wieder die Sprache, eine rhythmische Struktur auf das Instrument zu übertragen (Namen von Personen und Dingen, kleine Wortreihen als "Trommelnachrichten" weitergeben etc.). Dafür ist die Arbeit mit den Klanggesten (vor allem Patschen, Klatschen, Stampfen) eine gute Hilfe, sowohl als Teil der rhythmischen Schulung wie auch als Vorbereitung auf spieltechnische Übungen. Echo- und Ergänzungsspiele geben zudem die Möglichkeit zur Übung in traditionellen Formabläufen (bestimmte Phrasenproportionen, Variantenbildung etc.). Die Pauken sollten selbstverständlich auch als Instrumente mit stimmbarer Tonhöhe erfahren und in ihrer Rolle als Baßinstrument bei kadenzierender Melodik eingesetzt werden.

Die Arbeit mit den Stabspielen - Xylophonen, Metallophonen, Glockenspielen - hat drei Aspekte: Vertrautwerden mit Schlägeln und Instrument, tonal ungebundenes Klangspiel auf dem vollen, nach Möglichkeit chromatischen Stabsatz sowie tonal gebundenes Spiel innerhalb einer Tonart oder Tonreihe.

Die Haltung am Instrument und die Spielbedingungen sind hier besonders wichtig für die Entwicklung einer richtigen und unverkrampften Spielmotorik. Die Spielebene sollte beim Sitzen etwas über Kniehöhe, beim Stehen etwas über Gürtelhöhe sein.

Die Kinder empfinden den Schlägel zunächst als Fremdkörper in der Hand und neigen dazu, den Schlägelstiel mit dem ausgestreckten Zeigefinger "abzusichern", um bestimmte Klangstäbe besser zu treffen. Diese Schlägelhaltung ist sehr nachteilig, weil sie dem elastischen Stiel die Möglichkeit nimmt, abzufedern. Um das Gefühl für natürliches Halten zu bekommen, empfehlen sich Spiele mit den Schlägeln, bei denen von vornherein beide Hände beansprucht werden. (Kinder sollten den Schlägelstiel ungefähr in der Mitte mit der Faust so umschließen, daß der Daumen ihn in die obere Gelenkbeuge des Zeigefingers drückt.)

Einige Anregungen. "Malerspiel": Die Schlägel sind Pinsel, in weiträumigen Bewegungen wird ein Bild in die Luft oder auf den Boden gemalt. "Seifenblasenjagd": Seifenblasen werden mit den Schlägeln zum Platzen gebracht oder durch entsprechendes Luftschlagen zum Tanzen. "Luftballonspiel": Jedes Kind bewegt seinen Ballon mittels der Schlägel durch die Luft, auf dem Boden, trägt ihn auf oder zwischen den Schlägeln etc.; zwei Partner spielen "Federball" mit einem Ballon; jedes Kind nimmt seinen Ballon zwischen die Beine, läßt erst nur die Fäuste im Wechsel wie Steine darauffallen (Erfahrung des Zurückprellens), dasselbe dann mit Schlägeln. Bestimmte Spielarten (gleichzeitiges und wechselweises Schlagen der Hände mit verschiedenen Varianten und Kombinationen) können in Rundspielformen erprobt und geübt werden. Der Gymnastikball ist ebenfalls gut geeignet für solche Federungsübungen wie auch für andere Bewegungen mit den Schlägeln: z. B. hin- und herrollen, Hände dabei im Wechsel oder parallel führen; kleine Hüpfer mit einem Schlägel, während der andere den Ball bewegt, und andere "Kunststücke". Es bietet sich die Möglichkeit, im Partnerspiel solche Bewegungen gleich auf das Instrument zu übertragen. Beobachtung und Imitation anderer Bewegungsformen - des Körpers und vor allem der Füße, von Tieren, aus Natur und Technik - geben der Spielphantasie ebenfalls Anregungen. Ein Ziel dabei ist, durch ein möglichst großes Repertoire an Spielbewegungen eine Vertrautheit mit dem Instrument und ein geschmeidiges Handhaben der Schlägel zu erreichen, welche die zunehmende Differenzierung der musikalischen Vorstellung mit manueller Fertigkeit verbindet.

Daß die Instrumente zunächst mit dem vollen Stabsatz gespielt werden, also ohne Fixierung auf bestimmte Töne, ist für die Entwicklung besonders wichtig. Spielübungen werden durch thematisch-bildliche Vorstellungen, durch graphische Zeichen oder durch Spielregeln angeregt. (Hierfür wie auch für die Arbeit mit Fellinstrumenten finden sich Anregungen in: L. Friedemann, "Kinder spielen mit Klängen und Tönen",

Wolfenbüttel 1971.) Eine Folge in der Entwicklung der Spielfertigkeit könnte sein:

Bei beliebigem Anschlagsort

o gleichzeitiges Schlagen beider Hände
  - weit und eng im Wechsel (Gegenbewegung)
  - hin und her (Parallelbewegung der Hände)
  - überkreuz (hier wird sich beim einzelnen Kind sicher ein Metrum einspielen durch die Pendelbewegung; durch die verschiedenen Spieler entsteht aber eine polymetrische Struktur. Mit bestimmten Anregungen kann man auf zeitlich bewußt gestaltete Abläufe hinwirken)

o das gleiche wie oben, jedoch`im Wechselschlag beider Hände
o asymmetrischer Wechsel (z. B. links-rechts-rechts-rechts etc.).

Der Anschlagsort wird auf drei Register eingeschränkt (hoch - mittel - tief; Verbindung zur Hörübung)

o eine Hand bleibt an einer Stelle, die andere wandert in jeweils verschiedener Weise, auf - ab etc.
o Ton für Ton spielen
  - mit einer Hand
  - mit beiden Händen im Wechsel, dabei ist nicht die "Tonleiter" das Ziel, sondern das In-einer-Richtung-gehen der Tonbewegung
o Kombinieren verschiedener Bewegungstypen, -richtungen, -tempi zu Klangmustern (-motiven) oder melodischen Motiven im Wechsel zwischen Selbsterfinden und Imitieren
o Bordunformen und einfache Ostinati entwickeln als Begleitung zu Liedern und Instrumentalmelodien.

Melodisches Spiel in festgelegter Tonalität

o mit Drei- bis Fünftonreihen verschiedener Intervallstruktur (vgl. S. 151).
  - Grundtonfixierung durch Orgelpunkt oder Bordun
  - in ungebundener Phrasierung und Metrik (als "Melodiegeschichtenerzählen" auf dem Stabspiel)
  - vermittels Texthilfe in bestimmten Gliederungen, sowohl Taktart als auch Phrasenlänge betreffend (zunächst in geraden Taktarten, volltaktig beginnend, später auch in ungeraden Taktarten).
o Ausnützen des Siebentonraumes
  - unter Fixierung des Grundtones (durch Bordunquint) zum Erfahren modaler Melodik; Spiel in gliedernden Tonleiterabschnitten (z. B. "um den Grundton", "um die Terz" etc.)
  - ohne Grundtonfestlegung, evtl. unter Einbeziehung chromatischer Töne zu frei- und polytonaler Melodienbildung (dazu Hörbeispiele aus der Zwölfton- und seriellen Musik).

Vorbereitung und Hilfe, vor allem im Rhythmischen, durch Sprechübung, Textstützen (z. B. bei Ostinati, aber auch durch gesprochene Sätze bei freimetrischer Melodik) und Klanggesten sind im gleichen Maße angebracht wie beim Spiel auf Fellinstrumenten. Hinzu kommt die spieltechnische Hilfe durch das Patschen, durch das bestimmte Motive, Spielfiguren und Melodien auch im Handsatz (d. h. Schlagverteilung zwischen rechter und linker Hand) vorbereitet werden können.

DIE BLOCKFLÖTE IN DER MUSIKALISCHEN GRUNDAUSBILDUNG

Der Umgang mit den Schlaginstrumenten nach Orff gilt innerhalb der Grundausbildung als eine Selbstverständlichkeit. Unter ihnen vermögen jedoch nur die Stabspiele dem Kind melodische und harmonische Erfahrungen zu vermitteln. Von den anderen Instrumenten, die üblicherweise für die Hand auch schon des jüngeren Kindes als geeignet angesehen werden (Klavier, Geige, Blockflöte), wird meist nur die Blockflöte in die MGA einbezogen. Dies ist deshalb erstaunlich, weil gerade die Blockflöte dem jüngeren Kind Schwierigkeiten entgegensetzt, die andere Instrumente im Anfang nicht bieten.

Spielprobleme des Instruments

Auf der Blockflöte gibt es nur einen Ton, der durch das Setzen nur eines einzigen Fingers erzeugt wird. Um andere Töne zu produzieren, müssen zusätzliche Finger gesetzt, gegebenenfalls bereits gesetzte Finger wieder weggenommen werden, z. T. in recht komplizierten Griffverbindungen. Nicht genug damit, daß das Wechseln, das Hinzunehmen und Fortnehmen der Finger manuelle Probleme aufgibt; je mehr Finger zum Abdecken benötigt werden, um so größer ist das Risiko, daß eines der zu deckenden Löcher nicht völlig geschlossen und der beabsichtigte Ton verfehlt wird.

Hinzu kommen technische Probleme des Blasens. Die Tonhöhe wird beeinflußt durch die Blasintensität. Diese wird vom Willen gesteuert, der seine Impulse vom Gehör erhält. Je nachdem, ob die Töne als zu hoch oder zu tief intoniert empfunden werden, wird die Blasintensität verringert oder erhöht. Sie ist aber gleichzeitig abhängig vom Lungenvolumen des Kindes. So ist es durchaus möglich, daß der Spieler hört, daß ein Ton zu tief intoniert ist, er weiß also, daß eine größere Atemintensität den Ton korrigieren würde, er ist aber nicht in der Lage, diese erhöhte Intensität aufzubringen. Beim jüngeren Blockflötenspieler, also gerade bei Kindern im Alter der MGA, stellt sich noch ein zusätzliches Problem: Die Intervallvorstellungen könnten sich bei mangelhaft ausgebildetem Gehör oder Atemschwäche an der eigenen unsauberen Intonation entwickeln und verbilden.

Eigentlich müßte sich die Blockflöte als Instrument innerhalb der MGA aus diesen Gründen von selbst verbieten. Aber ihr günstiger Preis, dazu die problemlose Transportierbarkeit sowie der Ruf der leichten Spielbarkeit verschleiern bei den Schülern, Eltern und teilweise auch bei den Lehrern ihre Probleme als Anfangsinstrument. Hinzu kommt, daß Erfolge auf der Blockflöte als Beweis von vorhandener Musikalität gewertet werden: die Blockflöte wird zum Prüfstein für den weiteren musikalischen Bildungsweg.

Der Lehrer, der die Blockflöte dennoch in die MGA einbeziehen will, muß über ein aus eigener Spielerfahrung gewonnenes Wissen um technische und physiologische Schwierigkeiten, um traditionelle und unkonventionelle Ausdrucksmöglichkeiten des Instruments verfügen.

Er muß auch methodische Phantasie besitzen, damit er die durch technische Probleme begrenzten Klangmöglichkeiten des Instrumentes voll ausschöpfen kann, indem er Aufgaben stellt, die musikalische Interaktionen ermöglichen und die Kinder auf diese Weise musikalisieren.

Wenn man die Rolle der Blockflöte in der MGA untersucht, stellt man fest, daß sie in drei verschiedenen, in der Praxis jedoch nie völlig getrennten Funktionen eingesetzt wird:

1. im Sinn eines elementaren Instrumentalunterrichts,
2. als Hilfsinstrument bei der Erarbeitung des Notenlehrgangs - besonders bei der Entwicklung der Tonraumvorstellung,
3. als Mittel zum Gewinnen musikalischer Erfahrungen.

Jede dieser Funktionen muß auf ihre Bedeutung für die MGA und auf ihre Wirkung auf das Kind hin untersucht werden.

1. Die Arbeit mit der Blockflöte im Sinn eines elementaren Instrumentalunterrichts

Bei der Gruppenstärke von 15 Kindern (wie der Lehrplan MGA sie vorsieht) könnte der Blockflötenunterricht nur in Form eines Großgruppenunterrichts durchgeführt werden. Auch Gruppenstärken mit etwa 8 Spielern, die bei Teilungen nach Art des Leverkusener Modells [1] entstehen, bringen noch große Probleme. Bei den oben aufgezeigten Schwierigkeiten der Intonation, die nicht durch Griffkorrekturen zu bewältigen sind, ist eine derartige Gruppenstärke nicht tragbar. Hinzu kommt die Belastung des Gehörs für Lehrer und Schüler durch die schrillen Töne ausschließlich im oberen Bereich der zweigestrichenen Oktave. Aber auch von der musikalischen Interaktion her ist der Unterricht mit 15 oder auch nur mit 8 Kindern bedenklich. Der Anteil an Einzelspiel im Verhältnis zur Gesamtzeit für das Blockflötenspiel innerhalb der MGA würde für das einzelne Kind im Verhältnis 1:14 stehen (dabei wird unterstellt, daß überhaupt kein Tuttispiel erfolgt, sonst wäre das Verhältnis noch ungünstiger). Auf dieser Altersstufe stellt aber die Selbsttätigkeit die wesentlichste Lernform dar. Die Distanz zum eigenen Tun und die Reflexionsfähigkeit sind noch nicht so weit ausgebildet, daß ein echter Lerngewinn aus der Tätigkeit und den Fehlern anderer schon möglich wäre.

Das instrumentale Lernen kann bei 6- bis 7jährigen Kindern in größeren Gruppen daher nur unvollkommen bleiben. Es ist ausgeschlossen, daß technische Fehler (Intonation, Atemführung, Grifftechnik) ausreichend korrigiert werden, geschweige denn schon Gestaltungsansätze, Atembögen usw. praktiziert werden können.

Ein Instrumentalunterricht verlangt u. a. auch korrektes Spielen vorgegebenen Materials und häusliches Üben. Auf die Schwierigkeit vor allem der Intonationsselbstkontrolle wurde bereits hingewiesen. Aber es besteht auch die Gefahr, daß über Leistungsanspruch und Erfolgszwang die spontane Musizierfreude des Kindes gerade in der Zeit der ersten konsequenten Hinführung zur Musik gedämpft wird.

Ein solcher elementarer Instrumentalunterricht läßt bei dem Kind und bei seinen Eltern nur allzu leicht die Meinung aufkommen, es könne schon "flöten". Diese Haltung kann zu einem späteren Zeitpunkt, wenn ein echter Instrumentalunterricht auf der Blockflöte stattfinden soll, eine Barriere für die Lernbereitschaft des Kindes darstellen.

2. Die Blockflöte als Hilfsinstrument bei der Erarbeitung des Notenlehrgangs

Diese Rolle ist zugleich die am weitesten verbreitete und die unglücklichste. Sie dient letztlich weder dem Instrument noch den allgemeinen musikalischen Zielen der Grundausbildung. "Sicherlich hat die Blockflöte (und hier insbesondere die Sopranblockflöte in C) in der MGA als unterrichtliches Hilfsmittel nach wie vor eine große Bedeutung. Die alte Devise durch Greifen zum Begreifen ist im Hinblick auf die Realisierung von Tonvorstellungen immer noch gültig" [2]. Aus dieser Formulierung werden aber auch die Schwächen des Instruments Blockflöte in dieser Funktion deutlich: man kann also nur das begreifen, was man auch greifen kann, und das ist zu Anfang sehr, sehr wenig. Das Tonmaterial eines blockflötebegleiteten Notenlehrgangs wird durch die spieltechnischen Sachzwänge sehr eingegrenzt und ist im wesentlichen dur-geprägt, weil es sich zunächst - auf der Sopranblockflöte in c - auf den Bereich zwischen g'' und d'' beschränken muß, wobei der Griffwechsel zwischen h'' und c'''nach Möglichkeit vermieden wird. Allenfalls wird noch das f' hinzugenommen, wobei die Melodik sich dann meistens im F-Dur-Raum unter Aussparung der Quart bewegt, weil der Griff für b'' zu kompliziert ist. Die ebenfalls spieltechnisch bedingte methodische Reihenfolge, in der diese Töne eingeführt werden müssen (von Tönen, die mit wenigen Fingern, zu Tönen, die mit vielen Fingern gleichzeitig gegriffen werden), legt damit auch die Reihenfolge des Notenlehrgangs fest und verhindert eine Arbeit in größeren Tonzusammenhängen und in anderen Tonräumen als im Dur-Raum (vgl. S. 146). Erschwerend kommt hinzu, daß die Spontaneität des Musizierens verloren geht, denn das Kind steht nun unter dem Fremdanspruch oder auch dem Selbstanspruch, "richtig" spielen zu müssen, d. h. es steht unter dem Zwang, die dem Notenbild entnommene Vorstellung in Klang auf dem Instrument umzusetzen. Da es durchaus möglich ist, daß richtig Vorgestelltes durch technisches Ungeschick dennoch falsch dargestellt wird, erfährt das Kind hier die Notwendigkeit des Übens. Das Üben wird ihm in diesem Zusammenhang allerdings als reizlos erscheinen, denn das Material, das es üben soll, entspricht in keiner Weise seinem musikalischen Entwicklungsalter [4]. Es wäre also durchaus möglich, daß die Blockflöte, verwendet als Hilfsinstrument bei der Erarbeitung des Notenlehrgangs, zu einer Antimotivation gegen das Erlernen der Blockflöte als Musikinstrument führen und zu einem regredierenden Moment in bezug auf die musikalische Erlebnisfähigkeit des Kindes werden könnte.

3. Die Blockflöte als Mittel zum Gewinnen musikalischer Erfahrungen

Wird die Blockflöte verwendet als ein Instrument, mit dem man vieles machen kann, auf dem es nicht nur festgelegte "richtige" Töne sowie andere, nicht erwünschte Töne gibt, sondern auf dem experimentiert werden kann um zu erleben, was passiert, wenn Löcher halb gedeckt, Löcher gar nicht gedeckt werden, wenn man mit den Fingern über die Löcher wischt und weiteres mehr, so werden wesentliche musikalische Erfahrungen gewonnen. Wenn die Kinder versuchen, den Klangeffekt, den ein anderes Kind hervorbrachte, auf ihrem Instrument nachzuahmen, werden wichtige Fähigkeiten des Hörens, des Vorstellens, des Vergleichens geübt - Fähigkeiten also, die die eigentliche Musikalisierung des Kindes ausmachen. Verwendet man Blockflöten verschiedener Lagen innerhalb des gleichen Griffbereichs, so ergeben sich außerordentlich reizvolle Spielmöglichkeiten, z. B. der sequenzierenden Nachahmung in der Oktav- bzw. in der Quint/Quartlage. Bei solchem Spiel entsteht das Bestreben, die Übergänge von einem Instrument zum nächsten nicht hören zu lassen (zeitliche Reaktion, aber auch Anpassung der Artikulation aneinander, Anpassung in der Lautstärke), wodurch eine intensive Gehörschulung erreicht wird, dazu aber auch Kommunikation und Kooperation, wesentliche Merkmale musikalischer Übung. Es besteht auch die Möglichkeit, im begrenzten Tonraum auf gleichgestimmten Instrumenten zu derartigen Spielformen zu kommen: so, wenn ein melodischer Baustein z. B. entweder mehrmals hintereinander von dem gleichen Spieler oder von mehreren verschiedenen Spielern geblasen und dem Rest der Gruppe die Aufgabe gestellt wird zu "raten", ob der Melodiebogen von einer oder von mehreren Flöten zu hören war. In der Freude des "Ratens" merken meistens weder die Ratenden noch die Spielenden, daß die eigentliche Leistung von den Instrumentalisten gefordert wird, die zu mehreren nacheinander so spielen müssen, als spiele nur einer. Reaktionsvermögen, Anpassung in Intonation, Artikulation, Atemdruck und -führung, Kooperationsbereitschaft werden in hohem Maße gefordert und gefördert.
Auf diese Weise eingesetzt, kann die Blockflöte in der MGA eine zentrale musikerzieherische Funktion erfüllen, weil sie technische Schwierigkeiten bietet, die eine musikalisierende Herausforderung bedeuten. Aus den im Umgang mit der Blockflöte gewonnenen Erfahrungen des vergleichenden Hörens und damit aus der Intonationssicherheit wird gegen Ende der MGA das Interesse und die Bereitschaft zum instrumental-technischen Erlernen des Blockflötenspiels erwachsen.
Grundsätzlich stellt sich die Frage, ob jedes Kind als erstes Instrument die Blockflöte erlernen muß. Nicht jedes Kind ist physiologisch gerade

zur Bewältigung der o. a. speziellen Ansprüche der Blockflöte an den Spieler prädestiniert. Zu leicht geht man dann bei geringen Erfolgen davon aus, daß das Kind für ein anderes Instrument erst recht nicht geeignet sei, wenn es "schon auf der Blockflöte keine schnellen Fortschritte" gemacht habe. Viele Eltern benutzen die Blockflöte in dieser Weise als "Testinstrument" für die Musikalität ihres Kindes - und verbauen ihm nach falscher Schlußfolgerung vielleicht den Weg zu demjenigen Instrument, das ihm physiologisch liegt, zu dem es sich emotional hingezogen fühlt, für das es folglich besser motiviert ist und auf dem es dann zwangsläufig auch größere Erfolge erlangen würde.

Aber auch viele Lehrer an allgemeinbildenden und an Musikschulen setzen die Blockflöte in dieser Funktion ein. Hinzu kommt, daß der Blockflötenunterricht an Musikschulen häufig einen "musikalischen Parkplatz" darstellt, bis Plätze in anderen Instrumentalfächern frei werden. Bei solch anders gelagerter Ausgangssituation bleibt die o. a. Problematik die gleiche.

Während immer noch gezögert wird, die "klassischen" Instrumente im Gruppenunterricht zu lehren, hat sich diese Unterrichtsform für die Blockflöte voll durchgesetzt, sie ist sogar fast die Regel. Und so werden durch die merkwürdige Rollenfixierung der Blockflöte häufig nicht nur Kinder an einer ihnen angemessenen musikalischen Entwicklung gehindert, sondern die Blockflöte erfährt gleichzeitig eine unzulässige Abwertung als "Test"-, "Übergangs"- und "Kinder"-Instrument. Die hohen künstlerischen Möglichkeiten der Blockflöte gelangen daher, trotz der Leistungen von Gustav Scheck, Hans-Martin Linde, Ferdinand Conrad oder Frans Brüggen, um nur einige Namen zu nennen, gar nicht in das Bewußtsein der Öffentlichkeit. Auch dieser Verantwortung für den Ruf und die Stellung des Instruments sollte sich der Lehrer bewußt sein, der vor der Frage steht, welche Rolle der Blockflöte in der MGA zuzuweisen ist.

Zusammenfassend: Die Einbeziehung der Blockflöte in die MGA ist möglich, in mancher Hinsicht sinnvoll, aber aus den o. a. Gründen oft problematisch. Sie ist nur dem Lehrer zu empfehlen, der mit seiner pädagogischen Überzeugung voll dafür einsteht und der von der instrumentalfachlichen Qualifikation und der methodischen (und gruppenpädagogischen) Phantasie her das notwendige Rüstzeug dafür mitbringt.

Anmerkungen

1) Beim Leverkusener Modell wird die Unterrichtszeit für die MGA aufgeteilt: in einer Kernzeit, die in der Mitte der Blockstunde liegt, werden alle Kinder gemeinsam unterrichtet, vor und nach dieser Kernzeit liegen je eine Phase Blockflötenunterricht, an der jeweils eine Hälfte der Gruppe teilnimmt.

2) Braun: Die Blockflöte in Musikschule und Lehrerausbildung, in Stumme (Hrsg.): Der Instrumentalunterricht. Probleme - Reformen (Die Musikschule IV) Mainz 1975, S. 131

3) Auerbach: Musiklehre - Musik lernen, in Auerbach/Stumme (Hrsg.): Musikalische Grundausbildung - Beiträge zur Didaktik (Die Musikschule III) Mainz 1974, S. 98 ff.

4) Auerbach: a.a.O. S. 101

BEOBACHTUNG UND BEURTEILUNG DER SCHÜLER

Dieter Lüttge: Langzeitbeobachtung - Leistungsbewertung

Lore Auerbach: Lernziele und Lernerfolgskontrolle

Hans W. Köneke: Entwurf eines Beobachtungsbogens

LANGZEITBEOBACHTUNG - LEISTUNGSBEWERTUNG

Folgt man dem Lehrplan des Verbandes deutscher Musikschulen, so
bedeutet "Musikalische Grundausbildung" eine "erste bewußte Begegnung mit Musik, eine erste systematische Unterweisung in Musik in
einem zweijährigen Lehrgang für Kinder im Alter von 6-8 Jahren."
(W. Stumme, Zur Didaktik der musikalischen Grundausbildung in: Die
Musikschule Bd. III, Musikal. Grundausbildung - Beiträge zur Didaktik, hrsg. v. L. Auerbach/W. Stumme, Mainz 1974, S. 9).
Der Begriff "Systematische Unterweisung" weist bereits auf den Unter-
richtscharakter hin: bestimmte Lernziele werden formuliert, die me-
thodisch-didaktische Gestaltung wird so geordnet, daß eine Erreichung
dieser Lernziele für jedes Kind möglich wird. Um dieses Ziel zu erreichen, ist es notwendig, die Lernvoraussetzungen der Kinder zu erkennen, und zwar nicht nur in bezug auf das vorhandene musikalische
Vorwissen und die musikalischen Fertigkeiten, sondern auch auf solche
wie Konzentrationsfähigkeit, Anstrengungs-, Kooperationsbereitschaft
u. a. Als Möglichkeit für die Identifizierung der Lernvoraussetzungen
braucht der Pädagoge die Methode der Beobachtung. Wenn wir im folgenden von Beobachtung sprechen, so sind damit keine mehr oder weniger
zufälligen Beobachtungen gemeint, sondern die "aufmerksame und plan-
volle Wahrnehmung und Registrierung von Vorgängen an Gegenständen,
Ereignissen oder Mitmenschen in Abhängigkeit von bestimmten Situationen" (J. Drever, W. D. Fröhlich, Wörterbuch der Psychologie, München 1968, S. 41). Dabei ist zu beachten, daß dem Beobachter immer
nur ein bestimmtes äußeres Verhalten zugänglich ist. Er kann also
nicht die Gesamtheit des Verhaltens erfassen und zuverlässig und gültig
abbilden. Der Beobachter wählt aus und bestimmt das zu Beobachtende
mit; er handelt aufgrund einer theoretischen Voreinstellung.
Deshalb ist es für das Erkennen der Lernvoraussetzungen bei Schülern
wichtig, die Beobachtungsziele präzise zu formulieren und in Beobach-
tungskriterien aufzugliedern. Das setzt detaillierte Kenntnisse über den
zu beobachtenden Sachverhalt voraus. Die Erfassung von Teilfertigkei-
ten, sozialen Verhaltensweisen usw. geschieht weniger subjektiv, wenn
Beobachtungsbögen verwendet werden, die durch entsprechende Kriterienvorgaben vorstrukturiert sind. Auf diese Weise wird die Vergleichbarkeit
der erhobenen Daten verbessert. Um einer möglichen Verengung der Beobachtung vorzubeugen, kann die Möglichkeit für zusätzliche freie Beobachtungen vorgesehen werden.
Punktuelle Beobachtung ist jedoch wenig geeignet, zufallsunabhängige Ergebnisse zu liefern, sie muß ergänzt werden durch Langzeitbeobachtung:
erst diese ermöglicht, z. B. Lernentwicklungen bei Schülern festzustellen. Es geht darum, in verschiedenen Unterrichtssituationen in einem
ausgedehnten Zeitraum über Schüler Beobachtungen zu machen, sie auf-
zuzeichnen und sie schließlich zu analysieren. Richtig angewandt haben
gut konstruierte Beobachtungsbögen sowohl diagnostische Funktionen (sie
weisen Möglichkeiten für die individuelle Förderung auf) als auch pro-

gnostische Funktionen (sie geben Hinweise für die weitere Entwicklung, etwa darauf, welche Musikinstrumente den Lernvoraussetzungen und der Motivationslage eines Schülers am besten entsprechen würden).
Spätestens an dieser Stelle wird deutlich, daß die Voraussetzung für Leistungsbewertung eine qualifizierte Beobachtung des Schülerverhaltens ist. Auf diesen Ansatz hat bereits L. Auerbach hingewiesen, wenn sie schreibt: "Innerhalb eines positiv gestalteten Lernklimas ist eine Leistungsmessung im Sinne objektiver Zensurengebung (die ohnehin als eine Fiktion angesehen werden muß) weder sachlich möglich noch pädagogisch sinnvoll. Maßstab für die Beurteilung der Leistungen eines Kindes darf weder die (zufällige) Gruppennorm noch ein abstrakt gesetztes Leistungssoll sein - es kann einzig der vom Kind erreichte Fortschritt gegenüber einem früher festgestellten Leistungsstand zählen." (L. Auerbach, Lern- und entwicklungspsychologische Aspekte in der musikalischen Grundausbildung, in: Die Musikschule Bd. III, Mainz 1974, S. 28).
Wir rücken damit ab vom herkömmlichen Prinzip der Leistungsbeurteilung, ohne den Leistungsbegriff zu eliminieren. Es gilt einen gewandelten Leistungsbegriff zu berücksichtigen, bei dem stärker der Prozeß - das Leistungsverhalten - in den Mittelpunkt rückt, als die produktorientierte Auffassung von Leistung. Überprüfung des Leistungsverhaltens ist notwendig, denn der Schüler braucht für erfolgreiches Lernen die Rückmeldung, die seine Lernbereitschaft aufrecht erhält und sogar verstärken kann. Deshalb wird auch in zunehmendem Maße weniger von Leistungsmessung als von pädagogischer Diagnostik gesprochen. L. Dummer begründet die Notwendigkeit aus psychologischer Sicht unter drei Aspekten: aus entwicklungspsychologischer, aus lerntheoretischer und aus motivationspsychologischer Sicht (L. Dummer, Päd. Diagnostik als Lernhilfe, Die Grundschule 10, 75, S. 550/551).
Der entwicklungspsychologische Aspekt berücksichtigt, daß Kinder unterschiedliche Schulunterrichtsvoraussetzungen mitbringen (die teils reife-, teils umweltbedingt sind). Für die Musikalische Grundausbildung sind z. B. der erreichte feinmotorische Entwicklungsstand der Hand und die sprechmotorisch-artikulatorischen Leistungen von Bedeutung.
Aus lerntheoretischer Sicht gab die herkömmliche Leistungsbeurteilung nur allzu grobe Informationen, die - wie wir oben gezeigt haben - durch detailliertere ersetzt werden müssen, wenn Lernprozesse erfolgreich ablaufen sollen.
Schließlich führt "Leistungsmessung im Klassenmaßstab... dazu, daß anfängliche Leistungsunterschiede in Unterschiede der Lernmotivation umschlagen: Der erfolgreiche Schüler bleibt motiviert und kann seine Leistungen verbessern, der erfolglose und entmutigte Schüler resigniert und sinkt in seinen Leistungen immer weiter ab." (L. Dummer, a. a. O. S. 551).
Pädagogische Diagnostik orientiert sich am jeweils einzelnen Schüler und versucht, Möglichkeiten zur Förderung im Rahmen der Lernvoraussetzungen und Lernmöglichkeiten aufzuweisen.

Gerade die Musikalische Grundausbildung hat Chancen, individuelle Lernerfolge detailliert zu erfassen und erreichte Lernerfolge individuell zu verstärken.

Ein Gesichtspunkt soll abschließend noch kurz gestreift werden: im Rahmen pädagogischer Diagnostik erhält der Lehrer auch Informationen darüber, wie sich der von ihm geplante Unterricht insgesamt und in bezug auf den einzelnen Schüler ausgewirkt hat. Diese Rückmeldung braucht er für eine ständige Verbesserung des Unterrichts.

Langzeitbeobachtung, Leistungsbewertung, pädagogische Diagnostik haben - pädagogisch-psychologisch richtig verstanden - das Ziel, Lehrern und Schülern Informationen zur sach- und entwicklungsgerechten Planung zukünftiger Lernvorgänge zu liefern.

LERNZIELE UND LERNERFOLGSKONTROLLE

Die Lernziele der Musikalischen Grundausbildung sind als Groblernziele in dem entsprechenden Lehrplan des Verbandes deutscher Musikschulen[1] vorgegeben. Sie in Feinlernziele zu untergliedern, die den Möglichkeiten und den Bedürfnissen der jeweiligen Gruppe entsprechen, und sie nach fortschreitender Schwierigkeit konsequent zu ordnen, muß Aufgabe des einzelnen Lehrers bleiben[2].

Die Kontrolle des Lernerfolgs beim Schüler - und damit des eigenen Unterrichtserfolgs - ist eine der wichtigsten Aufgaben des Lehrers: nicht, um (wie weit verbreitet) die Schüler in solche, die alles können, solche, die manches können, und solche, die weitgehend versagen, einzuteilen, sondern um im Sinne der Binnendifferenzierung[3] den sogenannten "Guten" zusätzliche Aufgaben, den sogenannten "Schwachen" Hilfen und zusätzliche Zeit zum Erreichen des jeweiligen Teilzieles zu geben. Wer als Lehrer seinen schwächeren Schülern nicht die Chance bietet, Teillernziele zu erreichen, programmiert deren Lernmißerfolg um so sicherer vor, je konsequenter er seine Teillernziele aufeinander aufbaut. (Zum Glück führt der vielfältige Ansatz der MGA über vokale und instrumentale Tätigkeit, Bewegung und Hören dazu, daß jedes Kind, je nach Unterrichtsteilgebiet, mal zu den schwächeren, mal zu den besseren Schülern gehören kann, eine Rollenfixierung also leicht zu vermeiden ist)[4].

Bei der Aufstellung von Beobachtungskategorien wird deutlich, daß die pädagogische Einstellung des Lehrers und seine Auffassung vom Lernziel maßgebend sind. So deutet z. B. die Kategorie:
Der Schüler bringt eigene Wünsche und Ideen ein
    1. selten (auf Aufforderung)
    2. häufig
    3. auch dort, wo der Lehrer es nicht erwartet bzw. es nicht vorgesehen hat,

auf einen Lehrer hin, der seine Schüler zu Eigeninitiative und (gegebenenfalls auch unbequemer) Kreativität erziehen will. Ein stark autoritärer, stofforientierter Lehrer, dem es vor allem um möglichst genaue Erfüllung der von ihm als wichtig befundenen, für den Schüler also fremdgestellten Aufgaben geht, würde vielleicht folgende Kategorien aufstellen:

Der Schüler erfüllt gestellte Aufgaben zielstrebig und genau

1. selten
2. häufig
3. nur bei konsequenter Führung durch den Lehrer.

Diese Beispiele zeigen, daß es kaum möglich ist, einen allgemeinverbindlichen Katalog von Kategorien zu erstellen - zu unterschiedlich sind von Gruppe zu Gruppe die notwendigen Teillernziele und Methoden, die dann wiederum in Einklang mit dem pädagogischen Führungsstil des Lehrers gebracht werden müssen.

Das Aufstellen von Kategorienschemata zwingt den Lehrer, seine Lernziele genau zu analysieren und folgerichtig zu ordnen - auch sie auf ihre Realisierbarkeit zu überprüfen. Diese Arbeit kommt seiner Unterrichtsplanung daher sehr zugute. Vor allem kann er bei einer derartigen Analyse der Leistungen eines Kindes in einem eng begrenzten Teilgebiet schnell erkennen, bis zu welchem Punkt das Kind folgen konnte und an welcher Stelle er mit zusätzlichen Maßnahmen (Übungen, Übungsspielen, Festigung vorbereitender Fähigkeiten u.a.m.) helfend und stützend eingreifen muß.

Zusätzlich zu einem guten Kategorienschema benötigt der Lehrer eine vielseitige Technik im Abrufen der Informationen über den Lernerfolg seiner Schüler.

Die schriftliche Klassenarbeit verbietet sich in der MGA weitgehend von selbst: zum einen führen die noch großen technischen Schreibschwierigkeiten bei den infragekommenden Jahrgängen zu einem Zeitaufwand, der mit den Kontrollergebnissen für den Lehrer in keinem sinnvollen Verhältnis steht, zum anderen ist die Situation der schriftlichen Arbeit oder des Tests durch schulisches Erleben affektiv meist negativ besetzt: streßbedingte Blockierungen und bereits vorhandene Rollenfixierungen können das Bild so verfälschen, daß der Lehrer diejenigen Informationen, um die es ihm geht, nicht erhält.

So bleiben dem Lehrer die beiden Möglichkeiten, die Lernerfolge auf verbalem und auf (nicht-schriftlichem) non-verbalem Weg zu kontrollieren.

Vor allem in den Arbeitsbereichen Musiklehre und Hörerziehung (weniger in den Bereichen Singen und Sprechen, Elementares Instrumentalspiel sowie Musik und Bewegung, in denen Arbeits- und Denkergebnisse zwangsläufig hör- und sichtbar werden) besteht die Gefahr, daß bevorzugt Aufgaben gestellt werden, die nur verbal zu lösen sind. Verbale Antworten jedoch bleiben vom Fachlichen her wie auch methodisch gesehen weitgehend unbefriedigend:

Das unterschiedliche Tempo der einzelnen Kinder im Denken und im Verbalisieren führt zu zwei gleichermaßen wenig erstrebenswerten Rollenfixierungen:

a) Die langsamen Kinder denken gar nicht mehr mit, weil die schnellen immer zum Zuge kommen, ihre eigenen Anstrengungen nach Schülermaßstäben also sinnlos bleiben, oder

b) der Lehrer läßt die Schnellen stumm warten, bis langsamere sich gemeldet haben, von denen er jemand aufruft. In diesem Alter fällt das "Wissen-und-nicht-antworten-dürfen" schwer, und die Schnellen denken mit der Zeit nicht mehr mit, weil sie nicht damit rechnen können, zum Zuge zu kommen.

Die Kinder sind - bedingt durch Vorerfahrungen - in sehr unterschiedlichem Maße bereit, sich verbal zu exponieren: das eine Kind redet munter drauf los, ehe es zu Ende gedacht und seine Gedanken geordnet hat, das andere ist erst bereit, sich zu melden, wenn es sicher ist, daß seine Antwort richtig ist. (Die spontanen Schüler hinterlassen dabei, auch wenn sie viel Unsinn bringen, oft beim Lehrer den Eindruck, daß innerhalb der großen Quantität des Beigetragenen immer noch mehr an "Brauchbarem" enthalten war, als in den wenigen bedächtigen Beiträgen der Stillen.)

Auf das zusätzliche Problem ausdrucksschwacher und ausdrucksgehemmter Kinder (milieubedingt, psychisch bedingt, Kinder aus anderen Sprachkreisen) sei hier nur ergänzend hingewiesen.

Wie sieht ein übliches Frage- und Antwortspiel bei einer Gruppe von 15 Kindern aus?

a) Der Lehrer fragt, ein Kind antwortet richtig. Für 14 andere Kinder bleibt keine Möglichkeit, mehr zu tun als zu sagen: "Das wollte ich auch sagen!"

b) Der Lehrer fragt, ein Kind antwortet falsch. Der Lehrer verneint, das nächste Kind antwortet richtig. (Selbst wenn es als erster Antwortgeber auch falsch geantwortet hätte, kann es nach der Ablehnung dieser Antwort durch den Lehrer nur die Alternativantwort bringen.) Für 13 andere Kinder bleibt keine Möglichkeit, mehr zu tun als zu sagen: "Das wollte ich auch sagen!"

Wenn die Chance, überhaupt antworten zu dürfen, bei 1:14 oder 1:13 steht, in einer MGA-Stunde also kaum Aussicht auf mehr als 2, höchstens 3 abgerufene Meldungen (gegenüber 25-40fachem Nichtantwortendürfen) besteht, wird deutlich, warum gerade in solchen Unterrichtsphasen die Aufmerksamkeit der Schüler so stark nachläßt. Ein Schüler glaubt schließlich, der Lehrer schätze ihn geringer ein, wenn er so selten Gelegenheit erhält, zu antworten. Das entmutigt ihn noch mehr. Der Lehrer kann nur die richtige Antwort des Schülers A registrieren. Ein gemurmeltes "das wollte ich auch sagen" prägt sich ihm nicht wie eine richtige Antwort ein, wird im übrigen auch oft nicht geglaubt, sondern als Redensart abgetan. Es bleibt also unbekannt, ob die anderen Schüler die Antwort auch hätten geben können. Schüler M gibt - aus fehlendem Wissen, vielleicht aber nur aus Aufregung, oder weil er die Fragestellung nicht verstanden hat - eine falsche Antwort, die der Lehrer ebenfalls registriert. Am Ende zieht der Lehrer Bilanz, für Schüler A, daß er "es" gekonnt, für Schüler M, daß er "es" nicht gekonnt habe.

Besonders deutlich wird die Abhängigkeit des Schülers von der Lehrerreaktion auf seine Antwort, wenn der Lehrer sich bei der ersten Antwort überraschend jeder Reaktion enthält. Die Schüler beginnen oft ein wildes Raten und bieten viele neue Antworten, auch wenn die richtige Antwort längst gegeben, nur nicht als solche bezeichnet wurde.

Die oben geschilderten Erfahrungen bestimmen das Antwortverhalten des Schülers, oft sogar sein ganzes Unterrichtsverhalten.

Aus diesen Gründen ist es für den Lehrer notwendig, daß er häufig auch Aufgaben stellt, die es ermöglichen, alle Kinder in der Gruppe gleichzeitig antworten zu lassen - die also auf die gesprochene Einzelantwort verzichten.

Dann verlieren Frage und Antwort durch ihre Häufigkeit für den einzelnen Schüler ihren Prüfungscharakter und können echte Übungsfunktionen übernehmen. Derartige Aufgabenstellungen können z. B. sein:
- Tätigkeiten
- Arbeit mit Antwortkärtchen
- Arbeit mit Auswahlantworten (Fragebögen)

Tätigkeiten

Viele Aufgabenstellungen etwa aus der Hörerziehung lassen sich durch Nachspielen oder durch Übersetzen in Bewegung viel besser darstellen als durch Verbalisierung. Das Nachspielen eines Motivs verlangt die gleiche analytische Hörleistung wie das Schreiben eines musikalischen Diktats: das Übersetzen in adäquate Bewegung verlangt vielleicht weniger an bewußter Analyse, dafür aber mehr an unbewußter Koordination zwischen Gehör, Verstand und Körper, vor allem eine gute Steuerung der Motorik[6].

Beispiel:

Der Lehrer spielt einen Melodiebogen und gibt den Kindern die Aufgabe, den Verlauf der Tonhöhen zu beobachten. Als Antwort bewegen sich die Schüler (gleichzeitig mit dem Erklingen der Melodie oder auch anschließend) auf der Stelle aufwärts/abwärts, d. h. bis zur äußersten Streckung und zum tiefsten Kauern. Die gleiche Aufgabe könnte auch als Bewegung im Raum durchgeführt werden, wobei die Richtungen für "aufwärts" und "abwärts" verabredet werden können (z. B. "aufwärts" = in Richtung auf die Fensterseite des Raumes, "abwärts" = in Richtung auf die Tafelseite). Es wäre auch denkbar, daß jedes Kind für sich die Richtungen zuordnet - die Bewegungsform wird dann reizvoller, die Lernerfolgskontrolle für den Lehrer jedoch schwieriger.

Arbeit mit Antwortkärtchen

Antwortkärtchen (bei denen jedes Kind jeweils über einen kompletten
Satz Kärtchen verfügen muß) ermöglichen, daß alle Schüler g l e i c h -
z e i t i g antworten können. Die Antworten sind dann für den Lehrer
gleichzeitig zu registrieren, für alle Kinder entsteht die Verpflichtung,
bei jeder Frage "Farbe zu bekennen".
Beispiel:
    Der Lehrer spielt eine Melodie vor, fragt, ob in ihr nur Viertel-
    oder auch Achtelnoten vorkommen. Als Antwort hält jeder Schüler
    entweder nur das Kärtchen mit dem Zeichen ♩ oder die beiden Kärt-
    chen mit den Zeichen ♩ und ♪ hoch.
    Gewiß werden unsichere Kinder vorsichtig äugen, was der Nachbar
    tut, und dann mit ein wenig Verspätung ihre Kärtchen hochheben.
    Aber der Lehrer, der dieses Zögern beobachtet, muß es nicht
    kommentieren, kann aber bei Gelegenheit diesen Kindern zusätz-
    liche Übungsmöglichkeiten geben[7].
Auf den Kärtchen können - wie oben im Beispiel gezeigt - Darstellungen aus der Notenlehre, graphische Darstellungen, einzelne Begriffe
aus der Musiklehre, "ja", "nein" u.a.m. stehen. Die Abstimmung der
jeweiligen Lehrerfrage auf die beschränkten Antwortmöglichkeiten ist
schnell gelernt. Am praktischsten sind Kärtchen mit Stäben zum Halten.
Günstig ist es, Vorder- und Rückseite gleich zu gestalten, weil das
Kind dann beim Hochhalten ohne Drehung der Karte (durch die sie für
den Lehrer nicht mehr erkennbar wäre) seine Antwort noch einmal
überprüfen kann.

Arbeit mit Auswahlantworten

Die Arbeit mit Fragebögen, bei denen aus mehreren vorgegebenen Antworten die richtige zu kennzeichnen ist, ermöglicht eine Überprüfung
der Hörfähigkeit des einzelnen Kindes und eine generelle A r b e i t m i t
m u s i k a l i s c h e m M a t e r i a l , das weit über jenes Material hinaus-
geht, das vom Kind im Sinne des Notendiktats bewältigt werden
kann.
Beispiele:
- Der Lehrer spielt nacheinander 2 Intervallsprünge. Frage: war das
  2. Intervall kleiner, größer oder genau so groß wie das erste? Im
  Formular ist die richtige Antwort zu unterstreichen. (Die gleiche
  Aufgabenstellung ist natürlich auch mit Antwortkärtchen möglich.)
- Der Lehrer läßt vom Tonband die gleiche Melodie, nacheinander
  dargestellt z. B. von Geige, Flöte und Singstimme, erklingen.
  Frage: An welcher Stelle erklang die Geige? An erster, zweiter
  oder dritter? In das entsprechende Kästchen auf dem Formular ist
  ein Kreuz einzutragen.
Aufgaben, wie sie etwa Bentley[8] als Testmaterial verwendet, eignen
sich hervorragend als Ü b u n g s material. Wichtig ist, daß die Kinder

vorher ausreichend Gelegenheit hatten, die erfragten Bereiche in lebendiger Tätigkeit und Anschauung kennenzulernen.

Tonbandkassetten mit derartigen Aufgaben, nach Inhalten und Schwierigkeitsgrad geordnet, lassen sich sehr gut als gezieltes Übungsmaterial in der Teilgruppenarbeit[8] einsetzen (vgl. S. 211).

Wie beim Erstellen allen Arbeitsmaterials wird hier zunächst ein großer Arbeitseinsatz erforderlich. Da das Material aber viele Schülergenerationen überdauert und der Unterricht für den Schüler dadurch abwechslungsreicher und individueller gestaltet werden kann, er also effektiver wird, lohnt sich diese Arbeit in jedem Fall.

Die oben aufgezeigten Beispiele dürften deutlich gemacht haben, wie sehr bei einem derartig gestalteten Unterricht Übungsfunktion für das Kind und Kontrollfunktion für den Lehrer ineinander übergehen. Entscheidend bleibt dabei, daß die Lernerfolgskontrolle nicht der Bewertung des Schülers, sondern der Planung des weiteren Unterrichts dienen soll.

Anmerkungen

1) Abdruck in: Auerbach/Stumme, Die Musikschule III, Mainz 1974, S. 124ff.

2) Auerbach: Unterrichtsplanung, S. 16ff.

3) Auerbach: Binnendifferenzierung, S. 21ff.

4) Auerbach: Binnendifferenzierung, S. 21ff.

5) Nitsche: Die Stimme des Unterrichtenden, S. 79ff.
   Nitsche: Der Umgang mit der Kinderstimme, S. 82ff.
   Dreyer/Pretzell: Das Sprechverhalten des Unterrichtenden, S. 90ff.
   Stumme: Der Tonhöhenstab, S. 126ff.
   Köneke: Konzerte für Kinder, S. 129ff.
   Wieblitz: Grundfragen der Musiklehre, S. 141ff.
   Köneke: Die Musiklehre in ihrem Verhältnis zu den anderen Lernbereichen der
       MGA, S. 155ff.
   Köneke: Notation und Notenlernen, S. 161ff.

6) Auerbach: Binnendifferenzierung, S. 21ff.

7) Bentley: Musikalische Begabung bei Kindern und ihre Meßbarkeit (Schriftenreihe zur
       Musikpädagogik I, Hrsg. Jakoby), Frankfurt 1968

8) Auerbach: Binnendifferenzierung, S. 21ff.

ENTWURF EINES BEOBACHTUNGSBOGENS

Ausgangspunkte

Die Musikalische Grundausbildung soll nicht nur Grundlagen schaffen für jegliche Form musikalischer Ausbildung; sie hat auch wesentliche Orientierungsfunktionen für Schüler und Lehrer zu erfüllen:
- Der Schüler selbst soll über Möglichkeiten seiner Weiterbildung

und das ihm offenstehende Bildungsangebot informiert und zur Weiterarbeit an sich selbst motiviert werden.
- Es soll, soweit möglich, eine Prognose über das Anlagenpotential des einzelnen Schülers ermittelt werden.
- Es sollen die bestmöglichen Fördermaßnahmen für ihn getroffen werden.

Abgrenzung des Themas

Angesichts dieser Orientierungsfunktion, die der Musikalischen Grundausbildung im Gesamtprozeß musikalischer Ausbildung zukommt, ergibt sich für den Grundkurslehrer folgendes dreigegliederte Aufgabenfeld:
- Beobachtung des Schülers
- Beurteilung des Schülers
- Empfehlung für den weiteren Unterricht des Schülers
Die Beobachtung ist ein Vorgang, der nur dann zu profilierten Aussagen führen kann, wenn er regelmäßig und systematisch erfolgt. Dieter Lüttge empfiehlt in seinem Aufsatz "Langzeitbeobachtung - Leistungsbewertung", einen Beobachtungsbogen zu führen, der "durch entsprechende Kriterienvorgaben vorstrukturiert" ist (s. S. 191).
Die Beurteilung hat die systematische Beobachtung zur Voraussetzung. Sie ist im Gegensatz zu ihr an einen festen Zeitpunkt, nämlich den Schluß des Grundkurses gebunden.
Ihr schließt sich die Empfehlung über Art und Richtung der Weiterarbeit an - eine Aussage, die sich wieder auf einen Prozeß bezieht. In vielen Fällen werden auch nach einem sorgfältigen Beobachtungsverfahren nur sehr globale Aussagen gemacht werden können; bei einer Reihe von Kindern werden sich aber mögliche Entwicklungstrends oder auch bestimmte Defizite sehr wohl erkennen lassen. Sie auszumachen, zu belegen und daraus die pädagogischen Konsequenzen zu ziehen, ist eine wichtige Aufgabe gegenüber Schülern, Eltern und auch gegenüber der Musikschule, deren Arbeitsweise in bezug auf Rationalität und Effektivität schließlich von diesen Konsequenzen abhängt.
Im folgenden ist versucht worden, einen Beobachtungsbogen zu erstellen, der eine praktische Handhabe geben möchte für die Durchführung einer planmäßigen Langzeitbeobachtung - also für das erste Glied der o. a. Begriffsfolge.

Bedingungen

Der Beobachtungsbogen muß sich nach folgenden Gesichtspunkten richten:
- Die Verhaltensweisen der Schüler und die dadurch erfaßten Persönlichkeitsfaktoren sollen vereinfacht dargestellt werden können.

- Sie sollen so ausgewählt sein, daß sie rein sachlich zu begründen sind.
- Aus ihnen sollen Fördermaßnahmen abgeleitet bzw. entwickelt werden können.
- Sie sollen für das Schlußgutachten und die Empfehlung für den weiterführenden Unterricht in der Musikschule verwendet werden können.

Die Beobachtungen müssen nach einheitlich verwendeten Ausprägungsgraden geordnet werden. Diese Grade sind so zu interpretieren, daß sie ausreichend Unterscheidungsmerkmale besitzen (Trennschärfe) und eindeutig bestimmbar sind. Der Beobachtungsbogen soll nicht nur Auskunft geben über einen erreichten Leistungsstand, sondern in erster Linie über den durchlaufenen Lern p r o z e ß ; er muß also Veränderungen oder Entwicklungsrichtungen, die im Laufe der Beobachtungszeit aufgetreten sind, aufzeigen können.

Funktionen des Beobachtungsbogens

Bei einer nur einmaligen Unterrichtsveranstaltung für einen Grundkurs pro Woche und bei seinen sonstigen Unterrichtsverpflichtungen in der zeitlichen Nachbarschaft dieses Kurses hat der Lehrer nur begrenzte Möglichkeiten, seine zahlreichen Beobachtungen im Detail schriftlich zu fixieren. Der Beobachtungsbogen darf daher nicht zu ausführlich gehalten sein und muß sich auf die Kriterien beschränken, auf deren Aussagen sich eine gerechte Beurteilung und eine überzeugende Empfehlung stützen kann. Er faßt das Mindestmaß an Informationen zusammen und stellt sich daher notgedrungen als Kompromiß zwischen wissenschaftlichem Anspruch und Machbarkeit dar. Trotzdem kann er bei einiger Konsequenz und regelmäßigem Gebrauch folgende Funktionen erfüllen:
- Hilfen geben bei der Diagnose (im Blick auf den Schüler: Einleitung individueller Hilfsmaßnahmen; im Blick auf den Lehrer: Informationen zur sach- und entwicklungsgerechten Planung zukünftigen Unterrichts)
- Hinweise geben für die Prognose (als e i n e wesentliche Grundlage bei der Erstellung des Gutachtens mit Empfehlung für den weiteren Unterrichtsweg)
- die schulinterne Information zwischen den Lehrkräften versachlichen
- für die Lehrer-Eltern-Beziehung objektive Gesprächsunterlagen schaffen.

Handhabung in Stichworten

Für jeden Schüler wird ein Beobachtungsbogen angelegt und vom Grundkurslehrer geführt. Eintragung nach drei Ausprägungsgraden (a, b, c;

Beobachtungsbogen zum Stand des Lernprozesses

Musikalische Grundausbildung

Name des Schülers: .... Vorname: .... Geburtstag: .... Lehrer: ....

		Zeitraum (Vierteljahre)				Bemerkungen über Auffälligkeiten	Zusammenfassung für Gutachten
		1.	2.	3.	4.		
Musikalische Fähigkeiten	Singen						
	Elementares Instrumentalspiel						
	Musik und Bewegung						
Verhalten bei Spiel und Arbeit	Ausdauer						
	Sachgerechtigkeit						
Denkverhalten	Anwendung von Gelerntem						
	Kreativität						
Sozial-emotionales Verhalten	Lernwilligkeit						
	Kooperation						

auf der Rückseite des Beobachtungsbogens definiert). Nach jeder Unterrichtsstunde sollten einige Minuten Zeit zur Verfügung stehen, die der Grundkurslehrer dazu benutzt, in die obere (größere) Kästchenreihe Einzelbeobachtungen einzutragen, und zwar nur dort, wo wirklicher Anlaß zu solch einer Eintragung besteht. Auffälligkeiten, die sich den definierten Ausprägungsgraden der Kriterien nicht zuordnen lassen, können unter "Bemerkungen" festgehalten werden (evtl. mit Datum). Eine senkrechte Kästchenreihe ist immer für ein Vierteljahr vorgesehen. Wenn Musikschul- und Kalenderjahr übereinstimmen, ist wie folgt zu gliedern:

1. Kästchenreihe - für die Zeit zwischen Jahresbeginn und Ostern,
2. Kästchenreihe - für die Zeit zwischen Ostern und Sommerferien,
3. Kästchenreihe - für die Zeit zwischen Sommer- und Herbstferien,
4. Kästchenreihe - für die Zeit zwischen Herbstferien und Weihnachten.

Die Größe dieser Kästchen ermöglicht es, daß im Laufe eines Vierteljahres jeweils mehrere Eintragungen vorgenommen werden können. Es ist dabei keinerlei Vollständigkeit anzustreben; der Lehrer wird sich ohnehin im allgemeinen auf die Ausprägungsgrade a und c beschränken.

Am Schluß eines jeden Vierteljahres zusammenfassende Eintragung in das darunterliegende kleinere und schmale Kästchen (nunmehr alle Ausprägungsgrade - auch b). Hierbei sollten je Beobachtungsbogen etwa 50 % aller möglichen Kategorien berücksichtigt werden.

In vielen Fällen werden die Beobachtungsergebnisse in ihren Ausprägungsgraden relativ kontinuierlich bleiben; in anderen Fällen wird sich das Bild nach und nach ändern und auf diese Weise einen Entwicklungstrend zu erkennen geben. Nicht selten werden aber auch außerordentlich divergierende Beobachtungsergebnisse zutage treten, nach deren Ursachen man forschen sollte.

Übersicht über Kriterien und Ausprägungsgrade des Beobachtungsbogens

Musikalische Fähigkeiten

Singen
a) Der Schüler singt mit sicherer Tongebung und guter Artikulation.
b) Er singt im wesentlichen tonrein und artikuliert sauber.
c) Er hat beim Singen in Tongebung und Artikulation noch Schwierigkeiten.

Elementares Instrumentalspiel
a) Der Schüler verfügt über eine differenzierte Spieltechnik und damit über eine Skala verschiedener Ausdrucksmöglichkeiten beim Spiel elementarer Instrumente.

b) Er zeigt Ansätze eines differenzierten Spiels.
c) Er spielt noch undifferenziert.

Musik und Bewegung

a) Der Schüler zeigt viel Geschick bei Übungen, in denen durch Körperbewegung musikalische Elemente, Gestalten und Strukturen erfahren oder in denen zu ihnen Bewegungsabläufe erfunden werden
sollen.
b) Er ist im allgemeinen in der Lage, durch Körperbewegung musikalische Elemente, Gestalten und Strukturen zu erfahren und zu
ihnen Bewegungsabläufe zu erfinden.
c) Er hat noch Schwierigkeiten, durch Körperbewegung musikalische
Elemente, Gestalten und Strukturen zu erfahren und zu ihnen Bewegungsabläufe zu erfinden.

Verhalten bei Spiel und Arbeit

Ausdauer

a) Der Schüler läßt sich auch bei Aufgaben von längerer Dauer nicht
ablenken.
b) Er läßt sich bei Aufgaben von mittlerer Zeitdauer nicht wesentlich
ablenken.
c) Er bleibt nur bei Aufgaben von kurzer Zeitdauer bei der Sache.

Sachgerechtigkeit

a) Vorhaben und Aufgaben werden im Unterricht sachgerecht durchgeführt.
b) Sie werden annähernd sachgerecht durchgeführt.
c) Sie werden noch nicht immer sachgerecht durchgeführt.

Denkverhalten

Anwendung von Gelerntem

a) Der Schüler kann Gelerntes nicht nur vollständig wiedergeben,
sondern auch sicher anwenden.
b) Er kann Gelerntes in einfachen Aufgaben anwenden.
c) Er kann Gelerntes nicht oder nur in sehr begrenztem Umfang anwenden.

Kreativität

a) Der Schüler zeichnet sich durch besondere Offenheit, Flexibilität,
selbständiges Denken und originelle Einfälle aus.
b) Er läßt gelegentlich Ansätze kreativen Verhaltens erkennen.
c) Er zeigt kein kreatives Verhalten.

Sozial-emotionales Verhalten

Lernwilligkeit
a) Der Schüler ist im Unterricht aktiv und bemüht sich sehr, die eigene Tüchtigkeit voll wahrzunehmen.
b) Der Lernwille des Schülers entspricht dem Durchschnitt.
c) Der Schüler nutzt sein Anlagenpotential nicht aus und läßt sich schwer motivieren.

Kooperation
a) Der Schüler fördert die Zusammenarbeit und den Lernfortschritt der Gruppe.
b) Er übt keinen auffällig fördernden oder hemmenden Einfluß aus.
c) Er wirkt hemmend auf die Zusammenarbeit der Gruppe.

ARBEITSMITTEL UND UNTERRICHTSRAUM

Wolfgang Stumme: Die Arbeitsmittel in der MGA

Hans W. Köneke: Der Fachraum und seine Grundausstattung

Rainer Mehlig: Auditive Medien im Unterricht

DIE ARBEITSMITTEL IN DER MUSIKALISCHEN GRUNDAUSBILDUNG

Die Arbeitsmittel des Lehrers

Für Planung, Unterrichtsvorbereitung und Denkanregungen bei der
Durchführung des elementaren Musikunterrichts stehen dem Lehrer
Arbeitsmittel zur Verfügung, ohne die er heute einen mehrjährigen
und lernzielorientierten Lehrgang in der Grundausbildung kaum erfolgreich durchführen kann:

1. Einschlägiges, jüngeres, allgemeines S c h r i f t t u m z u m m u s i k -
   p ä d a g o g i s c h e n H a n d w e r k wird er selbst besitzen müssen:
   zur Vorbereitung, zum Nachschlagen, als Ideenhilfe, um andere
   Wege kennen zu lernen und auszuprobieren, zum kritischen Vergleichen. Es wird die Bereiche Didaktik und Methodik des Musikunterrichts im Grundschulalter ebenso wie die Lern- und Entwicklungspsychologie dieser Altersstufe umfassen und sollte durchaus
   auch gegensätzliche Konzepte enthalten. Lehrbücher der elementaren Unterrichtspraxis ergänzen die persönliche Fachbibliothek
   des Lehrers.

2. K l a n g b e i s p i e l e auf Tonbändern und Schallplatten gehören
   - wenn es sich nicht um ganz spezielle Aufnahmen handelt, die in
   der Diskothek der Musikschule ihren Platz finden - in gleicher Weise zum persönlichen Besitz des Lehrers, der sie - ebenso wie die
   Literatur - ständig für Vorbereitung und Unterricht zur Verfügung
   haben muß. Die dazu notwendigen Wiedergabegeräte wird der Musikschullehrer ohnehin besitzen.

3. Die M u s i k s c h u l e muß darüber hinaus über eine Handbibliothek
   verfügen, die jederzeit von allen Lehrern benutzt werden kann. Auf
   ihre Anregungen hin wird ein Grundbestand angelegt und ständig ergänzt. (Ein ausführliches Literatur- und Klangbeispielverzeichnis
   ist diesem Buch beigefügt, vgl. S. 216.)

4. Daß die M u s i k i n s t r u m e n t e d e s L e h r e r s gerade im Unterricht der Grundausbildung ständig verfügbare Arbeitsmittel sind,
   muß als selbstverständlich gelten, auch wenn man in der Praxis
   aus mancherlei Gründen bisher darauf verzichten mußte. Der Klang
   der Instrumente kann stärker motivieren als Worte, weil er dem
   Gegenstand Musik gemäßer ist.

5. Für den heutigen Unterricht sind ein eigener guter K a s s e t t e n -
   r e c o r d e r oder ein eigenes Tonbandgerät (transportables Netz-
   oder Batteriegerät) nötig (vgl. S. 211). Einige Musikschulen leihen
   ihren Lehrkräften für die Dauer ihrer Tätigkeit an der Musikschule
   schuleigene Geräte zum persönlichen Gebrauch aus, da solche Geräte selten zum ständig verfügbaren Inventar der wechselnden Unterrichtsräume gehören. Bei eigenen Tonbandaufnahmen oder bei
   Überspielungen bedenke man die Gesetze zum Urheberrechts-
   schutz!

6. Von Fall zu Fall ist vorbereitetes Material für den Unterricht zu erstellen und mitzubringen; der Tonhöhenstab (vgl. S. 126), Lernspiele (vgl. S. 35), Tonbänder (vgl. S. 211), Farbplättchen oder farbige Aufkleber zum Kenntlichmachen bestimmter Klangstäbe auf Glockenspiel und Xylophon u. ä.

7. Ohne eigene Tagebücher zum Unterricht (Vorbereitung, Verlauf, Planung der Fortsetzung) kann ein Lehrer weder den Grundausbildungslehrgang systematisch anlegen noch seinen Ablauf und damit sich selbst ausreichend kontrollieren.

8. Beobachtungsbögen (vgl. S. 198), deren Führung durchaus etwas Zeit in Anspruch nimmt, helfen, Schüler auf die Dauer gerecht in ihren musikalischen und psychischen Anlagen, in ihrer Entwicklung, in dazu gewonnenen Fähigkeiten und Fertigkeiten und damit auch in ihren Leistungen zu beurteilen und später differenziert zu beraten. Sie helfen auch bei der Überprüfung des eigenen Unterrichts im Hinblick auf seine Auswirkung auf die Kinder (vgl. S. 25ff).

9. Nicht vergessen werden dürfen als "Arbeitsmittel" hier die eigene Sing- und Sprechstimme wie auch die Bewegungsmöglichkeiten des Unterrichtenden. Von ihrem Funktionieren, ihrer Ausdruckskraft, ihrer freien Anwendung hängt schließlich zu wesentlichen Teilen der Erfolg des Unterrichts ab.

10. Die Integration aller Arbeitsmittel in den Unterricht will verbale Einseitigkeit, Verschulung und Kopflastigkeit beim Lehrer vermeiden helfen, dafür Anschaulichkeit, souveräne Beweglichkeit, Dynamik und Spannungsreichtum im Umgang mit der Musik und mit Kindern anstreben.

Die Arbeitsmittel des Schülers im Unterricht und zu Hause

1. Für den Unterricht und als Anregung für selbständige Weiterarbeit ist für den Schüler der Schülerband zum Lehrwerk "Musikalische Grundausbildung an Musikschulen" erstellt worden. Er hilft Unterrichtsgegenstände zu veranschaulichen, zu konkretisieren und zusammenzufassen, motiviert die Kinder, sich mit ihnen auch zu Haus zu beschäftigen und informiert die Eltern.

2. Dazu gehören das für die Grundausbildung entworfene Notenheft mit freien und mit Notensystemen versehenen Seiten und das notwendige Schreibzeug (Malfarbstifte u. a.).

3. Je nach dem für die Grundausbildung gewählten Schwerpunkt (vgl. Lehrplan Musikalische Grundausbildung) wird sich die Wahl der Instrumente richten, die sich in der Hand des Schülers befinden. Es kann sich dabei sowohl um Stabspiele aus Metall und Holz (Xylophon für zu Hause, Glockenspiel für die Schultasche wie um Sopran-Blockflöte und selbstgebaute Schallerzeuger vgl. S. 48) handeln.

4. Für alle Bewegungsformen (Tanzen, Rhythmik) empfehlen sich leichte Schuhe und strapazierfähige, nicht bewegungshemmende Kleidung.
5. Auch der Kassettenrecorder in Schülerhand kann gelegentlich sinnvoll in den Unterricht und das häusliche Weiterarbeiten einbezogen werden.
6. Der frühzeitige Zugang zu allen vorhandenen Musikinstrumenten zu Hause und das Einüben des Umgangs mit Plattenspieler, Rundfunk und Fernsehgerät sollten ermöglicht werden.

DER FACHRAUM UND SEINE GRUNDAUSSTATTUNG

Der Erfolg jeglichen Musikunterrichts hängt wesentlich von den räumlichen Bedingungen ab, unter denen er stattfindet. Es ist müßig, diese Bedingungen, die im einzelnen an einen funktionsgerechten Fachraum zu stellen sind, an dieser Stelle aufzulisten, da man sich als Lehrer in der Regel auf das vorhandene Raumangebot einstellen muß. Dort allerdings, wo es bei Schulneu- oder -erweiterungsbauten um die Erstellung einer Raumkonzeption geht, sollten unbedingt die Arbeiten mit zu Rate gezogen werden, die diese Bedingungen beschreiben (z. B. Dankmar Venus: Funktionsgemäße Musikräume, Musik und Bildung 1971, XII; Klaus Kirch: Moderne Musikfachräume, Neue Musikzeitung, April 1970; Peter Koch/Dietrich Schmolling: Bauliche und Ausstattungshinweise zum Fachbereich Musik an allgemeinbildenden Schulen, Niedersächsisches Schulverwaltungsblatt 1975, I).
Der Unterrichtsraum für die MGA muß eine Sitzanordnung im Kreis oder im offenen Halbkreis zulassen und genügend freien Raum für Bewegungsgestaltung bieten. Er sollte etwas breiter angelegt sein als ein normaler Klassenraum. Das Gestühl sollte beweglich und geräuscharm sein. Die Kinder müssen auch Schreibgelegenheiten haben, entweder in Form von beweglichen Tischen oder von hochklappbaren Schreibplatten, die an den Stühlen angebracht sind.
Ungünstig ist es, wenn das bewegliche Mobiliar umgeräumt werden muß, um Raum für Übungen zum Lernbereich Musik und Bewegung zu schaffen. In vielen Fällen ist es möglich, für die MGA zwei Räume zu benutzen: einen dann, wenn die Kinder mit Schreib- oder Malstift, Notenlegetafeln, Lernspielen u. dgl. umgehen müssen - einen zweiten, wenn sie Freiraum für Bewegungsspiele gebrauchen oder für Gruppenteilung in der Binnendifferenzierung (vgl. S. 21).
Zur Grundausstattung des Unterrichtsraumes gehören:
1. Ausreichend Unterbringungsmöglichkeiten für das zahlreiche Spiel- und Arbeitsmaterial der MGA: am besten Einbauschränke im Raum selbst oder im nebenan liegenden Lehrmittelraum. Besonders die Instrumente sollten so aufbewahrt werden, daß die Kinder sie selbst entnehmen und auch wieder in sinnvoller Ordnung einräumen können.

2. Wandtafel einschließlich Haftmaterial und Klemmvorrichtung für Anschauungsmaterial. Die Tafelfläche sollte zum Teil mit Notenlinien versehen sein. Eine linienfreie Fläche für Zeichnungen, graphische Notierungen oder Texte verschiedener Anordnung sollte aber auch zur Verfügung stehen.

3. Klavier, besser noch Flügel.

4. Technische Medien. Einzelheiten dazu siehe: Rainer Mehlig, Die auditiven Medien im Unterricht, S. 211.
Eine fest installierte Anlage ist einer transportablen vorzuziehen, sollte aber nicht in Tafelnähe aufgestellt sein, da der Kreidestaub ihre Funktionsweise beeinträchtigt.

5. Orff-Instrumentarium.

Standardausrüstung (Gesamtkosten ca. 1400 DM; Stand 1976)

1 Altxylophon, chromatisch	1 Paar Cymbeln (25 cm)
1 Sopran-Xylophon	1 Holzblocktrommel
1 Alt-Glockenspiel	1 Holzröhrentrommel
1 Alt-Metallophon	2 Paar Klangstäbe
1 Kesselpauke (50 cm)	1 Schellenkranz
1 Rahmentrommel (35 cm)	1 Glockenkranz
1 Rahmenschellentrommel (30 cm)	2 Kugelrasseln
1 Triangel (25 cm)	1 Guero
1 Becken (35 cm)	

Wünschenswerte Erweiterung (Gesamtkosten ca. 1800 DM; Stand 1976)

1 Satz (26 Stück) Klingende Stäbe, chromatisch mit Instrumentenkasten	
1 Baß-Xylophon	1 Rahmentrommel (30 cm)
1 Sopran-Glockenspiel	1 Triangel (20 cm)
1 Alt-Sopran-Glockenspiel, chromatisch	1 Paar Cymbeln (15 cm)
1 Alt-Sopran-Metallophon	1 Gong
1 Kesselpauke (35 cm)	

(zitiert nach: Musikunterricht Grundschule, Lehrerband, Mainz 1977, Seite 44)

6. Zubehör zum Orff-Instrumentarium:
Schlägel; nicht nur zwei pro Instrument, sondern mindestens die doppelte Anzahl. Durch die Wahl verschiedenen Materials bei den Schlägelköpfen ergeben sich vielfältige klangliche Differenzierungsmöglichkeiten, die unbedingt ausgenutzt werden sollten: Filz-, Holz-, Plastik-, Gummikopfschlägel. Bei den Filzschlägeln gibt es eine ganze Skala von Härtegraden - von den Herstellern oft durch unterschiedliche Farben gekennzeichnet. Jedem Schlaginstrument entspricht jeweils eine optimale Schlägelgröße. Ein technisch einwandfreies Schlagwerkspiel ist nur bei richtiger Aufstellung der Instrumente möglich. Besonders bei den Stabspielen muß die Höhe der Spielfläche der Körpergröße der Kinder angepaßt sein. Das ist am besten zu erreichen, wenn die größeren Stabspiele Ständerbeine oder auch fahrbare Ständer mit variabler Höheneinstellung erhalten.

7. Bälle, Stäbe, Reifen, Seile, Tapetenrollen, japanische Papierbälle u. a. für die Bewegungserziehung.
8. Nach Möglichkeit sollten auch traditionelle Orchesterinstrumente zur Verfügung stehen - u. U. solche, die sich für ein anspruchsvolles Spiel nicht mehr eignen, zu Demonstrationszwecken und unkonventioneller Klangerzeugung aber noch verwendet werden können.
9. Drei Kästen mit allerhand klingenden Materialien, wie sie von E. Wieblitz beschrieben worden sind (S. 48):
   - Rundhölzer, Holzleisten, Metallstangen
   - Verschieden große Gefäße aus Blech, Plastik, Pappe, Holz, z. T. mit Füllmaterial: Steinchen, Knöpfe, Schrauben, Nüsse, Holzkugeln...
   - Flaschen, Gläser, Blumentöpfe verschiedener Größe

   Bewährt hat sich ein stehender großer Holzrahmen, an dem ein Teil dieser Materialien zum Experimentieren und beim Spiel aufgehängt wird.

AUDITIVE MEDIEN IM UNTERRICHT

Um die Lernziele aller Bereiche des Lehrplans Musikalische Grundausbildung erreichen zu können, ist die Einbeziehung technischer Arbeitsmittel in den Unterricht heute selbstverständlich. Neben dem Orff'schen Instrumentarium, den Instrumenten des Lehrers - also originalen Klängen - werden das vor allem Tonband, Kassette und Schallplatte sein. Tonband und Kassette sind nicht nur verwendbar zur Demonstration von Klangbeispielen, sondern auch zur Produktion eigener musikalischer Aussagen und Gestaltungen der Schüler. (Der Rundfunk wird in der MGA außer Betracht bleiben, jedenfalls soweit er den Unterricht betrifft.)
Damit ergeben sich Möglichkeiten, die ohne Einbeziehung von technischen Mittlern undenkbar sind:
Eigenes Musizieren kann festgehalten, wiedergehört, besprochen und kritisch beurteilt werden; Musikbeispiele vieler Epochen, Stilrichtungen und Interpretationen können zu Hörvergleichen anregen; der Klangcharakter und die technischen Möglichkeiten von Instrumenten, die im Unterricht selbst nicht zur Verfügung stehen, können aufgezeigt werden; schließlich werden die Schüler auch motiviert und angeleitet, zu Hause sachverständig und kritisch mit technisch vermittelter Musik umzugehen. Erster Anlaß dazu können eigene Produktionen der Musikschule sein, die sich als Dokumentationen an Schüler, Eltern und Lehrer wenden.
Der Einsatz technischer Medien ist an eine Reihe von Vorbedingungen geknüpft:
- Der Lehrer muß im Umgang mit Tonbandgerät, Kassettenrecorder und Plattenspieler geübt sein und die Geräte so gut kennen, daß für

Bedienung und Aufbau nicht zuviel Unterrichtszeit verloren geht.
- Er muß über ihre Wirkungsweise und ihre technischen wie auch pädagogischen Funktionen soweit informiert sein, daß er auftretenden Problemen gegenüber nicht in Ratlosigkeit verfällt, sondern rasch zu reagieren vermag.
- Ihm müssen im Unterrichtsraum geeignete Geräte griffbereit zur Verfügung stehen, möglichst als fester Bestandteil der Raumausstattung. Ein Tonbandgerät sollte der Lehrer selbst besitzen oder es sollte ihm von der Musikschule für die ganze Dauer seines Unterrichtsvertrages ausgeliehen werden.
- Dem Lehrer müssen die Geräte als notwendiges Handwerkszeug auch für die Vorbereitung seines Unterrichtes - ähnlich einer funktionsgerechten Handbibliothek - jederzeit zugänglich sein.

Obwohl ein spezielles Hörbeispiel-Tonband für die Musikalische Grundausbildung zur Verfügung steht, ist es wünschenswert, daß sich der Lehrer ergänzend eine entsprechende H ö r b e i s p i e l s a m m l u n g mit Tonbändern und Schallplatten für den Gebrauch im Unterricht anlegt.

Als Beispiele werden genannt:
- Aktuelles aus Funk und Fernsehen, das unterrichtlich verwendet werden kann: Werbespots, geeignete "hits", Erkennungsmusiken für wiederkehrende Sendungen u. a.
- Musikbeispiele, die bei Behandlung der Parameter aufschlußreich sein können, z. B. Musik wird lauter oder leiser, Musik in extremen Lagen, Musik für gegensätzliche Klanggruppen u. a.
- Folkloreinstrumente anderer Kulturkreise, die verwandt sind mit bei uns gebräuchlichen Instrumenten, z. B. balkanische Panflöte, südamerikanische Quena, spanische Kastagnetten u. a.
- Typische Stimmlagen beim Gesang und beim Sprechen
- "Programme" in der Musik.

Bei der Zusammenstellung eigener Beispielbänder ist darauf zu achten, daß
a) ein schnelles Auffinden der Beispiele gewährleistet ist,
b) die Dauer der Beispiele angemessen ist (schon ein Zehn-Sekunden-Beispiel kann ausreichend sein!),
c) der Lehrer eine genaue Kenntnis über Inhalt und Struktur, über Komponist und Dauer der Beispiele hat.

Es empfiehlt sich daher, ein s c h r i f t l i c h e s T o n b a n d p r o t o k o l l zum Band zu erstellen mit folgenden Angaben:
1. Bandgeschwindigkeit
2. Laufende Nummer des Hörbeispiels
3. Nummer des Zählwerks
4. Titel des Hörbeispiels und Komponist
5. Ausführende
6. Hinweise für Einsatz im Unterricht (Instrumente, Strukturelemente, Stil ...)
7. Dauer in Sekunden

Geschwindig-keit	Zählwerk	Lfd. Nr.	Titel des Hör-beispiels, Komp.	Ausfüh-rende	Besetzung	Dauer in Sekunden
9,5 cm/s	000	1.	Lehnemer Walzer (volkstümlich)		Zither, Kb., Git., Vc.	26
9,5 cm/s	123	2.	Wie Querflöte und Walzer klingen			
		2.1	"Couple" für Flöte und Klavier (Ausschnitt) Bussotti		Querflöte/ Klavier	23
9,5 cm/s	243	3.1	Klarinetten-quintett A-Dur (Ausschnitt) Mozart		Kl., Vl., Viola, Vc.	36

Die im Unterricht verwendeten technischen Mittler müssen bestimmte
Forderungen erfüllen, die auf Grund von Empfehlungen des Instituts
für Film und Bild in Wissenschaft und Unterricht und eigenen Erfahrungen im Unterricht nachfolgend genannt sind:

1. Tonbandgerät

a) In der Regel genügen einkanalige Aufnahmen und Wiedergaben. Ein
   Stereo-Gerät empfiehlt sich nur dann, wenn für das Abspielen ein
   entsprechender Zusatzverstärker verfügbar ist. Mit den eingebauten
   Lautsprechern ist der Stereo-Effekt normalerweise nur unvollkommen zu erreichen. In solchen Fällen ist die einkanalige Wiedergabe
   weitaus besser.
b) Ein optimaler Gleichlauf ist größtenteils dann gewährleistet, wenn
   ein Bandzugkomparator eingebaut ist, der den Bandzug nicht mecha-
   nisch, sondern elektronisch steuert.
c) Eine gute Wiedergabe von Hörbeispielen ist abhängig von der Leistung des Lautsprechers im Gerät. Die Ausgangsleistung des Lautsprechers sollte mindestens 4 Watt betragen.
d) Zwei Bandgeschwindigkeiten, 9,5 cm/s und 19 cm/s, sollten verfügbar sein. Mit der Bandgeschwindigkeit von 9,5 cm/s ist der Bereich
   von etwa 20-15000 Hz abgedeckt, das heißt, die Tonqualität entspricht
   hohen Ansprüchen. Bei der höheren Bandgeschwindigkeit von 19 cm/s
   liegt der Frequenzbereich in der Regel zwischen 20-20000 Hz. Eine
   Aufnahme mit dieser Geschwindigkeit genügt höchsten Ansprüchen
   (HiFi-Qualität).

e) Ein dreistelliges Bandzählwerk mit Rückstelltaste sollte am Gerät vorhanden sein.
f) Die Unterrichtssituation erfordert sehr oft eine schnelle, unkomplizierte Aufnahmetechnik. Eine Aussteuerungsautomatik am Tonbandgerät ist deshalb zu empfehlen.
g) Halbspur- sind den Viertelspur-Geräten vorzuziehen. Mehrspurig bespielte Tonbänder kann man nicht schneiden, ohne die Aufnahmen der anderen Kanäle zu zerstören.

2. Kassettenrecorder

Soll der Kasettenrecorder zusätzlich zu einem Tonbandgerät als "bewegliches" Aufnahmegerät zur Kontrolle von akustischen Aktionen eingesetzt werden, muß seine Technik nicht so aufwendig sein; anders ist es, wenn er an Stelle des Tonbandgerätes eingesetzt werden soll. Die Geräteindustrie hat inzwischen Kassettenrecorder entwickelt, die in der Leistung guten Tonbandgeräten gleichwertig sind (HiFi-Qualität bei Gebrauch von Chromdioxyd-Kassetten; zusätzliche Qualitätssteigerung durch "Dolby-System"). Der Preis dieser Kassettenrecorder entspricht dann jedoch fast dem der Tonbandgeräte der gehobenen Preisklasse. Der erstgenannte Einsatz von Kassettenrecordern erfordert ein nicht so hoch qualifiziertes Gerät. Dennoch sollten auch hier bestimmte Grundforderungen erfüllt sein:
a) Halbspurgerät für Mono-Aufnahme und -Wiedergabe
b) Netz- und Batteriebetrieb
c) Eingebautes Mikrophon
d) Musikleistung mindestens 3 Watt
e) 3-stelliges Zählwerk mit Rückstelltaste
f) Pausentaste
g) Abschaltbare Aussteuerungsautomatik
h) Einrichtung für Anschlüsse von Zusatzlautsprechern

3. Plattenspieler

Abgesehen von einer guten Wiedergabequalität, die durch einen hochwertigen Verstärker mit entsprechenden Lautsprechern gewährleistet sein muß, sind folgende Punkte besonders zu beachten:
a) Optimaler Gleichlauf; Gleichlaufschwankungen, die u. a. durch die Stromzufuhr auftreten können, werden durch einen besonders schweren Plattenteller mit großer Schwungmasse ausgeglichen.
b) Eine Antiskating-Einrichtung wirkt der unerwünschten stärkeren Belastung der inneren Rillen entgegen.
c) Das Aufsetzen des Plattenarms mit Hilfe einer Automatik ist im Unterricht zu zeitraubend; aber es ist notwendig, an einer bestimmten Stelle der Platte den Tonarm aufsetzen zu können. Hier leistet eine hydraulische Aufsetzhilfe gute Dienste.

Wenn es möglich ist, sollte der Lehrer auch den Schülern den Umgang mit den technischen Geräten vermitteln, um sich auf deren Mithilfe im Unterricht beim Abspielen von Hörbeispielen und Tonaufnahmen zu stützen. Außerdem erfordert z. B. die Binnendifferenzierung im Unterricht (vgl. S. 21) die selbständige Arbeit des Schülers mit der Aufnahme- und Wiedergabetechnik.

Es ist anzunehmen, daß jeder Lehrer bei Aufnahme und Wiedergabe mit seinen eigenen Geräten gut umgehen kann. Bei fremden Apparaturen wird er nicht ohne deren Bedienungsanleitungen und ihr genaues Studium auskommen. Im gegebenen Fall braucht er notfalls eine praktische Einführung durch den für die Geräte Verantwortlichen. Im übrigen steht in ausreichendem Maße fachliche Literatur für den technischen wie für den fachlich-thematischen Bereich zur Verfügung.

Literatur

Agfa Leverkusen: Magnetbandtechnik, Tonhandbuch für Amateure, Tips und Tricks für Tonbandamateure, Schallaufzeichnungen auf Magnetband

BASF Ludwigshafen: BASF Tonband-Brevier, Tonbandfragen - Tonbandantworten

Bönsch: Unterricht mit audio-visuellen Medien, Donauwörth 1973

Kleinen/Lägel: Tontechnik, Montagen, Collagen, B 30[3], Schott's Söhne, Mainz 1974

Menke: Tonbandfibel, München o. J.

Ruprecht/Schneider/Mörking: Lehren und Lernen mit Tonband, München 1965

Materialien zur Verwendung von Medien im Unterricht, hrsg. vom Niedersächsischen Kultusministerium, Hannover 1975

A VERZEICHNIS DER MUSIKPÄDAGOGISCHEN FACHLITERATUR

Das folgende Verzeichnis umfaßt Fachliteratur zu allen Arbeitsgebieten der Grundausbildung und zum Aus- und Fortbildungsbereich von Musikschullehrern.
Auf Literaturangaben bei Einzelbeiträgen der Verfasser wird am Ende des jeweiligen Beitrags verwiesen, so daß doppelte Erwähnung - bis auf wenige Einzelfälle - vermieden ist.
Eine absolut vollständige Aufzählung der Literatur hätte den Rahmen des Buches gesprengt.

1. Pädagogik und Psychologie

Aebli, H.:   Grundformen des Lehrens. Stuttgart 1968.

Brezinka, K.:   Erziehung als Lebenshilfe. Stuttgart 1971.

Corell, W.:   Lernpsychologie. Donauwörth 1961.

Deutscher Bildungsrat: Gutachten und Studien der Bildungskommission, Band 4: Begabung und Lernen. Stuttgart 1968.

Gesell, A.:   Das Kind von fünf bis fünfzehn. Bad Nauheim 1954.

Huizinga, J.:   Homo Ludens. Reinbek 1956.

Ingenkamp, H. (Hrsg.):   Die Fragwürdigkeit der Zensurengebung. Weinheim 1971.

Kube, G.:   Kind und Musik. München 1965.

Lüttge, D.:   Einführung in die Pädagogische Psychologie. Berlin 1972.

Montessori, M.:   Das kreative Kind. Freiburg 1972.

Oerter, R.:   Moderne Entwicklungspsychologie. Donauwörth 1969.

Oswald/Schulz-Benesch: Grundgedanken der Montessoripädagogik. Freiburg 1967.

Roth, H.:   Pädagogische Psychologie des Lehrens und Lernens. Hannover 1957.

Tausch, R. und A.:   Erziehungspsychologie. Göttingen 1971.

Vester, F.:   Denken, Lernen, Vergessen. Stuttgart 1975.

Ders.:   Phänomen Streß. Stuttgart 1976.

(Literatur zur Unterrichtsplanung und -vorbereitung s. Seite 29)

2. Musikpädagogik (Didaktik-Methodik)

Abel-Struth, S.:   Musikalische Grundausbildung. Frankfurt 1967.

Dies.:   Musikalischer Beginn in Kindergarten und Vorschule, Band I, Situation und Aspekte; Band II, Praktikum; Band III, Materialien Kassel 1971-1977

Alt., M.:   Didaktik der Musik. Düsseldorf 1968.

Antholz, H.:   Unterricht in Musik. Düsseldorf 1970.

Auerbach/Stumme: Die Musikschule, Band III, Musikalische Grundausbildung, Beiträge zur Didaktik. Mainz 1974.

Bentley/Jakoby: Musikalische Begabung bei Kindern und ihre Meßbarkeit, Schriftenreihe zur Musikpädagogik, Band I. Frankfurt 1968.

Benzing-Vogt, I.:   Methodik der elementaren Musikerziehung. Zürich 1966.

Finkel, K.:   Musikpädagogik heute - Tendenzen und Aspekte. Wolfenbüttel 1974.

Fuchs, P. (Hrsg.):   Karlsruher Versuche für den Musikunterricht. Stuttgart 1973.

Ders.:   Musiklesen. Stuttgart 1969.

Gieseler, W.:   Grundriß der Musikdidaktik. Ratingen 1973.

Günther/Gundlach: Musikunterricht auf der Grundstufe. Frankfurt 1974.

Hanselmann, H.:   Kind und Musik. Zürich 1952.

Hopf/Probst/Vetter/ Mehlig/Sonntag/Steiner: Grundausbildung in Musik. Regensburg 1977. Lehrerbände, Schülerbücher, Tonbänder

Klausmeier, F.:   Jugend und Musik im technischen Zeitalter. Bonn 1968.

Lemmermann, H.:   Musikunterricht: Hinweise - Bemerkungen - Erfahrungen - Anregungen. Bad Heilbrunn 1977.

Meyer-Denkmann, G.:   Struktur und Praxis neuer Musik im Unterricht. Wien 1972.

Moog, H.:   Das Musikerleben des vorschulpflichtigen Kindes. Mainz 1968.

Müller-Bech/Stumme: Die Musikschule, Band I, Situation - Meinungen - Aspekte. Mainz 1973.

Neuhäuser, M.:	Theorie und Praxis einer ganzheitlichen Musikerziehung in der Grundschule. Frankfurt 1966.
Twittenhoff, W.:	Musikalische Bildung - Gedanken aus 20 Jahren. Mainz 1972.
Vogelsänger, S.:	Musik als Unterrichtsgegenstand. Mainz 1970.
Werdin, E.:	Musikalische Grundausbildung am Lied. Wolfenbüttel 1967.

3. Lehrbücher für die Primarstufe

Breckoff, W., u. a.:	Musikbuch - Primarstufe A und B, Lehrerband. Hannover 1971.
Fischer/Hansen/ Jacobsen/Schulz:	Musikunterricht Grundschule, Lehrerband/ Schülerband. Mainz 1976.
Fuchs/Gundlach:	Unser Musikbuch für die Grundschule - Dudelsack (dazu Lehrerheft - Lehrerband). Stuttgart 1976.
Fuchs/Gundlach/Weber:	Unser Liederbuch (dazu auch Lehrerband: Musik in der Grundschule). Stuttgart 1966.
Haus/Möckl:	Singen und Spielen - Musizierbuch für die Grundschule. Mainz 1977.
Hölscher/Pietzsch-Amos/ Rüdiger/Trott:	Klang und Zeichen, Band I, Musiklehrbuch für die Grundschule, Düsseldorf 1973.
Hopf/Rauhe/Krützfeld-Junker:	Lehrbuch der Musik. Wolfenbüttel 1970.
Spies/Reinhardt:	Wege zur Musik I und II. Stuttgart 1974 und 1977.

4. Hörerziehung

Auerbach, L.:	Hören lernen - Musik erleben. Wolfenbüttel 1971.
Dies.:	Musikhören - Hörerziehung. In: Die Musikschule, Band III. Mainz 1974.
Fuchs, P. (Hrsg.):	Musikhören - Der Unterricht in der Grundschule. Stuttgart 1969.
Gundlach, W. (Hrsg.):	Schulfunk als musikdidaktisches Seminar. Stuttgart 1971.

Kolneder, W.:	Singen, Hören, Schreiben ... (Lehrer- und Schülerhefte, Bausteine für Musikerziehung und Musikpflege). Mainz 1963/67.
Küntzel-Hansen, M.:	Klänge hören, lesen, zeichnen (mit Schallplatte). Velber 1971.
Pech, K.:	Hören im optischen Zeitalter. Karlsruhe 1969.
Probst, W.:	Instrumentenkenntnis als Weg zum Hören von Musikwerken. Berlin 1972.
Schafer, M. R.:	Schule des Hörens. Wien 1972.
Sydow, K. (Hrsg.):	Musikhören und Werkbetrachtung in der Schule. Wolfenbüttel 1970.
Venus, D.:	Unterweisung im Musikhören. Wuppertal 1969.
Ders.:	Didaktische und methodische Überlegungen zum Musikhören in der Vorschule. In: Abel-Struth, S. (Hrsg.): Musikalischer Beginn in Kindergarten und Vorschule, Bd. I Situation und Aspekte. Kassel 1971.
Wucher, D. (Hrsg.):	Konzerte für Kinder. Regensburg 1977.

5. Rhythmisch-musikalische Erziehung, Tanzerziehung

Brünner/Röthig:	Grundlagen und Methoden rhythmischer Erziehung. Stuttgart 1971.
Feudel, E.:	Rhythmisch-musikalische Erziehung. Wolfenbüttel 1956.
Glathe, B.:	Rhythmik für Kinder. Wolfenbüttel 1971.
Dies.:	Stundenbilder zur rhythmischen Erziehung. Wolfenbüttel 1972.
Haselbach, B.:	Tanzerziehung. Stuttgart 1971.
Dies.:	Improvisation - Tanz - Bewegung. Stuttgart 1976.
Hoellering, A.:	Zur Theorie und Praxis der rhythmischen Erziehung. Berlin 1071.
Hünnekens/Kipphard:	Bewegung heilt. Flottmann, Gütersloh 1966.
Jakob, K.:	Musikerziehung durch Bewegung. Wolfenbüttel 1964.
Kipphard/Hupertz:	Erziehung durch Bewegung. Bad Godesberg 1971.

Konrad, R. :	Rhythmische Erziehung. Wolfenbüttel 1966.
Pfisterer, T. :	Rhythmisch-musikalische Erziehung in Kindergarten und Schule. Zürich 1971.
Sieler, R. :	Kindertänze und Rhythmikspiele. Frankfurt 1977.
Tauscher, H. :	Lied und Bewegung. Bad Godesberg 1968.
Dies. :	Die rhythmisch-musikalische Erziehung in der Heilpädagogik. Berlin 1971.
Werdin, E. :	Rhythmisch-musikalische Übung am Lied. Wolfenbüttel 1967.
Zihlmann, H. :	Rhythmische Erziehung. Hitzkirch 1975.
Zöller, G. :	Musik und Bewegung im Elementarbereich. München 1974.

6. Kindertänze

Gaß-Tutt, A. :	Tanzkarussell. Boppard 1972.
Hoerburger/Segler:	Klare, klare Seide. Kassel 1963.
Lemmermann, H. :	Der Rummelpott. Boppard 1971.
Lorenz, K. (Hrsg.):	Europäische Kindertänze (Schallpl.). Frankfurt 1970.
Ders. :	Europäische Jugendtänze (Schallpl.). Frankfurt 1970.
Lorenz, T. :	Der Zippel-Zappelmann. Boppard 1955.
Pudelko, W. :	Das Rosentor. Kassel 1965.
Steinmüller, H. :	Rätsel für das Vorschulkind. München 1973.
Werdin, E. :	Lied - Kanon - Tanzweisen. Düsseldorf 1962.

(Weitere Literaturangaben s. Seite 112)

7. Klangexperimente, Improvisation

Friedemann, L. :	Kinder spielen mit Klängen und Tönen. Wolfenbüttel 1971.
Dies. :	Einstiege in neue Klangbereiche durch Gruppenimprovisation. Wien 1973.
Dies. :	Gemeinsame Improvisation auf Instrumenten. Kassel 1964.
Jehn, M. u. W. :	Wir spielen ein Bilderbuch. Lilienthal 1972.

Keller, W.:	Ludi musici, Band 1 und 2, Schallspiele. Boppard 1972.
Küntzel-Hansen, M.:	Musik mit Kindern. Stuttgart 1973.
Dies.:	Musik mit Stimmen. Velber 1972.
Dies.:	Die Liederkommode. Velber 1973.
Langhans/Lau:	Das Schlagwerk, Spielfibel. Zürich 1959.
Meyer-Denkmann, G.:	Klangexperimente und Gestaltungsversuche im Kindesalter. Wien 1970.
Neuhäuser, M.:	Klangspiele, Neues Spielmaterial für die Schule. Frankfurt 1975.
Paynter/Aston:	Klang und Ausdruck. Wien 1972.
Schafer, M. R.:	Wenn Worte klingen. Wien 1972.
Ders.:	Die Schallwelt, in der wir leben. Wien 1971.
Sieler, R.:	Mit Geräuschinstrumenten Musik machen. Frankfurt 1971.
Stumme, W. (Hrsg.):	Über Improvisation. Mainz 1973.

8. Orff-Schulwerk

Keetman, G.:	Erstes Spiel am Xylophon. Mainz 1969.
Dies.:	Elementaria. Stuttgart 1970.
Keetman/Orff:	Musik für Kinder I-V. Mainz 1950/54.
Keller, W.:	Einführung in "Musik für Kinder". Mainz 1963.
Werdin, E.:	Grundübungen. Mainz 1955.

9. Liederbücher

Arma, P.:	Europäische Volkslieder. Ravensburg 1950.
Foltz, K.:	Hörst du nicht den feinen Ton. Wolfenbüttel 1958.
Ders.:	So klingt es fein. Wolfenbüttel 1970.
Forrai, K.:	Europäische Kinderlieder. Mainz 1967.
Frischauer, P.:	Knaurs Kinderlieder der Welt. München 1973.
Fuchs/Gundlach:	Unser Liederbuch. Stuttgart 1970.
Hahn, G.:	Lied und Spiel. Hannover 1955.

Jöde, F.:	Der Fünfton. Mainz 1955.
Keller/Kromp:	Der Sonnenkäfer. Boppard 1955.
Klein, R. R.:	Willkommen, lieber Tag, Band I. Frankfurt 1964.
Kodály, Z.:	Fünfzig einstimmige Kinderreime. In: Kodály, Z., Chorschule, 1. Teil. Bonn 1967.
Köneke, H. W.:	Das darstellende Spiel, Heft 2, Lieder für kleinere Spiele. Mainz 1963.
Lemmermann, H.:	Die Zugabe, Band 1, Neue Lieder für Kinder. Boppard 1968.
Moog, H.:	Singbuch (2 Schülerbände und Lehrerhandbuch). Düsseldorf 1953.
Poser, H.:	Abendlieder für Kinder. Boppard o. J.
Ders.:	Märchenlieder. Boppard 1958.
Ders.:	Tina, Nele und Kathrein. Wolfenbüttel 1953.
Pudelko, W.:	Mutter Sonne. Kassel o. J.
Rockel, L.:	Das Liedernest. Boppard 1971.
Stumme, W.:	Der große Wagen (Neuauflage in Vorbereitung). Wolfenbüttel 1955.
Twittenhoff/Wucher:	Meine Musikfibel I-IV. Regensburg 1970.
Werdin, E.:	Klingender Kalender. Düsseldorf 1969.
Wolf, H.:	Unser fröhlicher Gesell. Wolfenbüttel 1964.
Wolters, G.:	Das singende Jahr - Kinderlieder. Wolfenbüttel 1969.
Ders.:	Das singende Jahr - Europäische Lieder. Wolfenbüttel 1969.
Wolters, G. u. a.:	ars musica Ia, Das kleine Liederbuch. Wolfenbüttel 1963.

10. Stimmbildung und Sprecherziehung

Gümmer, P.:	Erziehung der menschlichen Stimme. Kassel 1970.
Husler, F.:	Das vollkommene Instrument. Stuttgart 1970.
Kemper, J.:	Stimmpflege. Mainz 1951.

Kofler, L.:	Die Kunst des Atmens. Kassel 1952.
Nitsche, P.:	Die Pflege der Kinder- und Jugendstimme. Mainz 1970.
Ders.:	Stimmbildung am Lied. Mainz 1969.
Rüdiger, A.:	Was ich über meine Stimme wissen sollte. Kassel 1954.
Ders.:	Stimmbildung am Lied. Frankfurt 1965.
Reusch, F.:	Sprechfibel für Kinder und Jugendliche. Mainz 1963.
Ders.:	Der kleine Hey, Die Kunst des Sprechens. Mainz 1956.
Schlaffhorst/Andersen:	Atmung und Stimme. Wolfenbüttel 1928.
Zughart, M.:	Singen nach Noten. Lilienthal 1968.

(Weitere ausführliche Literaturangaben siehe Seite 96)

11. Kodály-Methode

Kodály, Z.:	Chorschule, 1. Teil, 50 einstimmige Kinderreime. Bonn 1967.
Ders.:	Chorschule, 2. Teil, 333 elementare Übungen. Bonn 1967.
Ders.:	Chorschule, 3. Teil, Laßt uns richtig singen. Bonn 1967.
Rüdiger, K.:	Einführung in die Chorschule von Zoltan Kodály. 1. Teil, Didaktisch-methodische Anleitung. Bonn 1969. 2. Teil, 100 Grundübungen. Bonn 1969.
Szönyi, E.:	Aspekte der Kodály-Methode. Frankfurt 1973.

12. Kinderreime

Baumann, G. (Hrsg.):	Ein Reigen um die Welt, 274 Gedichte aus 75 Sprachen. Gütersloh o. J.
Enzensberger, H. M. (Hrsg.):	Allerleirauh, Viele schöne Kinderreime. Frankfurt 1962.
Köneke, H. W.:	Das darstellende Spiel, Heft 1. Mainz 1959.
Krüss, J.:	Der wohltemperierte Leierkasten. Gütersloh.

Ders. (Hrsg.):   So viele Tage wie das Jahr hat, 365 Gedichte
                                  für Kinder und Kenner. Gütersloh 1959.

(Weitere Literaturangaben s. Seite 103)

13. Über Instrumente

Buchner, A.:   Musikinstrumente der Völker (Bildband).
                                  Prag 1968.

Clasen, S.:   Unterrichtsbeispiel zum Thema: Auditive
                                  Wahrnehmungserziehung. Mainz 1973.

Ders.:   Gruppenarbeit mit dem Schallzeug. Wien 1974.

Kagel, M. (Hrsg):   Kinderinstrumente. Köln 1972.

Katzenberger, G.:   Instrumente, Klänge, Strukturen. Hannover
                                  1972.

Kolneder, W.:   Musikinstrumentenkunde. Heidelberg 1969.

Sachs, C.:   Handbuch der Musikinstrumentenkunde.
                                  Leipzig 1930.

Sambeth, H.:   Kinder bauen Musikinstrumente. Mainz 1951.

Schneider, W.:   Handbuch der Blasmusik. Mainz 1954.

Valentin, E.:   Handbuch der Musikinstrumentenkunde. Re-
                                  gensburg 1974.

Williams, P.:   Making Musical Instruments. London 1971.

14. Auditive Medien

Kleinen/Lägel: Tontechnik - Montage - Collagen, B 30.
                                  Mainz 1974.

Schmidt, H.- Chr. (Hrsg):   Musik in den Massenmedien Rundfunk und
                                  Fernsehen. Mainz 1976.

Wilmar, F.:   Wie wirken Rundfunk und Fernsehen auf Kin-
                                  der? Stuttgart 1974.

(Weitere Literaturangaben s. Seite 215)

15. Information über die Musikschule

Müller-Bech/Stumme   Situation - Meinungen - Aspekte, Die Musik-
(Hrsg.):   schule, Bd. I (B 23). Mainz 1975.

Wucher, D. (Hrsg.):	Dokumentation und Materialien, Die Musikschule, Bd. II (B 24). Mainz 1975.
Auerbach/Stumme (Hrsg.):	Musikalische Grundausbildung - Beiträge zur Didaktik, Die Musikschule, Bd. III (B 27). Mainz 1975.
Stumme, W. (Hrsg.):	Der Instrumentalunterricht. Probleme - Reformen, Die Musikschule, Bd. IV (B 28). Mainz 1975.
Ders. (Hrsg.):	Ensemblespiel und Ergänzungsfächer, Die Musikschule, Bd. V (B 29). Mainz 1975.
Ders.:	Unser Kind geht zur Musikschule - Eine Informationsschrift für Eltern und Lehrer. Die Musikschule, Band VI (B 31). Mainz 1976.
Twittenhoff, W.:	Musikalische Bildung, Mainz 1971.

B VERZEICHNIS VON KLANGBEISPIELEN ZUR GRUNDAUSBILDUNG
(Schallplatten, Tonbänder, Kassetten)

1. Reihen zum Musikhören

"Jugend musiziert", Preisträger der Bundeswettbewerbe in den Jahren:	Hrsg. Arbeitsgemeinschaft für Musikerziehung und Musikpflege, Bundesgeschäftsstelle der Wettbewerbe "Jugend musiziert", München 50, Menzingerstr. 68
1966, 1968	Streichinstrumente und instrumentales Zusammenspiel.
1965, 1967, 1969	Blasinstrumente und instrumentales Zusammenspiel.
1966	Klavier.
1970	Streichinstrumente, Klavier und instrumentales Zusammenspiel.
1971	Blasinstrumente, Akkordeon und instrumentales Zusammenspiel.
1972	Streichinstrumente, Klavier, Zupfinstrumente und instrumentales Zusammenspiel.
1973/1974	Blasinstrumente, Streichinstrumente, Klavier, Akkordeon und instrumentales Zusammenspiel.
1975/1976	Bläser, Streicher, Blockflöte, Klavier, Gitarre, Mandoline.
Wergo Taschendiskothek Neuer Musik	Verlag B. Schott's Söhne, Mainz.
Musica poetica, Orff-Schulwerk	Hrsg. Carl Orff/ Gunild Keetman, Harmonia mundi Schallplattengesellschaft.
Schulproduktion Musik	Hrsg. Institut für Film und Bild in Wissenschaft und Unterricht, Geiselgasteig bei München.
Musikkunde in Beispielen	Hrsg. Michael Alt, Deutsche Grammophon Gesellschaft/Verlag Schwann, Düsseldorf.
Unesco Collection	A Musical Anthology, Bärenreiter Musicaphon.

(Für alle Reihen halten die Verlage Sonderverzeichnisse bereit)

2. Lieder, Tänze, Märchen

Märchenlieder	Hans Poser, Fidulafon 1168 und 1169, Boppard, Bearbeitung Hans-Günter Lenders.
Rumpelstilzchen	Märchenhörspiel nach den Brüdern Grimm, Musik William Keiper, Marcato HiFi 40708.
Das Weihnachtsspiel, Schweig, Eselein, still	Wilhelm Keller, Fidulafon 2501.
Die Bremer Stadtmusikanten	Märchenspiel nach den Brüdern Grimm, Musik William Keiper, Marcato HiFi 40686.
Die chinesische Nachtigall	Märchenhörspiel nach Hans Christian Andersen, Musik William Keiper, Marcato HiFi 40712.
Zum Mitsingen, Lieder und Begleitsätze	Institut für Film und Bild, Hrsg. Jörg Schwenk, München.
Unsere Lieder in der Musikalischen Früherziehung (Teil 1-3)	Bosse Verlag, Regensburg 1976, BE 1071/1073/1074.
Europäische Kindertänze	Spielkreis der Musikschule Remscheid, Ltg. Karl Lorenz, Diesterweg Verlag, Frankfurt, Nr. 8123.
Europäische Jugendtänze	Spielkreis der Musikschule Remscheid, Ltg. Karl Lorenz, Diesterweg Verlag, Frankfurt, Nr. 8124.
Höfische Tänze	Karl Heinz Taubert, Sonderpressung zu Schott 5947, Wergo 3001.
Europäische Tänze	Camerata, Möseler Verlag, Wolfenbüttel (Verzeichnis beim Verlag anfordern).
Tanzlieder für Kinder	Fidulafon, Fidula Verlag, Boppard (Verzeichnis beim Verlag anfordern).
Sing mit - spiel mit	Kinderlieder zum Mitsingen und Mitmachen, Ltg. Christa Frischkorn, Schwann Verlag, Düsseldorf.

3. Klangspiele, Improvisation

28 Kinderspiele aus aller Welt	Margarete und Wolfgang Jehn, Eres Verlag Lilienthal, 1977, Nr. 30002.
Klangspiele	Meinolf Neuhäuser, Diesterweg Verlag, Frankfurt 1975.
Hörspiele	Michael Vetter, Klett Verlag, Stuttgart 1973.

Information: Eine avant- gardistische Musikstunde für Kinder	Michael Vetter, Klett Verlag, Stuttgart 1972, Universal Edition, Wien.
Gespräche ohne Worte; Modelle vokaler Impro- visation mit Kindern	Michael Vetter, Klett Verlag, Stuttgart 1974, Universal Edition, Wien.
Klangszenen; Modelle instrumentaler Improvi- sation mit Kindern	Michael Vetter, Klett Verlag, Stuttgart 1974, Universal Edition, Wien.

4. Klangbeispiele zu Lehrbüchern für die Primarstufe

Wege zur Musik - Unterrichtswerk für die Grundschule	13 Schallplatten, Metzlersche Verlagsbuch- handlung, Stuttgart.
Musik macht Spaß	Musiklehrbuch Primarstufe, Kassette mit Hörbeispielen, Hirschgraben Verlag, Frank- furt.
Musikunterricht Grund- schule	B. Schott's Söhne, Mainz, Bestell-Nr. T100, 4 Langspielplatten mit 86 Hörbeispielen.
Beispieltonband "Hören - Auditive Wahr- nehmungsförderung"	Übungs- und Beobachtungsfolge für den Ele- mentarbereich und Primarbereich, Fritze/ Probst/Reinartz/Crüwell, Dortmund 1976.
Tonband zur Hörerziehung im Elementarbereich	Zusammengestellt von Meinolf Neuhäuser, Diesterweg, Frankfurt 1973.
Das tönende Klettbuch - Lieder mit einfacher Begleitung 1. Frühling - Sommer - Herbst - Winter 2. Tanz und Spiel - Morgen und Abend	Schallplatten zu "Unser Liederbuch", Hrsg. Peter Fuchs/Willi Gundlach, Klett, Stutt- gart, Nr. 1721/22.
Hörbeispiele/ Karlsruher Versuche	Hörbeispiele für den Musikunterricht der Grundschulen, Hrsg. Peter Fuchs, Klett, Stuttgart 1974.
Klang und Zeichen	Beispielplatte zum gleichnamigen Musiklehr- buch für Grundschulen, Hrsg. Bernhard Hölscher/Margret Pietzsch-Amos/Karl Rüdiger/Helmut Trott, Schwann, Düssel- dorf.

Dudelsack	2 Schallplatten zum Unterrichtswerk "Unser Musikbuch für die Grundschule Dudelsack", Peter Fuchs, Willi Gundlach und Verlagsredaktion Grundschule, Klett, Stuttgart 1977.
"Hören lernen - Musik erleben"	Lore Auerbach, Klangbeispiele, Camerata CM 17901 EP, Möseler Verlag, Wolfenbüttel.
Musikalische Grundausbildung an Musikschulen	Tonband zum gleichnamigen Lehrwerk, Hrsg. Lore Auerbach/Hans W. Köneke/Wolfgang Stumme, Schott, Mainz, 1978.
"Mein Erlebnis Musik"	Eine Schallplatte zum Musikhören im Unterricht (Instrumentenkunde - Musikgeschichte) zusammengestellt von Josef Röösli, Musikverlag zum Pelikan, Zürich.
Die Blockflöte I-III	Die Instrumentenfamilie (Pelka PSR 40511), Pelikan, Zürich.
Grundausbildung in Musik	2 Hörbeispiel-Tonbänder/2 Hörbeispiel-Cassetten, Bosse Regensburg 1978.
Die Orff-Instrumente	Einführung in das Orff-Instrumentarium (Pelka PSRP 40541 St), Pelikan, Zürich.
Curriculum Musikalische Früherziehung	Tonbänder 1-4 des Verbandes deutscher Musikschulen.
Von der Musik und ihren großen Meistern	Musikbeispiele zum Unterrichtswerk, Hrsg. Leo Rinderer, Sikorski, Hamburg/Helbling, Innsbruck (hierzu: Einführung in die Musikbeispiele der Musikkunde und des Tonbandes von Leo Rinderer, Sikorski, Hamburg).
Talking Drums	Siegfried Fink, Würzburger Percussions-Ensemble, Thorophon MTH 124.
The Young Persons Guide to the Orchestra	Benjamin Britten, Deutsche Grammophon.
Peter und der Wolf	Serge Prokofieff, Deutsche Grammophon 138744 SLPM.

A u e r b a c h ,   L o r e , geb. 1933 in Amsterdam; Prüfungen für Lehr-
amt an Volksschulen (Wahlfach Musik) und Realschulen (Musik und
Englisch), Staatl. Musiklehrerprüfungen in den Hauptfächern Jugend-
und Volksmusik sowie Blockflöte. Lehrtätigkeit an Volksschule, Musikschule, nebenamtl. an Musikhochschule; seit 1969 hauptamtlich an der
Fachschule für Sozialpädagogik in Hildesheim (Fächer: Psychologie,
Pädagogik, Praxisanleitung, Musikerziehung). Besonderer Interessen-
schwerpunkt: Integration psychologischer, pädagogischer und therapeu-
tischer Erkenntnisse in die Musikpädagogik. Veröffentlichung: "Hören
lernen - Musik erleben" Möseler 1971.

D r e y e r ,   G i s e l a , geb. 1942; Studium der Theaterwissenschaften,
Germanistik, Publizistik; anschließend an der Folkwang Hochschule
Essen Abschluß für Schauspiel und Pantomime. 1969-70 Schauspielerin
am Theater in Schleswig. Lehrtätigkeit an der Musik- und Kunstschule
in Wesel, gleichzeitig Lehrauftrag für Sprecherziehung an der Folkwang Hochschule Essen, seit 1975 Professor. Veröffentlichung: "Lehr-
und Lernversuche in Gruppen als Elementarstufe" in: resonanzen 1971,
11. Rundbrief der Landesarbeitsgemeinschaft Musik NRW.

H a s e l b a c h ,   B a r b a r a , Prof., geb. 1939 in Klagenfurt; Studium
der Germanistik und Musikwissenschaft in Wien und Bern. Tanzausbildung an der Tanzakademie Harald Kreuzberg in Bern. Seit 1961 am
Orff-Institut Salzburg. Gastlehrtätigkeit und Vorträge an internationalen Kursen in Europa, Asien, Nord- und Südamerika. Publikationen und
choreographische Arbeiten.

K e l l e r ,   W i l h e l m , geb. 1920, Studium der Musik, Musikerziehung
und Philosophie. 1945 Lehrer für Tonsatz und Liedkorrepetition am
Mozarteum Salzburg, 1950 an der NWD Musikakademie Detmold, 1960
an der Pädagogischen Hochschule Lüneburg, 1962 Rückkehr nach Salzburg; Aufbau des Orff-Instituts für Musikalische Sozial- und Heilpäd-
agogik an der Hochschule für Musik und darstellende Kunst "Mozarteum"
Salzburg. Publikationen: u. a. Handbuch der Tonsatzlehre (Bosse), Einführung in Carl Orffs "Antigone" und Schulwerk (Schott), Ludi Musici
(Spiellieder, Schallspiele, Sprachspiele) (Fidula).

K ö n e k e ,   H a n s   W i l h e l m , geb. 1925; Studium an der Pädagogischen
Hochschule und an der Musikhochschule Hannover. Lehrtätigkeit in
Volksschule, Volkshochschule, Musikschule, Realschule. 1967-75 Real-
schulrektor; Aufbau einer Realschule mit erweitertem Musikunterricht.
Organisation der Schul- und Jugendkonzerte in Hannover seit 1970. Kurs-
tätigkeit im In- und Ausland (historische Musizierpraxis, Blockflöte,
Musikpädagogik, Laienspiel). Leitung eines Kammerensembles für Alte
Musik. Seit 1975 Professor an der Staatlichen Hochschule für Musik und

Theater Hannover (elementare Musikpädagogik). Veröffentlichungen über Kinderlied, darstellendes Spiel, Blockflöte, Schulkonzerte.

Kuwertz, Annegret, geb. 1950 in Wuppertal. Studium an der Folkwang Hochschule Essen-Werden. Staatliche Musiklehrerprüfung mit den Hauptfächern Rhythmisch-musikalische Erziehung und Klavier. Seit 1972 Lehrtätigkeit an der Westfälischen Schule für Musik und an der Musikhochschule Münster, daneben Fortbildungskurse für Musiklehrer und Erzieher, Mitarbeit im Berufsbegleitenden Lehrgang MGA in Trossingen 1974/75.

Lüttge, Dieter, geb. 1931. 1953-1959 Schuldienst; 1959-1963 Assistent im Fach Schulpädagogik an der PH Braunschweig; daneben Studium der Psychologie, Philosophie und Zoologie; Diplom; 1963 bis 1965 Assistent am Institut für Psychologie an der TH Braunschweig: Promotion. 1965-1969 Dozent an der PH in Braunschweig. Seit 1969 Professor für Psychologie an der PHN, Abt. Hildesheim.

Mehlig, Rainer, geb. 1942; Musiklehrerstudium an der Staatlichen Hochschule für Musik und Theater in Hannover; von 1966-1971 Lehrer, stellvertretender und kommissarischer Schulleiter an der Musikschule Hannover; seit 1971 Jugendbildungsreferent und Bundesgeschäftsführer des Verbandes Deutscher Musikschulen in Bonn. Mitautor des "Curriculum Musikalische Früherziehung" und der "Arbeitsblätter für die musikalische Grundausbildung", Bosse, Regensburg.

Nitsche, Paul, geb. 1909 in Diedenhofen (Thionville). Studium der Schulmusik, Sologesang, Direktion, Romanistik in Köln. Nach Kriegseinsatz Kirchenmusiker in Linz, Gesangspädagoge an der Kirchenmusikschule Düsseldorf, ab 1948 am Städtischen Gymnasium Bergisch-Gladbach. Dozent für Stimmbildung am Institut für Jugend- und Volksmusik der Musikhochschule Köln. Gründung der Singgemeinschaft Bergisch Gladbach, Übernahme des Städtischen Chors Leverkusen. Freier Mitarbeiter des WDR (Schulfunk, Volksmusik, Chormusik). Im In- und Ausland Veröffentlichungen: Pflege der Kinderstimme, Übung am Lied, Spielt zum Lied (Schott). Fachaufsätze in Zeitschriften und Handbüchern, Chormusik in verschiedenen Verlagen.

Pretzell, Eva, geb. 1938 in Kiel. Kirchenmusikstudium in Hamburg und Lübeck, außerdem Blockflöte; Tanzausbildung, Sprachstudien verschiedener Art an der Universität Hamburg und anderweitig. Kirchenmusikeramt, Blockflötenkonzerte, Lektorin in einem Jugendbuchverlag. Seit 1967 Lehrtätigkeit an der Fachschule für Sozialpädagogik in Hildesheim (Deutsch, Jugendliteratur, Spiel, Musik- und Bewegungserziehung). Außerdem: Blockflötenunterricht, Tanz-, Musik- und Sprechtheater mit Kindern und Jugendlichen.

Regner, Hermann, Prof. Dr., geb. 1928 in Marktoberdorf im Allgäu. Studium in Augsburg und München. Lehrtätigkeit an der Hochschule für Musik und darstellende Kunst "Mozarteum" in Salzburg. Autor

zahlreicher Veröffentlichungen auf dem Gebiet der Elementaren Musik-
und Bewegungserziehung. Ständiger freier Mitarbeiter im Schulfunk des
Bayerischen Rundfunks. Lehrtätigkeit, Kurse und Referate in den USA,
in Brasilien, Kolumbien, Thailand, auf den Philippinen, in Hong-Kong,
im Iran und in vielen europäischen Ländern. Komponist von Werken
für Bläser, Schlagwerk, für gemischte Ensembles und für Chor.

Stumme, Wolfgang, geb. 1910. Studium der Musikwissenschaft
in Berlin, der Musikpädagogik bei Fritz Jöde u. a., Referent im Schulfunk des Deutschlandsenders, 1936 Lehrauftrag und Leiter des Semi-
nars für Jugendmusikerziehung in Berlin-Charlottenburg; von 1939 bis
1949 Kriegsteilnehmer und Kriegsgefangenschaft in der UdSSR; von
1950-1965 Schulmusikertätigkeit, Leitung einer Musikschule und jähr-
licher Musiktage im Kreis Lübbecke, 1965-1975 Dozent für Musikerziehung an der Folkwang Hochschule in Essen. Veröffentlichungen: "Der
Große Wagen" (Kinderlieder), Wolfenbüttel, "Über Improvisation"
(Hrsg.), Mainz 1973, Mitherausgeber der Reihe "Die Musikschule"
(6 Bände), Mainz 1972 bis 1976 u. a.

Wieblitz, Ernst, geb. 1934, Musikstudium (Klavier, Flöte) in
Frankfurt/M., PM-Prüfung; Studium der Pädagogik, Lehrer an Volks-
und Realschule; Studium und anschließend seit 1970 Lehrtätigkeit am
Orff-Institut Salzburg und in dessen Internationalen Sommerkursen sowie in der BRD, England, Portugal; Mitarbeit an "Hören lernen - Materialien zur Hörerziehung" von Hermann Regner, Stuttgart 1971.

INFORMATIONEN
zum Lehrwerk und zu den begleitenden Schriften

Musikalische Grundausbildung in der Musikschule
- Schülerbuch -

Musikalische Grundausbildung in der Musikschule
- Lehrerband, Teil II -

Die Musikschule
- Band III Musikalische Grundausbildung -

Die Musikschule
- Band VI Unser Kind geht zur Musikschule -

Hans W. Köneke/Wolfgang Stumme

MUSIKALISCHE GRUNDAUSBILDUNG IN DER MUSIKSCHULE
- Schülerbuch -

Illustrationen von Rolf Rettich - Sachzeichnungen von Günther Stiller

Welche Aufgabe hat ein Schülerbuch?
Soll es das, was der Lehrer im Unterricht mit seinen Worten sagt, in gedruckter Form wiederholen? Für Kinder, die gerade angefangen haben, das Lesen und das Schreiben zu erlernen, wäre die Beschäftigung mit einem solchen Buch eher strapaziös als motivierend und deshalb ohne rechten Sinn. Das Schülerbuch hat dort seine Aufgabe, wo es gilt, Anschauungsbilder, Informationen, Lernhilfen, Übungsmöglichkeiten und vielerlei Materialien bereitzuhalten, die dem Lehrer normalerweise in ausreichend bunter Fülle, nötiger Prägnanz und didaktisch angemessener Aufbereitung nicht zur Verfügung stehen.
Und diese Aufgaben erfüllt es für die hier angesprochene Altersstufe am besten, wenn die Bildinformation neben dem Wort ein besonderes Gewicht erhält. Im Schülerbuch des Lehrwerks MUSIKALISCHE GRUND-AUSBILDUNG IN DER MUSIKSCHULE kommen deshalb der Illustration und der Sachzeichnung eine hohe Bedeutung zu.
Inhaltlich sind die Sachgebiete aufgenommen worden, in denen für die angesprochene Altersstufe Buchinformationen bereits wesentlich sein können. Natürlich muß darüber hinaus vieles in den Unterricht einbezogen werden, das dem Lehrer durch ein Buch nicht abgenommen werden kann. Die klare Trennung der Funktionen des Lehrers und des Buches stellt sicher, daß zugunsten hoher unterrichtlicher Effektivität bei der Gestaltung dieses Lernmittels kein Ballast mit aufgenommen wurde. Phantasie, Farbe, Abwechslung, Vielfalt und trotz all dem pädagogische Sachlichkeit sind die Grundzüge dieses Buches.

THEMEN UND INHALTE

Vorwort für Eltern und Lehrer

Womit wir musizieren

- Überblick über die Möglichkeiten der Klangerzeugung - Die Körperinstrumente
- Der Vokalbereich: Was man mit der Sprechstimme alles tun kann - Spiel mit Sprachklängen - Auf dem Weg vom Sprechen zum Singen - Musik nach Comics - Das erzählende Singen - Der künstlerische Gesang
- Der Instrumentalbereich: Musizieranlässe und Instrumentengruppierungen - Prinzipien der Tonerzeugung - Prototypen der Musikinstrumente, dargestellt an selbst zu bauenden Elementarformen und den

entsprechenden heutigen Gebrauchsformen: Blasinstrumente, Zupf-
instrumente, Streichinstrumente, Schlaginstrumente; Einordnung von
Klavier, Orgel und Akkordeon - Die Klanggruppen des Orchesters
- Test: Instrumente am Klang erkennen

Wie wir Musik aufzeichnen

- Die ikonischen Zeichen (solche, deren Bedeutung ohne Absprache
  verstanden wird): Zuordnen von Klang und Grafik in Spielform -
  Fixieren eigener Klangvorstellungen - Werkbeispiele Neuer Musik -
  Spiel nach eigenen Entwürfen - Zeichen für Dauer, Höhe, Stärke -
  Übungen im Umgang mit "Schallbildern", selbst planend, hörend,
  musizierend
- Die symbolischen Zeichen (solche, deren Bedeutung auf Absprache
  oder Erklärung beruht): Entschlüsseln von Partituren mit ikonischen
  und symbolischen Zeichen - selbst planen, hören und musizieren

- Die traditionelle Notation: Das Liniensystem - Hörerwartungen an
  einer traditionellen Partitur
  Die zeitliche Gliederung und ihre Notation: Notenwerte - Metrum -
  Punktierung - Pausen - Takt - zusammenfassende Übungen
  Die Gliederung nach Tonhöhen und ihre Notation: Notennamen zwi-
  schen g' und d'' - G-Schlüssel - Melodiebau im Fünftonbereich - No-
  tennamen im Bereich von C-Dur und a-Moll - Abspiel- und Gestal-
  tungsübungen - Versetzungszeichen
  Die dynamische Gliederung und ihre Notation
  Zusammenfassende Übungen: Zum Hören und Mitlesen
- Die Verbindung von grafischer und traditioneller Notation: Die unter-
  schiedliche Funktion der Notationsprinzipien

Wie Musik gemacht ist

- Arten des Schalls: Unterscheiden von Tönen, Klängen, Geräuschen -
  Musik und die übrigen Erscheinungsformen des Schalls
- Zustandsbeschreibung: gleich - ähnlich - verschieden
- Formverläufe und ihre Eigenschaften: rasche, allmähliche, keine
  Veränderung
- Formteile in der Musik: Zwei- und Dreiteiligkeit, einfache Reihungs-
  formen, das Variieren
- Handhaben zum Hören, Selbstplanen, Verwirklichen und bewegungs-
  mäßigen Darstellen von Musik unter Gesichtspunkten des Aufbaus

Was wir singen und sagen

Lieder und Texte zu den Themengruppen: Frühling und Sommer -
Tanz und Spiel - Spuk und Spaß - Regen und Sonnenschein - Weihnachten und Winter - Himmel und Erde - Umwelt und Alltag - Liederwerkstatt

Die Anordnung des Stoffes ist zwar unter sachlich systematischen Gesichtspunkten vorgenommen worden. Die Wahl der Reihenfolge ist jedoch weitgehend dem Lehrer überlassen, der sich deshalb in hohem Maße der jeweiligen Allgemeinsituation und den individuellen Gegebenheiten seiner Schülergruppe anpassen kann.

MUSIKALISCHE GRUNDAUSBILDUNG IN DER MUSIKSCHULE
- Lehrerband, Teil II -

Didaktischer Kommentar zum Schülerbuch.
Unterrichtsmodelle und Materialien für die Unterrichtspraxis

Herausgegeben von Lore Auerbach, Hans W. Köneke und Wolfgang
Stumme

Der zweite Teil des Lehrerbandes möchte dazu beitragen, die Unterrichtspraxis lebendig und offen, abwechslungsreich und didaktisch konsequent zu gestalten.

Der didaktische Kommentar zeigt vielerlei Möglichkeiten auf, den Unterricht der Musikalischen Grundausbildung mit Hilfe des Schülerbuches zu gestalten.

Die Unterrichtsmodelle verschiedener Autoren wollen Beispiele unterschiedlicher Handschrift vorstellen, zu Reflexion und kritischer Analyse anregen und Mut zu eigenen Entwürfen machen.

Die Materialien für die Unterrichtspraxis enthalten:
- weitere Lieder, Kanons, Sprechtexte und Übungen
- Beispiele für die Stimmbildung an Liedern
- Vorschläge für Bewegungsaufgaben und Tänze
- Hinweise für den Umgang mit den Hörbeispielen des Tonbandes
- Anregungen für den Bau elementarer Klangerzeuger (mit Fotos und
  Zeichnungen)
- Themenvorschläge für szenische Spiele

Der Lehrplan des Verbandes deutscher Musikschulen für die Musikalische Grundausbildung ist im Wortlaut mit aufgenommen worden. Auf seine Lernziele hin sind Unterrichtsplanung und -durchführung angelegt.

DIE MUSIKSCHULE

BAND III MUSIKALISCHE GRUNDAUSBILDUNG
Beiträge zur Didaktik

Herausgegeben von Lore Auerbach und Wolfgang Stumme
(ISBN 3-7957-1027-8), B 27, DM 15,--

Die Schrift befaßt sich mit den didaktischen Aspekten des Lehrplans
"Musikalische Grundausbildung" des Verbandes deutscher Musikschulen und verdeutlicht ihre übergreifende bildungspolitische Aufgabe.

Inhalt:

DIE MUSIKSCHULE

BAND VI UNSER KIND GEHT ZUR MUSIKSCHULE

Eine Informationsschrift für Eltern von Wolfgang Stumme
(ISBN 3-7957-1031-6), B 31, DM 6,25
(Unverbindliche Preisempfehlung)

Die reich bebilderte Schrift gibt umfassend Auskunft über den Fragen-
kreis, der die Eltern erfahrungsgemäß bereits vor dem Eintritt ihrer
Kinder in die Musikschule, aber auch noch während des Schulbesuches
beschäftigt. Da die Lehrer und Leiter der Musikschulen immer wieder
Gesprächspartner der Eltern sein werden, sollten auch sie den Inhalt
dieser Informationsschrift kennen.

Inhalt:

Über Aufbau und Ziele der Musikschule / Wie ist die musikalische
Grundausbildung an Musikschulen angelegt? / Was folgt auf die Grundausbildung? - Sollen unsere Kinder Instrumente spielen lernen? / Wie
können Eltern die musikalischen Interessen der Kinder fördem? / Mu-
sikberufe und ihre frühe Vorbereitung / Originalmusik und auditive
Medien im Unterricht und in der Familie / Musikalische Betätigung
der Eltern / Elternmitarbeit im Musikschulbereich / Literatur, Arbeitsmaterial, Klangbeispiele für Eltern und Kinder.